刊行のことば

現行憲法の下で、帝国議会は国会となり、貴族院は参議院へ引き継がれた。尚友倶楽部（前身・研究会、尚友会）は、明治以来、貴族院の選出団体として重要な役割を果たしてきたが、戦後は、純公益法人として、日本文化の国際的理解に役立つと思われる、公益事業や、学術団体、社会福祉、などへの援助を中心に活動をつづけている。

近現代史に関連する資料の公刊もその一環である。昭和四十六年刊行の『貴族院の会派研究会史・附尚友倶楽部の歩み』を第一号として、平成二年までには十二冊の「尚友報告書」を発表した。平成三年刊行の『青票白票』を第一号とする「尚友叢書」は、令和三年には四十九冊となり、近現代史の学界に大きく寄与している。

一方「尚友ブックレット」は、第一号『日清講和半年後におけるドイツ記者の日本の三大臣訪問記』を平成六年に非売品として刊行し、以後三十六冊を刊行し今日に至っている。「尚友ブックレット」は、原文書のみならず関連資料も翻刻刊行してきているが、未公開の貴重な資料も含まれており、一般の方々からも購入の要望が多く寄せられてきたので、二十一号から一般にも入手できるような体制を整えてきた。

今回刊行の第三七号は、今までと趣向を変え、近代日本を支えてきた人物によって使用されていた日記帳本体にも歴史的な価値があるものと着目し、令和三年に刊行した尚友叢書『財部彪日記　海軍大臣時代』で利用した「昭和三年当用日記（中形上製）」（東京博文館発行）の巻末付録「当用百科大鑑」等を翻刻したものである。

汎用性が高く、日本のみならず世界も視野に入れた幅広い内容は、昭和初期における時代を伺い知る事ができ、多方面での学術研究等に役立つものと願っている。

令和四（二〇二二）年四月

一般社団法人　尚友倶楽部

理事長　山本　衞

CALENDAR

1928	S 日	M 月	T 火	W 水	T 木	F 金	S 土
JAN. 一月	1	2	3	4	5	6	7
	8	9	10	11	12	13	14
	15	16	17	18	19	20	21
	22	23	24	25	26	27	28
	29	30	31	…	…	…	…
FEB. 二月	…	…	…	1	2	3	4
	5	6	7	8	9	10	11
	12	13	14	15	16	17	18
	19	20	21	22	23	24	25
	26	27	28	29	…	…	…
MAR. 三月	…	…	…	…	1	2	3
	4	5	6	7	8	9	10
	11	12	13	14	15	16	17
	18	19	20	21	22	23	24
	25	26	27	28	29	30	31
APR. 四月	1	2	3	4	5	6	7
	8	9	10	11	12	13	14
	15	16	17	18	19	20	21
	22	23	24	25	26	27	28
	29	30	…	…	…	…	…
MAY 五月	…	…	1	2	3	4	5
	6	7	8	9	10	11	12
	13	14	15	16	17	18	19
	20	21	22	23	24	25	26
	27	28	29	30	31	…	…
JUNE 六月	…	…	…	…	…	1	2
	3	4	5	6	7	8	9
	10	11	12	13	14	15	16
	17	18	19	20	21	22	23
	24	25	26	27	28	29	30

昭和三年	S 日	M 月	T 火	W 水	T 木	F 金	S 土
JULY 七月	1	2	3	4	5	6	7
	8	9	10	11	12	13	14
	15	16	17	18	19	20	21
	22	23	24	25	26	27	28
	29	30	31	…	…	…	…
AUG. 八月	…	…	…	1	2	3	4
	5	6	7	8	9	10	11
	12	13	14	15	16	17	18
	19	20	21	22	23	24	25
	26	27	28	29	30	31	…
SEP. 九月	…	…	…	…	…	…	1
	2	3	4	5	6	7	8
	9	10	11	12	13	14	15
	16	17	18	19	20	21	22
	23	24	25	26	27	28	29
	30	…	…	…	…	…	…
OCT. 十月	…	1	2	3	4	5	6
	7	8	9	10	11	12	13
	14	15	16	17	18	19	20
	21	22	23	24	25	26	27
	28	29	30	31	…	…	…
NOV. 十一月	…	…	…	…	1	2	3
	4	5	6	7	8	9	10
	11	12	13	14	15	16	17
	18	19	20	21	22	23	24
	25	26	27	28	29	30	…
DEC. 十二月	…	…	…	…	…	…	1
	2	3	4	5	6	7	8
	9	10	11	12	13	14	15
	16	17	18	19	20	21	22
	23	24	25	26	27	28	29
	30	31	…	…	…	…	…

日曜日以外の赤字は祝祭日を示す

1928年（昭和3年）カレンダー

財部彪が使用した日記帳
（博文館発行「当用日記」）
の表紙

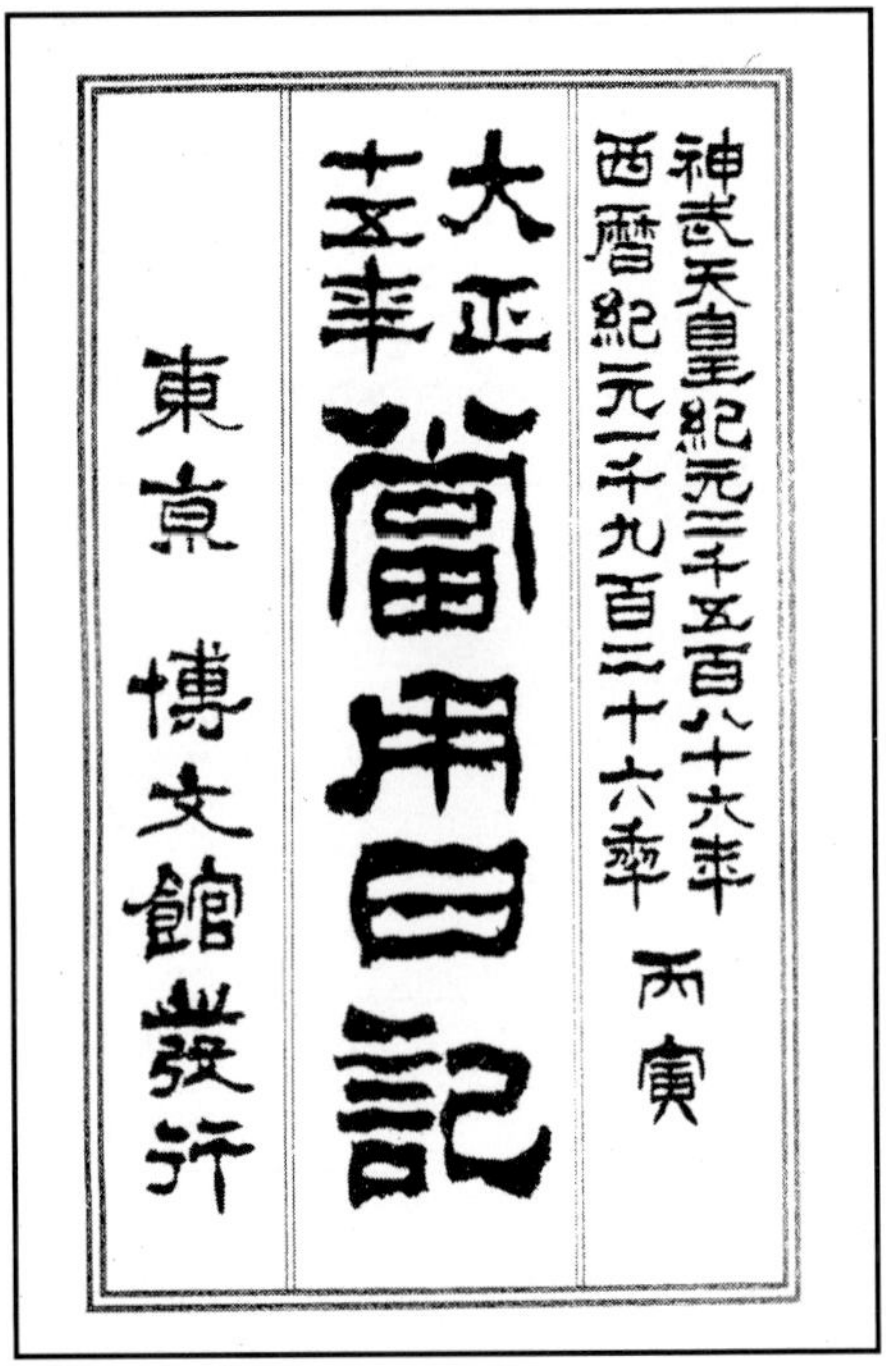

「大正十五年」

「大正十六年」
大正天皇の崩御が十二月二十五日だったため、秋に刊行された日記帳は大正十六年となっている

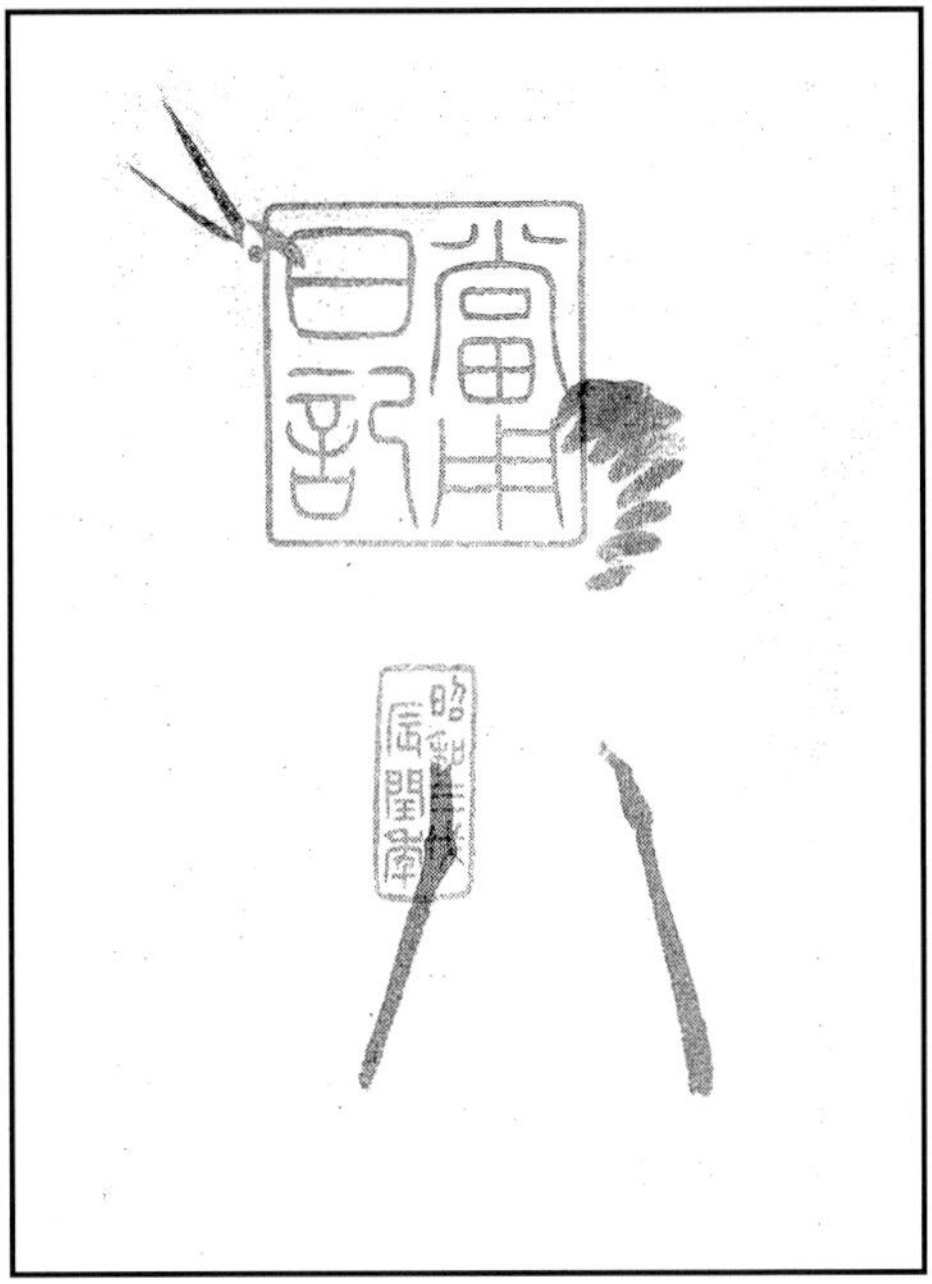

「昭和三年」
鶴の絵が描かれている

「昭和四年」

一月 大

避寒地の冬

年末年始の煩はしさを逃れてきた湘南の避寒地も、同じやうな客で立て込み却々に賑はしい。海を前にした南面の縁に硝子戸洩るゝ日光を浴び、籐椅子に凭り乍ら煙草を燻らせばはじめて初春らしいのんびりとした氣持になる。手に採る新聞には春場所の好景氣を傳へ初日の大番狂はせが人氣を呼んでゐる如くである。戸閉りの早い山の手、夜は寒詣の健げな老若男女の鈴の音、闇に消えゆくを聞く。

氣節

睦月・春正月

むつき立つ今日の心を心にて
一年ながら過してしがな　昆臣

小寒　六日　後一〇時三二分
土用　十八日　後　五時一五分
大寒　廿一日　後　三時五七分

月相

㊆満月　七日　㊦下弦　十五日
●新月　廿三日　㊤上弦　三十日

南海

○
枯芝に日が照るよ、
海が貝殻のやうに光るよ、
蜜柑畑の間に、
見えかくれる汽車の煙、
椿が赤いよ、
湯の香がむつとするよ。
「冬」の幽囲がこゝばかりはむら消えの霜のやうに消えてゐる。

行事

元日　四方拜・參賀(又は賀狀捧呈)・惠方詣
二日　初荷・書初其他總ての始業式
三日　元始祭・三弘法詣
四日　政治始・山開・諸官衙御用始
五日　新年宴會・初水天宮詣
六日　年越・消防出初式・門松撤去
七日　七種粥・御講書始・白馬神事(大阪住吉)
八日　陸軍始・觀兵式・學校始業
十日　十日夷・初金比羅・初年兵入營
十一日　鏡開・土藏開・帳祝・新通帳
十三日　八專入
十四日　年越・注連飾撤去・武射神事(下加茂社)
十五日　海軍始・小豆粥・疫除詣(五日間八幡社)
十六日　藪入日・閻魔詣・藪入
十八日　御歌會始・初觀音
二十日　二十日正月・鏡臺祝・夷講(家により本日行ふ)
廿一日　庚申(帝釋天へ初庚申の參詣をなす)
廿三日　陰曆元日
廿五日　初天神・龜戸天神鷽替神事・甲子
廿八日　初不動
三十日　己巳

○寒中には諸種の寒稽古○寒中見舞○寒詣○感冒・レウマチス・神經痛の豫防

一月標語　祝祭日には國旗を忘れずに掲げませう

時好

季寄　時令 初日、若水、門松、蓬萊、雜煮、屠蘇、鳥追、卯杖、若菜、鏡朶、寒念佛、萬歲、獅子舞。花卉 梅、福壽草、水仙、寒牡丹、寒菊、南天、萬年青、藪柑子。食品 鯛、鰤、寒餅、寒鯉、鰤、鮪、鯖。雁、鴨。鶯菜、小松菜、蜜柑、林檎、海苔。

外興　明治、伊勢兩神宮、鹿島神社、大黑天、毘沙門天、水天宮、其の他諸神社に遊覽を兼ねて參詣するを第一とし、熱海、湯河原、伊東の暖地に寒梅を探りて正月休みを過すも面白い。消防出初、大相撲、初芝居、觀兵式の觀覧。二重橋に百官參賀の禮裝を見るもよく、高燈、海濱に初日の壯觀を拜するも興深い。鯯釣り、兎狩り、龜戸天神には古例のうそ替神事あり。避寒旅行もよく、雪見物も風流の一として面白い。下旬より大寒に入つて六甲山、妙高山其の他のスキー場競技の人に賑ふ。

內趣　歌留多會。圍碁。將棊。謠曲。茶湯。双六追羽子。和歌、俳句等の發會。薔薇、牡丹等の根接。桑、茶、果樹類の施肥。促生豌豆、菜豆、萵苣、二十日大根を溫床に蒔く。蓮、蔬、京菜等の採收。

「昭和三年当用日記」の一月冒頭の記事

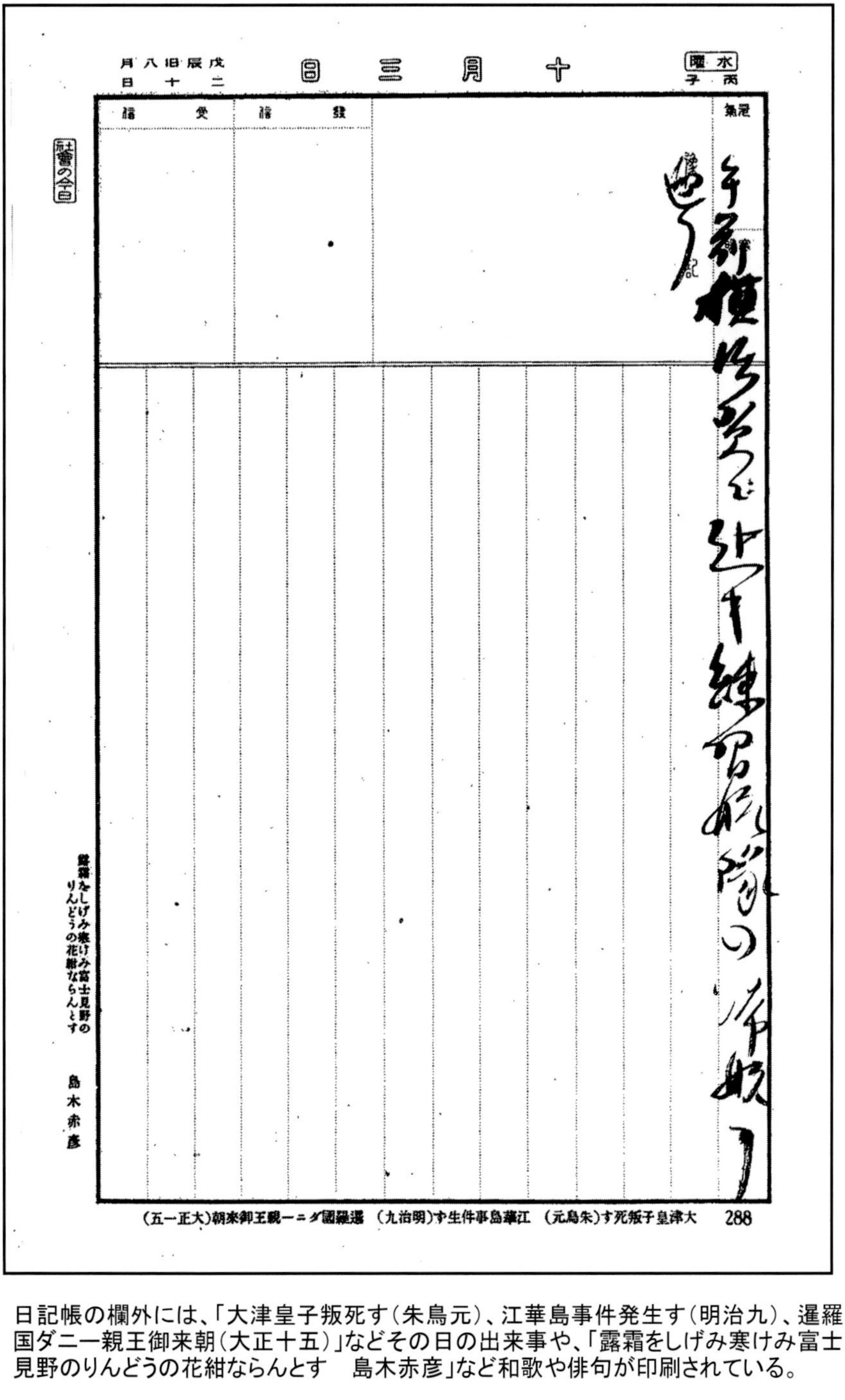
十月三日
水曜
丙子
戊辰 旧八月二十日
氣温
發信
受信
社會の今日
露霜をしげみ寒けみ富士見野のりんどうの花紺ならんとす 島木赤彦
288 大津皇子叛死す（朱鳥元） 江華島事件生す（明治九） 暹羅國ダニー親王御來朝（大正一五）

日記帳の欄外には、「大津皇子叛死す（朱鳥元）、江華島事件発生す（明治九）、暹羅国ダニー親王御来朝（大正十五）」などその日の出来事や、「露霜をしげみ寒けみ富士見野のりんどうの花紺ならんとす　島木赤彦」など和歌や俳句が印刷されている。

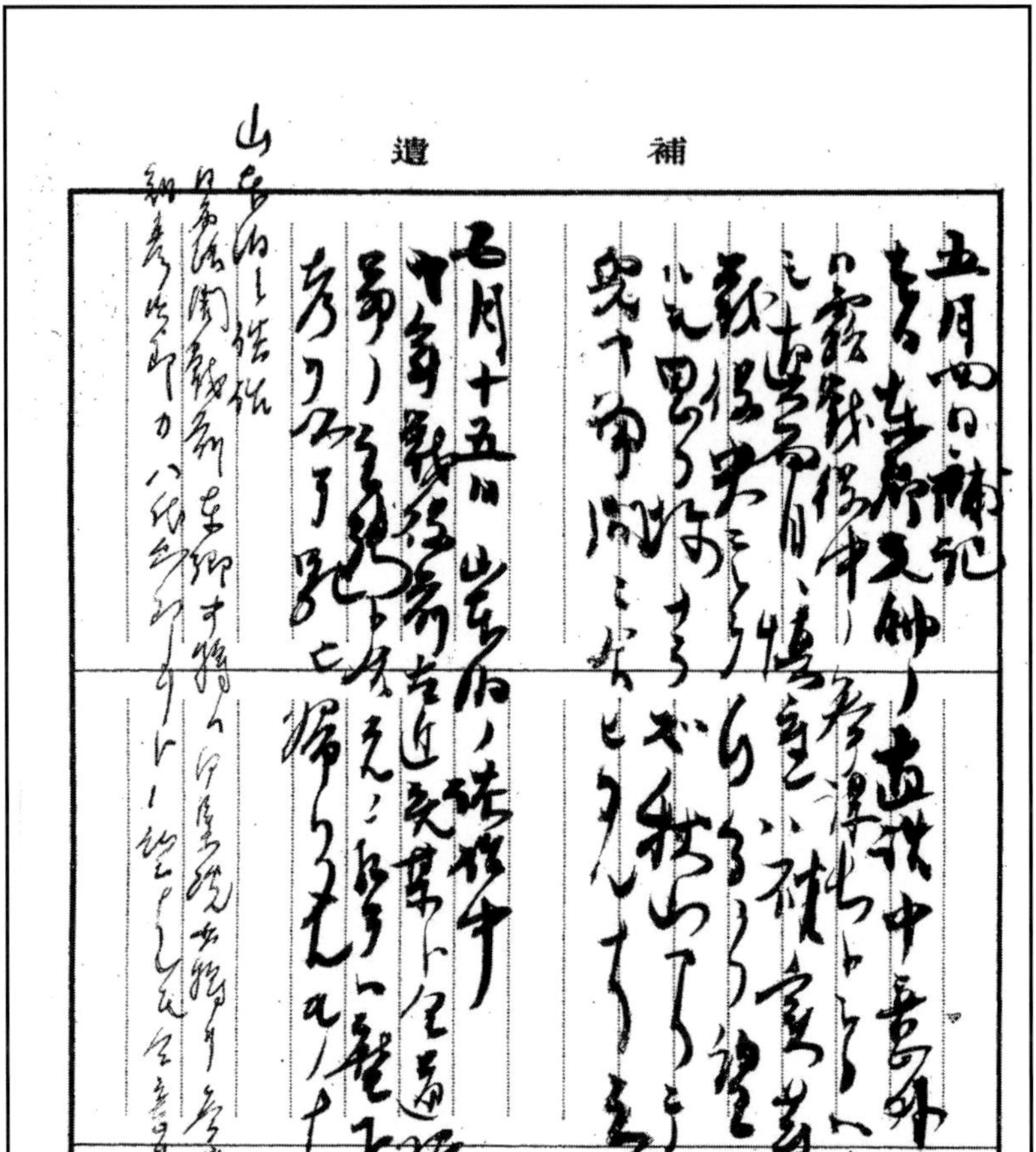

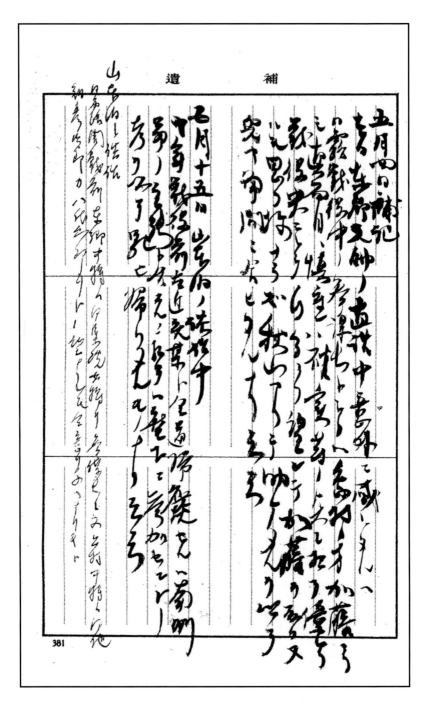

補遺頁に書かれた昭和三年五月四日、十五日の財部彪の日記

尚友ブックレット37

当用百科大鑑

―昭和三年の日記帳付録―

尚友倶楽部・櫻井良樹 編集

芙蓉書房出版

当用百科大鑑●目次

凡例

一、翻刻にあたっては、元の版面のスタイルを極力尊重したが、版組の都合から内容を損なわない範囲で適宜組み変えた箇所がある。また掲載にあたって、順序を移動した項目もある。

一、翻刻した部分については、旧漢字は原則として常用漢字を用いた。

一、原文の用字用語（誤用も含む）や体裁の統一されていないところ（特に句読点の用い方）、文章上の明らかな誤記や不充分な記載（文字が欠けていたり空白がなかったり）、取り上げられているデータには誤りや誤植と思われるところもあるが、そのまま掲載した。ただし〔ママ〕をつけて明らかな誤りであることを示した箇所もある。

一、本日記帳の底本は国立国会図書館憲政資料室蔵の財部彪関係文書である。

詳細目次

【解題】日記の付録――昭和三年博文館『当用日記』付録「当用百科大鑑」

櫻井　良樹

今回ブックレットとして刊行するものは、日記帳の巻頭や巻末に付録として掲載されている記事の翻刻（一部は影印）である。多くの部分は巻末の「当用百科大鑑」と名づけられた部分なので、それを本書のタイトルに利用した。

これまで尚友叢書や尚友ブックレットでは、明治・大正・昭和を生きてきた人々の手書きの日記を翻刻して出版してきた。その意義は、日記に記述された「内容」（テキスト）を歴史史料として読みやすくして提供することにより、近代日本の政策決定過程や政治史の動向を明らかにし、あるいは政治史に限定しない場合においても、日記の記述から近代日本社会のあり方を見えやすくするというところにあった。今回の企画は、これら書き込まれた日記の内容に注目するのではなく、書かれる日記帳本体に注目したものである。特にその付録記事が、日記の内容と同等ではないものの、一定の歴史的価値を有し、日記を理解する上で役立つ点があると感じたことによる。

筆者（解題執筆者）は、これまでいくつかの日記の翻刻出版にかかわってきた。その際に、やはり主に注目したのは書き込まれた日記の内容であり、その日記が何にどのように書かれているかということについては、正面から扱ったことはなかった。しかし日記の様態や日記への記し方は多様であり、その違いが日記帳のあり方に左右される側面もあることも、しだいに実感されてきた。翻刻刊行された書物としての日記に、冒頭の写真ページをつけて、書き込まれている姿を紹介するのは、それが物としての日記と書き手との関係を端的に示すものだからであろう。

日記の形態は、書き手によって異なり、また同一の人物でもいつも同じように記すものでもない。尚友叢書で刊行されている日記を例に挙げると、片面一〇～二〇行（縦）罫紙に自分で日付を記して書き綴っている田健治郎や伊集院彦吉の日記、横罫の付されている大学ノートのようなものに記入している阪谷芳郎の東京市長日記、市販の日記帳を利用して書き入れている有馬頼寧・上原勇作や河合弥八・松本学・財部彪の日記など、日記の形は人により、あるいは書かれた時期や事情により異なっている。

そういう点から日記帳と書き込む人物、書かれたテキストとの関係を分析することは重要であろう。今回の企画は、それをめざしたものではなく、さらにその一つ前にある（と思われる）日記帳そのものの歴史的価値に注目した試みである。

＊　＊　＊

日本国民の多くが日記をつけるようになったのは近代の現象であり、その行為は、小学校での教育や軍隊で習慣づけられることによってもたらされた。近代日本において日記が国民教育装置となったこと、そして国民が日記を書く際に、市販された「日記帳」の登場が大きな役割を果たしたことを指摘し、日記をつける行為をさまざまな観点から考察したのが西川祐子『日記をつづるということ』であった。西川は、どんな日記がどのように書かれたかという内容分析を、日記帳の商品史と結びつけ、枠組としての日記帳のあり方を取りこみ論じており、日本近代を「印刷し製本した商品としての日記帳日記の時代」と定義している。その商品としての各種日記帳の販売で大幅に業績を伸ばしたのが博文館であった。

縦罫紙や横罫の大学ノートは、そんなことはないが、市販の日記帳には、あらかじめ月日や曜日・気象・気温などの欄が、一ページに一日（口絵7頁）、あるいは上下に二日分印刷されている。見開きで一週間分が記入できるようなものもある。この枠があり書きこみやすい日記帳の登場によって、日記を書く行為が爆発的に広まった（もちろんそれでも書けない人も多いのだが、枠のあることが日記を書くという行為を楽にする）。いっぽうでは日記帳の形態によって記述の量が制限されることもある。その場合、しばしば巻末に記事を続けたり、別の日の欄に越境したりして書く場合もあるが、無制限に書けるものではない（口絵8頁は財部彪日記の例）。有名な「原敬日記」が、細大漏らさずに身の回りで起こっていることを説明したり解釈したりすることができるのは、そもそも市販の日記帳に記されたものではないからであろう。このような点で、日記の形式と内容の関係を検討してみることも面白いかもしれない。

さてブログやツイッターが主流となった現在、「商品としての日記帳日記の時代」は終わりを迎えつつあり、日記を書く媒体はパソコンやスマホのソフトやアプリ、あるいはシステム手帳のリファイルに移行しつつある（筆者もパソコンにワードで業務日記のようなものをつけている）。しかし今でも日記帳を利用している人は多く、年末になると書店の店頭には日記帳のコーナーが出現する。

博文館は、明治後半から昭和戦前にかけて、日本を代表する書籍・雑誌の大出版社であった。新潟県長岡で書店兼出版業を営んでいた大橋佐平が、上京後の明治二〇（一八八七）年に創設したもので、さまざまな全集企画物やハウ・ツー物の大量出版、雑誌の発行によってまたたくまに成功し、大「出版王国」に成長していった。特に息子の大橋新太郎が経営を引き継いだ明治二八年に発刊された『少年世界』や『文芸倶楽部』、総合雑誌の『太陽』は同社を代表する雑誌となった。

この同じ明治二八年一〇月に、博文館は初めて日記帳を出版した。『博文館五十年史』は、それ以前にも日記帳は存在した（大蔵省印刷局から発行された『懐中日記（官員手帳）』）が、それを売れるような工夫（紙質や筆記具）を施し商品化したものが明治二九年用の『懐中日記』で、これが市販日記帳の最初と位置づけている。もっとも西川祐子は、その三年前（明治二五年）あるいはそれ以前に、別のところからすでに商品として出版されたものがあったことを指摘している。しかし博文館の日記は好評を博し、次の年から『当用日記』上製、並製を出版、その後年々種類を増し、多くの競争者も現われたが、長く博文館が群を抜いて最も多く出版することとなったという『博文館五十年史』の記述は誇張ではなく、西川も昭和五年用の日記の販売部数が三〇〇万部、それが日記をつける全日本人の八割五分を占めていたことを記している。

『博文館五十年史』に掲載されている出版目録によると、博文館が日記を発売してから一〇年後、明治三九年用の日記には、『当用日記（中形特製）』、『懐中日記（並製）』、『懐中日記（新形）』、『当用日記（大形）』、『懐中日記（特製）』、『家庭日記』、『実用日記（中形）』、『実用日記（小型）』、『光緒卅三年袖珍日記』、『光緒卅三年当用日記』の一〇種類のほか、六月に『夏期休暇女学生日誌』があり、色々なタイプの日記帳を出版していることがわかる。『家庭日記』は主婦用、『夏期休暇女学生日誌』は女学生の夏の宿題用であろうか。光緒年号からは、中国にも進出していたことが推測できるが、中国においては日記をつける習慣にも影響を与えたのであろうか。『博文館五十年史』は、昭和一二年の日記は三五種に及んだこと、また「此等の出版に依て国民に日常身辺の事実を記録する慣習を養成したる効果は至大」であったことを誇っている。

＊　＊　＊

今回取り上げたものは、『財部彪日記〈海軍大臣時代〉』で利用した博文館の『昭和三年当用日記（中形上製）』（昭和二年一〇月四日発行）で、その巻頭部分の記事と巻末の「当用百科大鑑」の部分を復刻したものであり、毎月冒頭に置かれている記事（その例は口絵6頁）は含まない。この日記帳の最後の方にも、図のような日記の出版広告が付けられ、そこには「日記界に於て最大発行部数」「内容外観に於て絶対権威」と謳われている。挙げられている日記の数は『当用日記』七種、『横線当用日記』二種、『懐中日記』四種、『英文日記』二種、『家庭日記』、『小学生日記』、『ポケット日記』一二種、『家庭出納帳』、『家計日記』の三一種類。このような多品種が出版されたのは、大きさや装丁の違い（持ち歩くのか家に置いておくのかという使い方に関係する）、縦罫か横罫か、書き込める分量の多少のような好みの違い、家計簿的要素をどれくらい重視するかというような形式による違い（これは使う目的に関係する）、主婦や小学生のような対象や年齢による違いを意識した販売戦略にもとづくものであった。

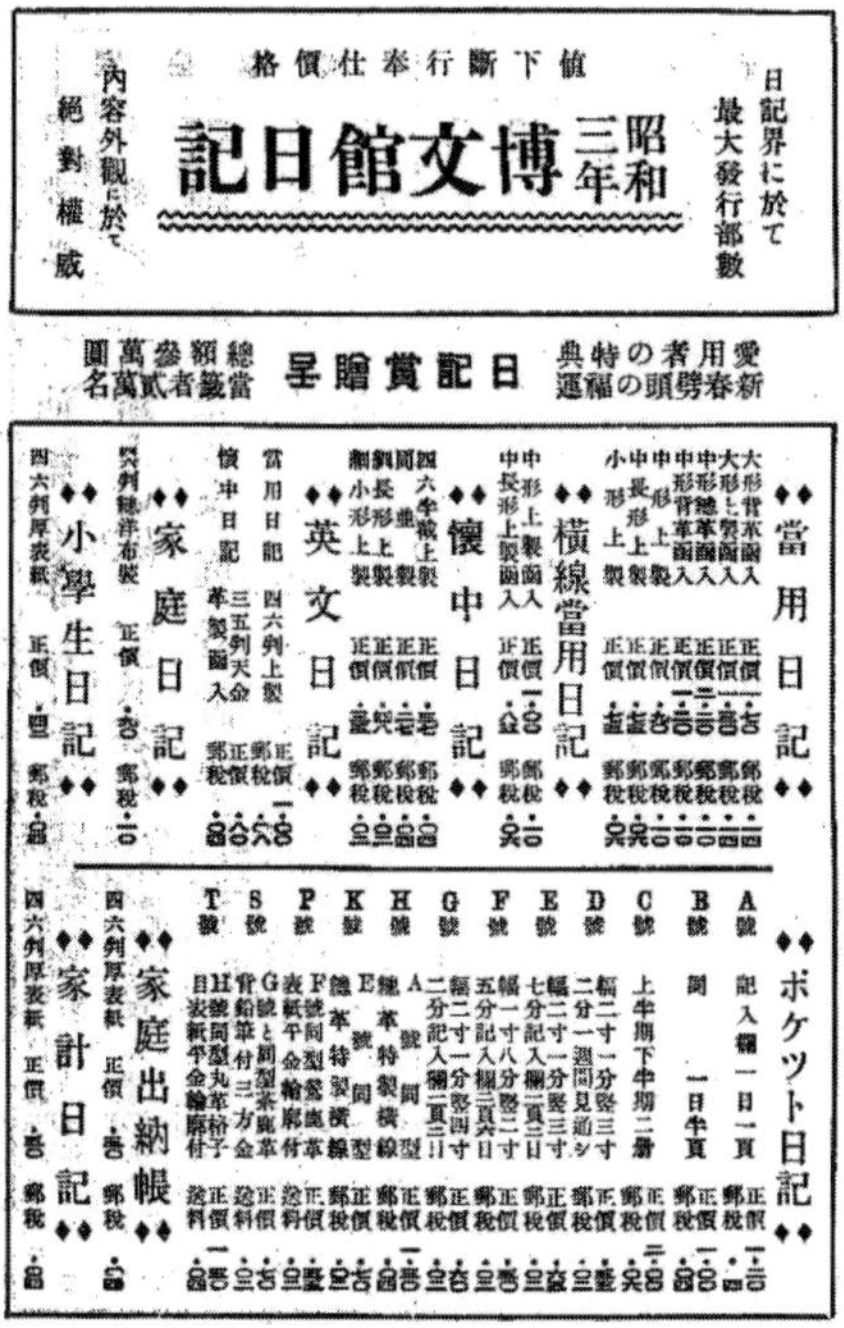

そしてこのような種類の違いは、今回取り上げる日記帳の付録内容にも関係してくる。日記帳における付録に注目した研究は少ないが、西川は、春陽堂・新潮社が発行していた『文章日記』や『文芸日記』には、文学青年が文壇通になるような知識を提供する「現代作家年譜」「文壇年齢表」「文壇概観」「文芸界概要」などが付録としてつけられていたこと、『主婦日記』の欄外や巻末付録には、献立や洗濯掃除のやり方だけでなく、子どもの躾、交際など主婦の役割を果たすためのノウ

ハウが細かに記されていること、海軍省恤兵係が監修した昭和一八年用の『海軍日記』には、大東亜戦戦局地図、世界情勢地図などの対象者を意識した付録がつけられていたことを指摘している。

これは現在でも同様で、たとえば吉川弘文館の『歴史手帳』という日記帳（というかスケジュール帳）には、オビに「日記と歴史百科が一冊で便利」というキャッチ・フレーズがつけられており、歴史年表・世界の元号一覧や歴代天皇・摂政関白・将軍・歴史的度量衡や遺跡一覧、博物館一覧など、歴史好きや歴史研究者がちょっと参照するに便利な付録がついている。これがあるために、毎年それを利用している人もいる。このように業界毎に、特有の付録をつけ記入欄に工夫が凝らされている日記帳が今でもある。ちょっと調べただけで、全国議員情報センターでかって出版していた『衆議院手帳』『参議院手帳』には、官公庁の体制、家庭祝儀、国会周辺地図、衆参両議院名簿、官公庁電話及所在地、公社・公庫・独立法人・全国都道府県・所在地、報道関係・宿泊施設・ホテルなどが、日本出版販売株式会社の『書店手帳』には、主な雑誌発売日一覧、教科書改訂の基礎知識、本の分類に関するコード表、芥川賞や直木賞の受賞者一覧、書籍・雑誌の判型、出版社名簿他が付けられている。このような日記帳は、つきつめていくと業務手帳に近い物になっていく。蛇足であるが、前者のホームページには、「議員手帳の使用例」という項目があり、年末年始の有料会合・パーティーなどのお土産として渡すことはだいじょうぶだが、手帳を無料で配布したり、制作費よりも安価で販売したりすることは公職選挙法に抵触することが記されている。年末になると日記帳が大量に造られる背景に、企業カレンダーと同様なコマーシャル的な側面があった、ということだが、そこに付けられている付録は、それぞれの業界のノウハウを簡単に知ることができるという点で、便利であろう。

今回取りあげた日記帳の付録は、図でいうと上欄『当用日記』の右から五番目の中形上製定価九〇銭のものである（表紙は口絵5頁の上）。定価九〇銭というのは、当時封書（四匁以下）の全国料金が三銭であった（これは日記帳の付録で確認できる）ことと比較すると、三〇倍の値段、現在の封書定形料金である八四円と比較すれば、二五二〇円に相当する。四六判（ヨコ一二・七センチ、タテ一八・八センチ）という適当な大きさと頑丈さを備えたもので、特に対象を限ったものではなく、どのような人も使用できる、つまり売れ筋のタイプの日記である。したがって付録も「当用百科大鑑」というタイトルが付けられているように、ある業界に特有なものではなく、汎用性の高い百科事典的で同時代の国勢要覧を兼ねたようなものとなっている。これを見ることによって、当時の普通の人々は、ちょっとした一般常識や日常の細々としたことがらを知ることができるようにしてある。取り上げられている様々なデータは、博文館が得意とした各種ノウハウものの蓄積をもとにしていたようだ。博文館編輯局は明治二七年に早くも『伝家宝典明治節用大全』という大冊（一二〇〇ページ）の節用集（百科便覧）を発行しており、取り上げられている項目は重なるところが多い。

必要とする知識や情報は、もちろん時代が変われば異なってくる。指摘したように昭和三年当時の封書料金は三銭（明治三二年から昭和一二年の三八年間）であった。しかし四匁以上（昭和六年からは一五グラム以上）はいくらだったのだろうか、速達や書留はどうだったのだろうかは、当時でも確認する必要があったろうし、日満間の郵便がどう扱われるかは、覚えている人は少なかったろう（関東庁管内発着に限り内国郵便に関する規定が準用されていた）。日本の委任統治領であった南洋群島宛のものが記されることは、第一次世界大戦がなければなかっただろう。付録として付けられる情報は、歴史性を有しているということだ。

これについても西川は、太平洋戦争期の日記帳の枠組みが戦争色の一色に染まること、具体的には、欄外の格言・金言も戦争標語、日用百科的な付録ページにも防空壕の掘り方、退避訓練、配給制度の項目が増えていることなどの変化があったこと、それが戦後、軍人勅諭のかわりに新憲法の条文が印刷されるようになったことなどの変化を指摘している。

そうすると、同じ日記帳の異なる年の付録を比較することや、付録そのものの時代性を考えること自体が意味を有してくる。筆者は、それを深く考えていたわけではないが、明治末年の日本社会の姿を知ることができるのではないかと考え、大正二年用（一九一三年用）の博文館『当用日記』（中形上製）の付録部分を『明治時代史大辞典』第四巻に掲載してもらった（陸軍中将・参謀本部第二部長の宇都宮太郎が使ったものが底本）。今回復刻したものは、それから一五年を経た昭和初期のものであり取り上げられている項目もたいへん増えているが、この二つを比較してみると第一次世界大戦を経て日本社会が大きく変化した状況がわかる。

＊　＊　＊

さて本書に収めた付録そのものについてみてみよう。この日記帳は、物としては昭和最初の日記帳であった。発行されたのは昭和二年一〇月であり、その前年（大正一五年）一〇月に発行された翌年用の日記は『大正十六年当用日記』であり（表紙は口絵４頁の下）、付録なども今上天皇を大正天皇とするものであった。大正一五年の暮れも押し詰まった二五日に亡くなったことが反映されるのは、翌年のことであり、現に昭和三年用日記帳の巻頭に含まれる皇室関係記事には、大正天皇崩御、今上天皇御年譜、登極令などの最新記事がある。翌年の日記帳にはこの記事はなく、その代わりに「御大礼の要旨」という昭和三年一一月に行われるはずの、まだ発行時点においては予定の段階の記事が掲載されている。

また昭和三年は閏年であったことによるのであろうか、最初の方には天文関係の記事が多く配されており、さらに十二支の「辰年」であったため「龍の話」というエッセー的記事が続く。このように付録は毎年同じではなく、巻末の方の記事にも、近年の重要事項や時々のトピックが掲載されている。また同じテーマの記事でも、紙面の都合で加除・修正されたりしている。たとえば歴代天皇表の後に「長慶天皇」という項目があり、なぜかと思わせるが、これは即位の有無が疑われていた長慶天皇が大正一五年一〇月二一日に皇統譜に加えられたことをふまえてのものであった。昭和二年三月七日の奥丹後地震の状況や、三月から四月にかけての財界混乱（金融恐慌のこと、休業銀行一覧もある）の記事がある。軍備状況を示す諸表の中には、ワシントン海軍条約制限海軍力や五大国補助艦比較表があり（これはこの年だけではない）、一般的に軍縮に関する事項に関心が高かったことと、たぶんこのような表がこの問題を話題にする際の一般人の基礎知識になっていたことをうかがわせる。

特に昭和三年という年にこだわるものではないが、ここに掲げられている諸表や諸情報には、この頃の世相を写す記事が多く含まれている。たとえば、東京市内の公衆食堂、産院、牛乳配達所、公設質屋、授産場などさまざまな社会施設の住所が掲載されているところは、その後の「最近国勢一覧」に含まれる「小作争議件数」（二二〇六件）、「職業紹介所求職者数」（八七万八〇〇〇人）などと併せて、一九二〇年代という時代が、社会政策が焦点となっていた時代であったことを思い起こさせる。職業紹介所に行くための交通費が半額補助されていたこともわかる。

このような時代や社会を直接反映した記事以外に、継続して掲載されている事項で、現在ではちょっとわからない、あるいは調べるのがやっかいな事項が、この付録には記されている。順不同に挙げてみよう。たとえば巻頭の皇族であるが、日記発行時点において現存している皇族・朝鮮王公族・臣籍降下の皇族・王族華族に降嫁した皇族の一覧が一目でわかるのは便利である。また宮中席次の原則が取り上げられており、また昭和二年五月時点での高級有位有爵帯勲者名簿、褒賞の種類、病気以外の死因（犬や熊や蛇で死亡した人の数もある）、自殺者の動機や殺害の原因がわかる警察諸統計（人違いで殺された人が六人もいる）、ラジオを受信する際の手続きなどもある。たとえば大臣礼遇の資格と有資格者について、昭和二年一〇月頃には、総理大臣経験者として西園寺公望など五人、国務大臣礼遇者は山本達雄・後藤新平・犬養毅の三人で、基準はないが、長く二回、短くても三回大臣となったもののなかから選ばれること、七月・一二月には御手許金を下賜される習慣になっていることが記されている。帝国軍艦表は、財部彪日記校正の際に艦船名を確認する時に役だった。

表の中に、全国の国公立・私立大学の一覧があるが、この表を見て認識を新たにしたのはその学費で、国公立と私立大学との間にほとんど差のないことであった。文官俸給や議員俸給もわかる。また気象現象の説明の中で、「颱風」という語が最近のものであることが指摘されている。その他、青山葬儀場使用料、産婆報酬、職業婦人の職種別収入などは値段の風俗史として興味深い。便利で役立つという観点（これが「節用集」を引き継ぐ大きな要素）からは、素人簡易治療法（現在ではどうかと思わせるものもあるが）、シミの抜き方、各種マナー、忌服日数、欧亜間郵便逓送日数、ウナとかニカとかの電報指定略符号などがわかる。釣りの仕方とか富士登山のルートとかまで記されている。

またこの付録には多くの最新統計や表が掲載されている。北海道アイヌ人出生死亡とか、大原野の一覧（富士裾野が第一）とか、世界の大鐘、世界の郵便局などは珍しい。民籍及び国籍別人口に記されている樺太人三〇人とは樺太アイヌのことを指すのだろうか。日本の面積の項目で、樺太（日本領である南樺太）が台湾とほぼ同じ大きさというのは、改めて認識した。日本全国の都市も触れられているが、当時は東京市の拡張以前であったため大阪市の方が東京より大きな人口を抱えていた。沖縄県には那覇市と首里市があり、丸亀・宇和島・今治・福山・都城などの市制施行は早かったこと、西灘・平野・穂波・小田のような人口三万人以上の村が存在したことも記されている。戦前日本で一番高い山が台湾の新高山であったことは有名だが、五位までもが台湾であった。湖沼の広さで三位は樺太の多来加湖（タライカ湖）であった。

このほか、豆知識になりそうなこととして「印度人の愛憎物」とか「輸出漆器」という項目がある。前者は商標という観点から論じており、これらは世界各地との貿易を振興させるという当時の日本の課題から選ばれた項目なのであろう。

付録の最後の方には、日常関係しそうな法令と手続きが掲載されている。あまりにも細かいので翻刻はしなかったが、特に「兵役法摘要」は誰にとっても関係するものなので、前の部分にある「陸軍常備団隊配備表」「徴兵適齢表」と併せて利用されたに違いない。もっとも付録がどれほど有効に利用されたかは、それを示す史料がないために、しっかりとその例を示すことはできないことは残念である。しかし当時どう利用されたかはさておき、あと数年で、この日記帳が発行されてから一〇〇年を迎える。この日記帳の付録が当時の社会状況を知る一つの材料となることを期待したい。

《参考文献》

西川祐子『日記をつづるということ』（吉川弘文館、二〇〇九年）
同「近代において日記を書くことの意味」（『同志社コリア研究叢書』第一巻、二〇一四年）
宮地正人・佐藤能丸・櫻井良樹編『明治時代史大辞典』第四巻（吉川弘文館、二〇一三年）
坪谷善四郎『博文館五十年史』（博文館、一九三七年）

尚友倶楽部・季武嘉也・櫻井良樹編『財部彪日記〈海軍大臣時代〉』（芙蓉書房出版、二〇二一年）
田中祐介編『日記文化から近代日本を問う』（笠間書院、二〇一七年）
「全国議員情報センター／衆議院・参議院手帳」https://www.giinjyoho-center.net/tecyo_1.php（現在は閉鎖）
「日本出版販売株式会社／書店手帳」https://www.nippan.co.jp/ryutsu-gakuin/tetyou/

当用百科大鑑

明治元年以降六十一年茲に昭和三年の正旦を迎へて還暦の新日本を祝す

昭和三戊辰閏年略暦

神武天皇即位紀元二千五百八十八年

陽暦閏年三百六十六日・陰暦閏年三百八十四日

西暦紀元 一九二八年

大 陽暦 一 三 五 七 八 十 十二
陰暦 丁卯十二 戊辰二 四 七 八 十 十一

四方拜	一月一日
元始祭	一月三日
新年宴會	一月五日
紀元節	二月十一日
春季皇靈祭	三月二十一日
神武天皇祭	四月三日
天長節	四月二十九日
秋季皇靈祭	九月二十三日
神嘗祭	十月十七日
明治節	十一月三日
新嘗祭	十一月廿三日
大正天皇祭	十二月廿五日
地久節	三月六日
皇太后誕辰	六月二十五日
陸軍記念日	三月十日
海軍記念日	五月二十七日
明治神宮祭	十一月三日
靖國神社祭	四月三十日 十月二十三日

小 陽暦 二 四 六 九 十一
陰暦 戊辰 正 閏二 三 五 六 九

氣節

氣節	日付	時分
小寒	一月六日	後一〇・三一
大寒	一月廿一日	後三・五七
立春	二月五日	前一〇・一七
春分	三月廿一日	前五・四五
立夏	五月六日	前三・四四
夏至	六月廿二日	前一・〇七
小暑	七月七日	後六・四五
大暑	七月廿三日	後〇・〇三
立秋	八月八日	前四・二八
秋分	九月廿三日	後四・〇六
立冬	十一月八日	前〇・五〇
冬至	十二月廿二日	前一一・〇四

雜節

雜節	日付
節分	二月四日
八十八夜	五月二日
入梅	六月十一日
半夏生	七月二日
二百十日	九月一日
彼岸	三月十八日 九月二十日
社日	三月十九日 九月廿五日
土用	一月十八日 四月十七日 七月二十日 十月廿一日

行事

晝夜長短同日 三月十七日 日出日入共五時五十分 晝夜間各十二時

行事	日付
陰暦元日	一月廿三日
初午祭	二月十二日
鎭祭	三月三日
釋尊降誕會	四月八日
大潮	四月廿二日

(東京靈岸島實測)午前五時五十五分より潮退き始め午後零時二十五分干潮となり同時刻より潮滿ち始め午後七時二十分滿潮となる。潮干狩は午前九時半頃より二時半頃迄を適當とす。

行事	日付
端午節供	五月五日
土用丑の日	七月廿四日
土用二の丑	八月五日
大震記念日	九月一日
二十六夜待	九月九日
中秋名月	九月廿八日
酉の市	十一月五日 十七日 廿九日
七五三祝	十一月十五日
クリスマス	十二月廿五日

月食

六月三日(午後七時十八分左下より虧け始め同九時九分食甚しく同十一時二分右上に終る(皆既))

十一月廿七日(午後四時二十四分下より虧け始め同六時一分食甚しく同七時三十九分右に終る(皆既))

甲子	己巳	庚申
1月25日	1月30日	1月21日
3月25日	3月30日	3月21日
5月24日	5月29日	5月20日
7月23日	7月28日	7月19日
9月21日	9月26日	9月17日
11月20日	11月25日	11月16日

明治元年以來六十一年
大正元年以來十七年
教育勅語頒布第卅九年
學制宣布第五十七年

日曜表

一月	二月	三月	四月	五月	六月	七月	八月	九月	十月	十一月	十二月
1	5	4	1	6	3	1	5	2	7	4	2
8	12	11	8	13	10	8	12	9	14	11	9
15	19	18	15	20	17	15	19	16	21	18	16
22	26	25	22	27	24	22	26	23	28	25	23
29			29			29		30			30

市制公布以來四十年
世界大戰終局以來十一年
支那民國暦第十七年

日出日没及月出月没早見

（月日）	（日の出）時分	（晝間）時分	（日の入）時分	（夜間）時分	（月出）時分	（月没）時分
一月一日	六・五一	九・四七	四・三八	一四・一三	後〇・一〇	……
一月十六日	六・五〇	一〇・〇〇	四・五一	一四・〇〇	前〇・四〇	前一一・五七
二月一日	六・四二	一〇・二五	五・〇七	一三・三五	後〇・三七	前一二・一六
二月十五日	六・三〇	一〇・五一	五・二一	一三・〇八	前一・三〇	前一一・三〇
三月一日	六・一二	一一・二四	五・三六	一二・三六	後〇・一五	前一二・二四
三月十六日	五・五二	一一・五七	五・四九	一二・〇三	前二・〇一	前一一・二八
春分廿一日	五・四四	一二・〇九	五・五三	一一・五一	……	……
四月一日	五・二九	一二・三四	六・〇三	一一・二六	後二・一六	前三・四一
四月十六日	五・〇八	一三・〇六	六・一四	一〇・五四	前二・五七	後一・三四
五月一日	四・五〇	一三・三七	六・二七	一〇・二三	後三・〇八	前三・一五
五月十六日	四・三六	一四・〇四	六・三九	九・五六	前二・三四	後二・四一
六月一日	四・二七	一四・二四	六・五一	九・三六	後四・四八	前三・〇一
六月十六日	四・二五	一四・三四	六・五八	九・二六	前二・四六	後五・一〇
夏至廿二日	四・二五	一四・三五	七・〇〇	九・二五	……	……
七月一日	四・二八	一四・三三	七・〇一	九・二八	後五・三五	前二・三八
七月十六日	四・三七	一四・二〇	六・五七	九・四〇	前三・〇五	後六・二一
八月一日	四・四八	一三・五八	六・四六	一〇・〇二	後六・三三	前三・五〇
八月十六日	五・〇〇	一三・三〇	六・三〇	一〇・三〇	前五・一六	後七・一六
九月一日	五・一二	一二・五七	六・〇九	一一・〇三	後七・一一	前五・五七
九月十六日	五・二四	一二・二四	五・四八	一一・三六	前七・一一	後七・〇七
秋分廿三日	五・二九	一二・〇九	五・三八	一一・五一	……	……
十月一日	五・三五	一一・五一	五・二六	一二・〇九	後六・四一	前七・〇五
十月十六日	五・四八	一一・一八	五・〇五	一二・四二	前七・五六	後六・三〇
十一月一日	六・〇三	一〇・四四	四・四七	一三・一六	後七・二九	前九・三九
十一月十六日	六・一七	一〇・一七	四・三四	一三・四三	前九・三八	後七・〇[illegible]
十二月一日	六・三二	九・五七	四・二八	一四・〇三	後八・二九	前一〇・三〇
十二月十六日	六・四四	九・四六	四・二九	一四・一四	前九・五六	後七・五〇
冬至廿二日	六・四七	九・四五	四・三二	一四・一五	……	……

一九二八年惑星暦

日	一月四日最近	七月四日最遠
水星	一月九日外合	二月九日東方離隔
	二月廿五日内合	三月廿三日西方離隔
	五月三日外合	六月三日東方離隔
	六月廿九日内合	七月廿一日西方離隔
	八月十六日外合	九月三十日東方離隔
	十月廿四日内合	十一月九日西方離隔
	十二月十八日外合	
金星	七月二日外合	
火星	九月十四日下矩	十二月廿一日衝
木星	四月七日合	八月二日下矩
	十月廿九日衝	
土星	三月十日下矩	六月七日衝
	九月六日上矩	十二月十四日合
天王星	三月廿四日合	六月廿九日下矩
	九月廿九日衝	十二月廿五日上矩
海王星	二月十八日衝	五月十八日上矩
	八月廿二日合	十一月廿四日下矩

合　地球より見たる惑星の（惑星の説明に就ては巻末附録暦の知識参照）方向が太陽と一致したる時を其惑星の合なりと云ふ。外惑星の合に際しては太陽は必ず地球と惑星との中間にあれども、内惑星の場合に際しては惑星が太陽と地球との中間に在る場合と、太陽の外方に在る場合との二あり、

前者を内合と云ひ後者を外合と称す。**合の頃には惑星を見る事能はず。**

衝 地球より見たる惑星の方向が太陽の方向と正反対となりたる時を其惑星の衝なりと云ふ。衝は外惑星に限りて生じ内惑星には衝なし。**衝の頃には夜半に其惑星を南の空に見るべし。**

矩 地球より見たる惑星の方向が太陽と九十度隔りたる時を其惑星の矩と云ふ。惑星が太陽の東方九十度に在るときを上矩、太陽の西方九十度に在るときを下矩と称す、矩は外惑星に限りて生じ内惑星には矩なし。**上矩の頃には夕方に下矩の頃には明方に其惑星を南の空に見るべし。**

離隔 地球より見て内惑星の方向が太陽と最も隔りたるときを其惑星の離隔と云ふ。惑星が太陽の東方に最も隔りたるときを東方離隔、太陽の西方に最も隔りたるときを西方離隔と云ふ。**東方離隔の頃には夕方其惑星を西の空に見るべく、西方離隔の頃には明方其惑星を東の空に見るべし。**水星、金星、火星、木星、及び土星は容易に肉眼にて見ることを得れども天王星、海王星及び小惑星は肉眼にて見ること困難なり。

本年の月食

昭和三年中本邦より観望さるゝ月食は二回あり。其の日時及び区域は左の如し。

第一月食 六月三日にして皆既食なり。区域は南北亜米利加の西部、太平洋、濠洲、亜細亜の東部等に亘る。東京にては同日午後七時十七分六左下より虧け始め、同十一時一分六右上に終る。

第二月食 十一月二十七日にして同じく皆既食なり。区域は欧洲西北部、大西洋、南北亜米利加、太平洋及び亜細亜の北東部に亘る。東京にては午後四時二十三分八下より虧け始め、同七時三十九分右に終る。

誰にも分かる　星天図

○は一等星　○は二等星　・は三等星

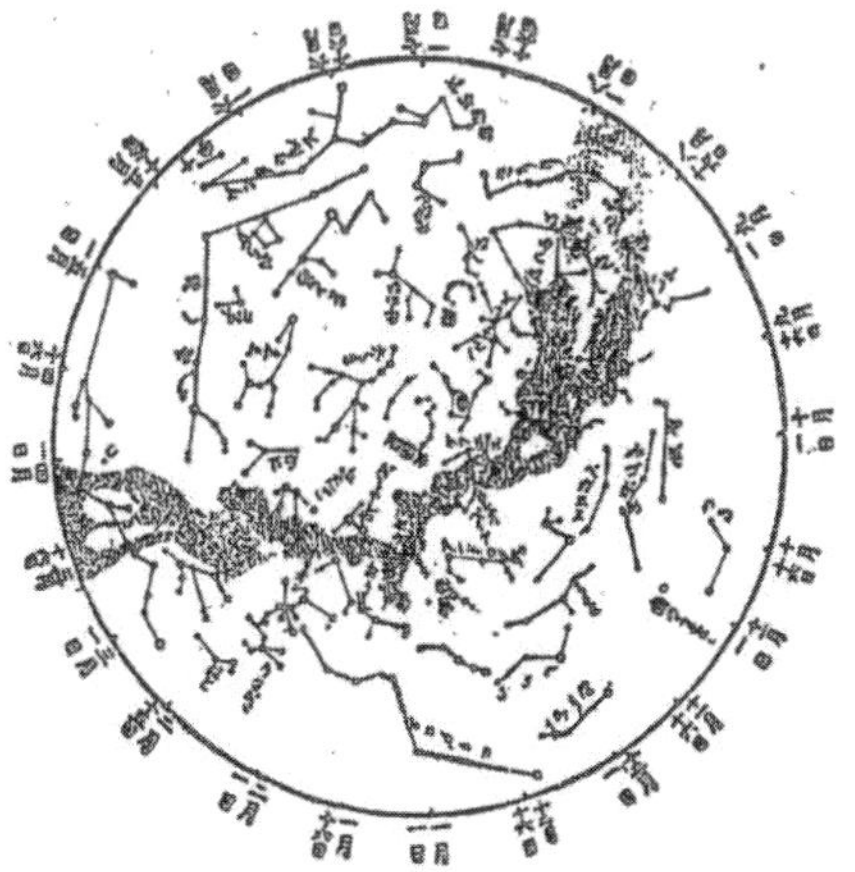

此図は 青天井に敷き広げし心持にて支持し外周の日附の処を其当日の午後八時に正南に向けて用ふべし。

此図に 依りて観得る天空の部分は此全図の約四分一なり北極星の北方及び東方西方の端は見えず。

彗星

彗星の出現は年に依りて多少の変更あり。正確なる事は期し難きも、昭和三年中近日点を通過すべき予定のものは左の如し

エンケ彗星　週期三年百九日
近日点距離　千二百九十万里
遠日点距離　一億五千六百万里
近日点通過　二月十七日
出現期間　約七週間

バーナード第一彗星
週期　五ケ年半
出現期　八月頃
出現期間　約十七週間

テーラー彗星
週期　六年百三十五日
出現期　十月下旬

千八百十八年のエンケ彗星

此の外未知若しくは週期不確定の彗星にして不時に出現するもの若干あるべし

時差

太陽の子午線経過により観測したる一昼夜の長さは日々不同にして、之を一年間平均したる長さを平均太陽日と言ふ。真太陽時計は平均太陽時を指示するやう作られたるものなり。真太陽時と平均太陽時の差を時差と称す。

真太陽時一昼夜の長さは二十三時五十九分三十九秒乃至二十四時零分三十秒なれども、幾日間も積り積りて二月中旬に到れば十四分二十二秒許過剰となり、十一月上旬には十六分二十三秒許不足となる。今真正午と時計の正午との差を示せば左の如し。

◎真正午の時普通の時計の示す時刻

	時　分　秒		時　分　秒
一月一日	一二・〇三・〇二	二月一日	一二・一三・三三
二月十二日◎	一二・一四・二三	三月一日	一二・一二・三四
四月一日	一二・〇四・〇六	五月一日	一一・五七・〇六
五月十四日◎	一一・五六・一三	六月一日	一一・五七・三五
七月一日	一二・〇三・三四	七月廿六日◎	一二・〇六・二一
八月一日	一二・〇六・一二	九月一日	一二・〇〇・〇五
十月一日	一一・四九・四九	十一月一日	一一・四三・三九
十一月三日◎	一一・四三・三七	十二月一日	一一・四八・五七

◎印は最長と最短とを示す。

七曜日の循環

暦面上日次に配当せる日、月、火、水、木、金、土の七曜は二十八年を以て一章を終り、二十九年目よりは二十八年前の七曜を繰返す。即ち本年一月元日日曜なれば、二十八年前

の一月元日も日曜なり。是れが理由は、二十八ケ年内には平年二十一回と、閏年七回とあり。平年（三六五日）の週数は五十二週間と一日、閏年（三六六日）の週数は五十二週間と二日、是れが合計たる二十八ケ年内の週数は、千四百六十一週間にして端数を生ぜざる為めなり。

但し右循環は其の世紀の末年二千年、二千四百年等の如く閏年なるときは、是れを次の世紀へ繰り返へし事を得るも、千九百年、二千百年等の如く平年なるときは次の世紀へ繰り返へし事を得ず。今此の場合に於ける循環を計算すれば、各世紀の末年が平年なるときは其の年の七曜は六年前の七曜と同じく、各世紀の初三十九年間は各四十年前の七曜と全く相同じ。（其の中二十九年以後は二十八年前の七曜と同じき事は勿論なり）依て昭和三年の七曜は四十年前即ち明治二十一年の七曜と同じく、昭和四年の七曜は四十年以前たる明治二十二年並に二十八年以前たる明治三十三年の七曜と相同じ。

皇室

百二十四代

今上天皇 御名 裕仁《ヒロヒト》

大正天皇第一皇子

御降誕 明治三十四年辛丑四月二十九日
立太子式 大正五年丙辰十一月三日
御成年式 大正八年己未五月七日
摂政御就任 大正十年辛酉十一月廿五日
御践祚 昭和元年丙寅十二月廿五日
即位礼 昭和三年戊辰十一月　日
大嘗祭 昭和三年戊辰十一月　日

皇后 御名 良《ナガ》子

大勲位久邇宮邦彦王第一女

御誕生 明治三十六年癸卯三月六日
御入輿 大正十三年甲子一月廿六日
立皇后 昭和元年丙寅十二月廿五日

皇太后 御名 節《サダ》子

故従一位大勲位公爵九条道孝第四女

大正天皇皇后

御誕生 明治十七年甲申六月廿五日
御入輿 明治三十三年庚子五月十日

今上天皇第一皇女

照《テル》宮成《シゲ》子内親王

御誕生 大正十四年乙丑十二月六日

大正天皇第四皇子

澄《スミ》宮崇仁《タカヒト》親王

御誕生　大正四年乙卯十二月二日

皇后陛下には御目出度も御懐妊の吉兆今春三月御確定、四月十日御内着帯式を挙げさせ給へたるが新秋九月には御慶事あるべしと拝聞す。

二年五月記

皇族

皇族とは皇室の御家族にして皇室典範に「皇族と称ふるは太皇太后、皇太后、皇太子、皇太子妃、皇太孫、皇太孫妃、親王、親王妃、内親王、王、王妃、女王を謂ふ」とあり。其の称号は同じく皇室典範に「皇子より皇玄孫に至るまでは男を親王、女を内親王とし、五世以下は男を王、女を女王とす」とあり。現在親王と称する御方は皇子以外には閑院宮載仁親王のみ。親王は伏見宮邦家親王の第十六王子にして孝明天皇の御養子となり、親王宣下あらせられたり。明治以前に在りては皇子女の多くは仏門に入る慣例にて親王家と称するは有栖川、伏見、桂、閑院の四親王家に限られたり。有栖川宮は後陽成天皇の第七皇子好仁親王を祖とし、第十代威仁親王（大正二年薨去）に至る。伏見宮は北朝崇光院の第一王子栄仁親王を祖とし子孫世襲せしが、十四代邦忠親王に至り王子無きを以て桃園天皇の第三皇子貞行親王入りて十五代の主となりしが、亦王子無きを以て先代邦忠親王の弟邦頼親王其の後を承け、それより子孫連綿として御当主博恭王に至り、二十三代を重ねたり。桂宮は元京極宮と称し、正親町天皇の皇孫智仁親王を祖とし十二代淑子（すみ）内親王（仁孝天皇の皇女、明治十四年薨去）に至る。閑院宮は東山天皇の第六皇子直仁親王を祖とし、現今の載仁親王に至り六代を重ねたり。明治以後に至り先に仏門に入りたる皇族も還俗して更に一家を創立し、後次第に増加して今日の繁栄を見るに至れり。現在の皇族は御直宮なる秩父宮、高松宮を除けば他は皆伏見宮邦家親王の王子王孫にて在らせらる。

（御誕生）

秩父宮　雍仁《ヤスヒト》親王　大勲位
大正天皇第二皇子　明治卅五年壬寅六月廿五日

高松宮　宣仁《ノブヒト》親王　大勲位
大正天皇第三皇子　明治卅八年乙巳一月三日

伏見宮　博恭《ヒロヤス》王　大勲位功四級
故大勲位貞愛親王第一子　明治八年乙亥十月十六日
妃　経《ツネ》子　勲一等
故従一位勲一等徳川慶喜第九女　明治十五年壬午九月廿三日
故貞愛親王妃　利《トシ》子女王　勲一等
故一品幟仁《タケヒコ》親王第四女　安政五年戊午五月廿一日

山階宮　武彦王　勲一等
故大勲位菊麿王第一子　明治卅一年戊戌二月十三日
故菊麿王妃　常《ヒサ》子　勲一等
故従一位勲一等公爵島津忠義第三女　明治七年甲戌二月七日

賀陽宮　恒憲《ツネノリ》王　勲一等

故大勲位邦憲王第一子　明治卅三年庚子一月廿七日
妃　敏《トシ》子　勲二等
従二位勲二等公爵九条道実第五女　明治卅六年癸卯五月十六日
故邦憲王妃　好《ヨシ》子　勲一等
故従一位侯爵醍醐忠順第一女　慶応元年乙丑十月二十日

久邇宮　邦彦《クニヨシ》王　大勲位功四級
故大勲位朝彦親王第三子　明治六年癸酉七月廿三日
妃　俔《チカ》子　勲一等
故従一位勲一等公爵島津忠義第七女　明治十二年己卯十月十九日

梨本宮　守正《モリマサ》王　大勲位功四級
故大勲位朝彦親王第四子　明治七年甲戌三月九日
妃　伊都《イツ》子　勲一等
故従一位勲一等侯爵鍋島直大第二女　明治十五年壬午二月二日

朝香宮　鳩彦《ヤスヒコ》王　大勲位
故大勲位朝彦親王第八子　明治二十年丁亥十月二日
妃　允《ノブ》子内親王　勲一等
明治天皇第八皇女　明治廿四年辛卯八月七日

東久邇宮　稔彦《ナルヒコ》王　大勲位
故大勲位朝彦親王第九子　明治廿年丁亥十二月三日
妃　聡《トシ》子内親王　勲一等
明治天皇第九皇女　明治廿九年丙申五月十一日

北白川宮　永久《ナガヒサ》王
故大勲位成久王第一子　明治四十三年庚戌二月十九日
故成久王妃　房《フサ》子内親王　勲一等
明治天皇第七皇女　明治廿三年庚寅一月廿八日
故能久親王妃　富《トミ》子　勲一等
故従一位大勲位公爵島津久光養女　文久二年壬戌閏八月八日

竹田宮　恒徳《ツネヨシ》王
故大勲位恒久王第一子　明治四十二年己酉三月四日
故恒久王妃　昌《マサ》子内親王　勲一等
明治天皇第六皇女　明治廿一年戊子九月三十日

閑院宮　載仁《コトヒト》親王　大勲位功二級
故一品邦家親王第十六子　慶応元年乙丑九月廿二日
妃勲一等　智恵《チエ》子
故正一位大勲位公爵三条実美第二女　明治五年壬申五月廿五日

東伏見宮　故依仁親王妃　周《カネ》子　勲一等
故従一位勲一等公爵岩倉具定第一女　明治九年丙子八月廿九日

朝鮮王公族

王族　（御誕生）
昌徳宮太王妃　尹氏　明治廿七年九月十九日
同李王　御名 垠　明治卅年十月二十日
同　妃　御名 方子　明治卅四年十一月四日

公族　（御誕生）
李堈公　明治十年三月三十日
同　妃　金氏　明治十一年十二月廿二日
李鍝公（李埈公継嗣）　大正元年十一月十五日
李熹公妃　李氏　明治十六年七月十日

李埈公妃　金氏　明治十一年七月八日

臣籍へ御降下の皇族（御現存の方々）

（御降下年）	（爵）	（家名御名）	（御父）
明治三十年七月	伯爵	上野正雄	北白川宮能久親王
明治四十三年七月	侯爵	小松輝久	同
大正九年七月	侯爵	山階芳麿	山階宮菊麿王
大正十二年十月	侯爵	久邇邦久	久邇宮邦彦王
大正十五年十二月	侯爵	華頂博信	伏見宮博恭王

王族華族に御降嫁の皇族（御現存の方々）

（御名）	（御配偶）	（御名）	（御配偶）
実枝子女王	故徳川慶久	拡子女王	二荒芳徳
禎子女王	山内豊景	恭子女王	安藤信昭
由紀子女王	町尻量基	茂子女王	黒田長礼
栄子女王	故東園基愛	安子女王	浅野長武
絢子女王	故竹内惟忠	智子女王	大谷光暢
篤子女王	壬生基義	信子女王	三条西公正
方子女王	李　垠	敦子女王	清棲幸保
満子女王	甘露寺受長	規子女王	広橋真光
貞子女王	有馬頼寧	華子女王	華頂博信
武子女王	保科正昭		

大正天皇崩御

先帝には大正十四年十二月十九日軽度の脳貧血を起させられ、次で十五年五月十一日軽微なる脳貧血様の御発作を拝せられしも、程なく御本復遊ばされ、同八月十日葉山へ御転地以来は御気先御良好に渉らせられしが十月廿七日より、御風気の為御発熱、気管支炎の御病状を拝せられ、御体温は三十七八度の間を昂降し、御食気も御減退あらせらる。越えて十一月十四日よりは御咳嗽及び少量の御咯痰あらせられ、十二月八日には右御胸に気管支肺炎の御症状を拝し、又此の頃より、御睡眠多きに過ぎさせられ、度々御欠伸を伺ひ奉るに到れり。其の後各侍医専心拝診し奉れるも御病勢御減退の兆なく、御心臓衰弱、御疲労一段と増加し、上下挙つて御憂慮申上げしが、二十日頃より御小康を保たれたりしかば、御回春の徴と万民斉しく愁眉を開きし甲斐もなく、二十二日より再び御病勢御増進、二十四日には御体温急に御昂騰、全く御危篤に陥らせ給ひ、皇后陛下、東宮、同妃、高松、澄宮各殿下、御生母柳原二位局の御看護の下に、二十五日午前一時二十五分遂に葉山御用邸に於て崩御遊ばさる。宝算四十八、愁雲大内山を蔽うて挙国哀悼せざるはなし。昭和二年一月十九日大正天皇と追謚し奉り、二月七日新宿御苑に於て森厳なる御大葬儀を執行はせ給ひ、八日多摩陵に欽葬し奉る。

今上天皇御年譜

大正十五年十二月二十五日大正天皇崩御あらせられ直後御践祚、第百二十四代の天皇として大統を御継承させ給ふ。御幼時よりの御年譜は左の如し。

御年一歳（明治三十四年）四月二十九日青山御所にて御誕生、五月五日廸宮と称し裕仁と御命名、御命名書に御剣一口を添へ、明治大帝より勅使御差遣。七月七日御養育主任川村純義伯の麻布本邸に御移りあらせらる。初めて御起ち十一月十三日、御生後百九十九日目。

御年二歳（明治三十五年）二月御乳の人増田たま子川村伯邸を退く。

御年四歳（明治三十七年）十一月九日川村伯邸より青山御所内の皇孫仮御殿へ御移転。

御年六歳（明治三十九年）五月五《ママ》より御殿内にて幼稚園と同様の御修業を始めらる。

御年七歳（明治四十年）九月十日青山御所に於て初めて伊藤朝鮮総監より献上の朝鮮馬に召さる。

御年八歳（明治四十一年）四月十一日学習院初等科第一年に御入学、院長は乃木大将。

御年十二歳（明治四十五年）七月三十日、明治大帝崩御。九月九日陸軍歩兵少尉、海軍少尉に御任官大勲位に叙せられ、菊花大授章を授けられ、皇子仮御殿を以て東宮仮御所に充てらる。九月十二日、始めて近衛歩兵第一聯隊に行啓、記念の小松御手植あり。

御年十三歳（大正二年）高輪御殿を以て東宮仮御所に充てられ、三月二十五日、赤坂仮御所より移転四月九日より学習院へ御通学。

御年十四歳（大正三年）三月三十一日学習院初等科御卒業、四月一日東宮御学問所を設けられ元帥海軍大将東郷平八郎を以て総裁とす。四月十一日、皇太后崩御。十月三十一日陸海軍中尉に御陞任。

御年十五歳（大正四年）三月六、七日駆逐艦に召され静岡近海を御航海、四月十五日京都へ行啓。七月五日東京御発伊勢神宮に御参拝。十二月四日横浜に行啓大観艦式に台臨あらせらる。

御年十六歳（大正五年）四月三日御発御西遊、七月三日御発北陸行啓十月三十一日陸海軍大尉に御陞任、十一月三日立太子式を御挙行あらせらる。

御年十七歳（大正六年）五月四日奈良県下へ、七月三日山陰沿海へ、十一月十二日埼玉県下へ行啓。

御年十八歳（大正七年）四月一日京都滋賀へ、六月十日伊豆大島へ、七月一日東北地方へ、十月二日豊橋市附近へ行啓。

御年十九歳（大正八年）七月四日長野県下へ御発行啓、十一月八日兵庫県下に挙行の陸軍特別大演習へ行啓。

御年二十歳（大正九年）三月二十三日御発九州各地御巡遊。十月三十一日陸海軍少佐に御陞任、同日大元帥陛下の御名代として代々木の観兵式に台臨。

御年二十一歳（大正十年）三月三日横浜御発艦香港、古倫母、スエズ、カイロ、英国、仏国、白国、和蘭、伊太利等を御巡遊九月三日御帰還。十一月二十五日摂政に御就任。十二月六日御政務御親裁の御都合上霞ケ関離宮へ御移転。

御年二十二歳（大正十一年）六月二十日良子女王殿下と御結婚勅許。七月六日北海道へ、十月三日富士五湖へ、十一月十二日四国紀伊御発途。

御年二十三歳（大正十二年）四月十二日御発台湾行啓。七月二十六日富士御登山。十月三十一日陸海軍中佐に御陞任。

御年二十四歳（大正十三年）一月二十六日良子女王殿下と御結婚の礼を行はせらる。十一月一日御発演習御統裁の為石川県下へ行啓。

御年二十五歳（大正十四年）七月十二日御発広島愛媛県下へ行啓、十二月六日照宮御誕生、十二日成子と御命名。

御年二十六歳（大正十五年）五月十九日御発岡山、広島、山口県下へ行啓、十二月二十五日御父帝崩御御践祚大統を継がせ給ふ。此の日昭和と改元す。二十八日朝見の儀を挙げさせられ、文武百官に勅語を給ふ。大喪費予算成立、二百九十八万余円。

御年二十七歳（昭和二年）一月十九日先帝に大正天皇と御追謚あらせらる。二月七日御大葬儀中葬場殿の御儀を新宿御苑に執行せらる。此の日広く恩赦を行はれ、且慈恵救済の資として御内帑金百五十万円を賜ふ、翌八日御大葬儀中陵所の御儀を多摩陵に執行はる。

登極令

第一条　天皇践祚の時は即ち掌典長をして賢所に祭典を行はしめ且践祚の旨を皇霊殿神殿に奉告せしむ。

第二条　天皇践祚の後は直に元号を改む。

元号は枢密顧問に諮詢したる後之を勅定す。

第三条　元号は詔書を以て之を公布す。

第四条　即位の礼及大嘗祭は秋冬の間に於て之を行ふ。大嘗祭は即位の礼を訖りたる後続て之を行ふ。

第五条　即位の礼及大嘗祭を行ふときは其の事務を掌理せしむる為宮中に大礼使を置く。大礼使の官制は別に之を定む。

第六条　即位の礼及大嘗祭を行ふ期日は宮内大臣国務大臣の連署を以て之を公告す。

第七条　即位の礼及大嘗祭を行ふ期日定まりたるときは之を賢所皇霊殿神殿に奉告し勅使をして神宮神武天皇山陵並前帝四代の山陵に奉幣せしむ。

第八条　大嘗祭の斎田は京都以東以南を悠紀の地方とし京都以西以北を主基の地方とし其の地方は之を勅定す。

第九条　悠紀主基の地方を勅定したるときは宮内大臣は地方長官をして斎田を定め其の所有者に対し新穀を供納するの手続を為さしむ。

第十条　稲実成熟の期到りたるときは勅使を発遣し斎田に就き抜穂の式を行はしむ。

第十一条　即位の礼を行ふ期日に先だち天皇神器を奉し皇后と共に京都の皇宮に移御す。

第十二条　即位の礼を行ふ当日勅使をして之を皇霊殿神殿に奉告せしむ。大嘗祭を行ふ当日勅使をして神宮皇霊殿神殿並官国幣社に奉告せしむ。

第十三条　大嘗祭を行ふ前一日鎮魂の式を行ふ。

第十四条　即位の礼及大嘗祭は附式の定むる所に依り之を行ふ。

第十五条　即位の礼及大嘗祭訖りたる時は大饗を賜ふ
第十六条　即位の礼及大嘗祭訖りたるときは天皇皇后と共に神宮神武天皇山陵並前帝四代の山陵に謁す。
第十七条　即位の礼及大嘗祭訖りて東京の宮城に還幸したるときは天皇皇后と共に皇霊殿神殿に謁す。
第十八条　諒闇中は即位の礼及大嘗祭を行はず。

宮中席次

第一階　大勲位（1菊花章頸飾2菊花大綬章）・内閣総理大臣・枢密院議長・元勲優遇の為大臣の礼遇を賜はりたる者・元帥、国務大臣、宮内大臣、内大臣、朝鮮総督・内閣総理大臣又は枢密院議長たる前官の礼遇を賜はりたる者・国務大臣・宮内大臣又は内大臣たる前官の礼遇を賜はりたる者・枢密院副議長・陸軍大将海軍大将・枢密顧問官・親任官・貴族院議長・衆議院議長・勲一等旭日桐花大綬章・功一級・親任官の待遇を賜はりたる者・公爵・従一位・勲一等（1旭日大綬章2宝冠章3瑞宝章）
第二階　高等官一等・貴族院副議長・衆議院副議長・麝香間祗候・侯爵・正二位
第三階　高等官二等・功二級・錦鶏間祗候・勅任待遇・伯爵・従二位・勲二等（1旭日重光章2宝冠章3瑞宝章）・子爵・正三位・従三位・功三級・勲三等（1旭日中綬章2宝冠章3瑞宝章）・男爵・正四位・従四位
第四階　貴族院議員・衆議院議員・高等官三等・高等官三等の待遇を享くる者・功四級・勲四等（1旭小綬章2宝冠章3瑞宝章）・正五位・従五位
第五階　高等官四等・高等官四等の待遇を享くる者・功五級・勲五等（1双光旭日章2宝冠章3瑞宝章）・正六位
第六階　高等官五等・高等官五等の待遇を享くる者・従六位・勲六等（1単光旭日章2宝冠章3瑞宝章）
第七階　高等官六等・高等官六等の待遇を享くる者・正七位
第八階　高等官七等・高等官七等の待遇を享くる者・従七位・功六級
第九階　高等官八等・高等官八等の待遇を享くる者
第十階　高等官九等・奏任待遇・正八位・功七級・勲七等（1青色桐葉章2宝冠章3瑞宝章）・従八位・勲八等（1白色桐葉章2宝冠章3瑞宝章）
以上の内第一階、第二階及第三階、高等官二等、功二級、錦鶏間祗候、勅任待遇、並に勲一等雇外国人、本邦駐劄各国大公使は新年宴会、紀元節、天長節等の御儀に際しては宮中豊明殿に於て御陪宴を賜はり、伯子男爵及有位華族及宮内勅任官、同待遇にして宴会に召されざる向、其の他宮内奏任官、同待遇には酒饌を賜はる。その服装は大礼服、正装、服制なき者は通常礼服なり。

歴代内大臣　（氏名　就任）

三条実美	明治一八・一二	徳大寺実則	明治一四・二
桂　太郎	大正元・八	貞愛親王	大正元・一二
大山　巌	大正三・四	松方正義	大正六・五
平田東助	大正一一・九	牧野伸顕	大正一四・三

歴代宮内大臣

（氏名　就任）

伊藤博文　明治一八・一二　土方久元　明治二〇・九
田中光顕　明治三一・二　岩倉具定　明治四二・六
渡辺千秋　明治四三・四　波多野敬直　大正三・四
中村雄次郎　大正九・六　牧野伸顕　大正一〇・二
一木喜徳郎　大正一四・三

歴代枢密院議長

（氏名　就任）

伊藤博文　明治二一・四　大木喬任　明治二二・一二
伊藤博文　明治二四・六　大木喬任　明治二五・八
山県有朋　明治二六・三　黒田清隆　明治二八・三
西園寺公望　明治三三・一〇　伊藤博文　明治三六・七
山県有朋　明治三八・一二　伊藤博文　明治四二・六
山県有朋　明治四二・一一　清浦奎吾　大正一一・二
浜尾　新　大正一三・一　穂積陳重　大正一四・一〇
倉富勇三郎　大正一五・四

各国祝祭日

三月二十五日　希臘国国祭日
五月三日　波蘭国国祭日
五月十七日　西班牙国皇帝誕辰
（アルフオンソ第十三世陛下）
五月二十五日　亜爾然丁共和国独立日
六月三日　大不列顛国皇帝誕辰
（ジョージ第五世陛下）
六月十六日　瑞典国皇帝誕辰
（グスタフ第五世陛下）
七月四日　亜米利加合衆国独立日
七月十四日　仏蘭西共和国国祭日
七月二十八日　秘露共和国独立日
八月一日　瑞西国国祭日（聯邦政府創立日）
八月三日　諾威国皇帝誕辰
（ハーコン第七世陛下）
八月六日　ボリヴイア共和国国祭日（独立日）
八月十一日　独逸共和祭
八月三十一日　和蘭国皇帝誕辰
（ウ井ルヘルミナ陛下）
九月十六日　墨西哥合衆国独立日
九月十八日　智利共和国独立日
九月二十六日　丁抹国皇帝誕辰
（クリスチヤン第十世陛下）
十月五日　葡萄牙共和国国祭日
十月十日　支那共和国国祭日
（袁世凱大総統正式就任日）
十一月七日　露国革命記念日
十一月九日　独逸共和宣言日
十一月十一日　伊太利国皇帝誕辰

（エマヌユル第三世陛下）
十一月十五日　伯剌西爾合衆国国祭日
（共和政体創立日）
十一月廿七日　白耳義国皇帝命名日
（アルベール陛下）
十二月一日　ポルトガル独立祭
十二月二日　暹羅皇帝戴冠式記念日

十二支叢談　龍の話

龍　龍は古来和名を「太都《たつ》」と言ひ、支那音は「ロン」である。本草綱目に龍の形に九似あり。即頭は駝に似、角は鹿に似、眼は兎に似、耳は牛に似、頸は蛇に似、腹は蜃に似、鱗は鯉に似、爪は鷹に似、掌は虎に似たり。脊には八十一鱗ありて九九の陽数を具へ、其声は銅盤を打つが如く、口の傍に鬚あり、頷の下に明珠あり。喉の下に逆鱗あり。其の性質気を呵して雲を成し、能く水に変じ、又能く火に変ず。説文には龍は春分にして天に登り、秋分にして淵に入ると記してあるが、此の如きは皆想像上のもので、決して現存した動物でない事は明らかである。

古来支那及日本の画家彫刻家の作品たる龍は、大体以上の記述を想像化したもので、従て霊通力を有するものとして一種の信仰を伴ひ、神社仏閣等は勿論、其他の絵画、彫刻物にも撰ばれたる次第である。

驚異の巨龍図　慶応元年七月のこと画家河鍋暁斎、信州戸隠山の別当勧修院に招請され、中院本社の天井に龍の図を描く事になつた。暁斎は後世不朽の名画を描かんとして毎夜三十町許り離れた奥院へ心願を掛けたが、願満ちて後筆を取るに当り、是れを聞き伝へて三十六坊の僧徒は言ふに及ばず、近郷近在の人々まで見物に参集し、本堂はさながら人で埋められるやうであつた。此の時に暁斎は先づ三合入りの大盃に、神酒三杯を傾け、英気溌溂として忽ち十間四方の天井も頭一つで掩ふ程の大龍を描き出したから、看る人々はこれは〳〵とばかり鳴を鎮めて見入つた。暁斎は此の龍を一週間にして美事に描き上げたので、一山の人々は又請ふに龍の周囲の格天井六十八枚を描かれん事を以てした。併し最早戸隠山の風景に飽きたる暁斎は此処を去らんとして頻りに辞したが許されず、手を採るやうに懇請されて又其のうちの八枚を描いた。然るに秋になり雪が降り出せば、明年の暖気になるまでは下山出来ずと聞いた暁斎は、一刻も早く立ち退かんと焦つたが、別当所では門を閉じて出さないので、止むなく従者と相談して深夜密かに逃げ出したが、忽ち追手に引戻されてしまつた。併し明年再び登山する約束で漸く下山を許されたが、其後再訪を見なかつたので、中院格天井の絵は八枚丈で、其余は今に木地であると云ふ。

狩野芳崖の龍　狩野芳崖は明治画壇の大家として名声海外に轟いた人であるが同氏の飛龍昇天の図や、老龍戯児の図などを見るに、脚の関節の数が、古来支那や日本画家の描ける龍に比して一ケ所多い事は鑑賞眼を有する人の注意すべき事である。これ実に芳崖が旧套に満足せず、肢脚に強みを与へる為に新機軸を出せしものと見るべきものである。余が此の事に気付いたのは、嘗て東京上野の或る展覧会場で、三尺四方許りの中に円窓を設け、それに龍を描きしを見た時の事であるが、其後に至り芳崖が三十七歳の時の作なりと言ふ龍虎の図を見るに及んで、此特質の名断に顕れてゐるのを確めた次第である。此作は八尺四寸余りの長幅であつたが、其上方に描出せられたる龍の雄壮なる事は実に驚嘆の外ない名作であつた。

飛龍　次に現在地球上に生存するもので「飛龍」と言ふのがある。これはシンガポールや其附近に棲息する「トカゲ」の一種で、長さ七寸許り、体色は暗緑であるから、護謨樹の上に這ひ廻つてゐる時は其樹皮と区別し難い程で、これに近づけば、翼を拡げて他の樹に飛び移るのである。此動物は普通の「トカゲ」に似て前肢と後肢を備へ、尾は細くして長く、肋骨は長く伸びて左右に張り、皮膚は之と共に伸張して、恰も団扇の如き翼を形成したもので、夫れ故に飛ぶと言ふも鳥の如く飛翔するのでなく、一種の空中滑走とも称すべきものである。

理学博士　飯塚　啓

萬歳　瀧田永治筆

當用百科大鑑

目次

最近重要統計

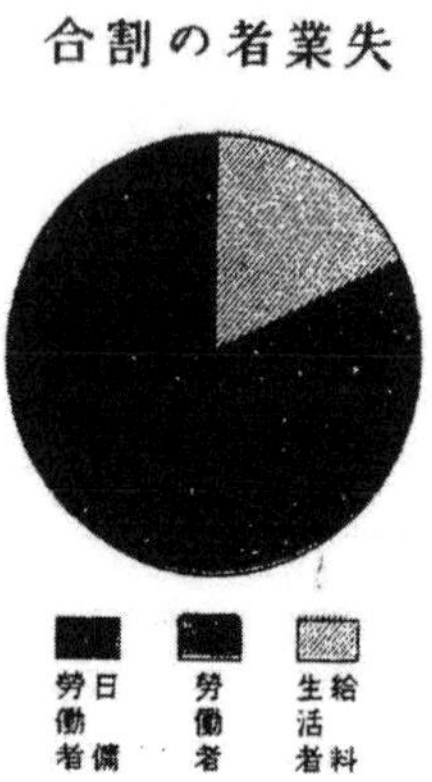
失業者の割合
日傭労働者
労働者
給料生活者

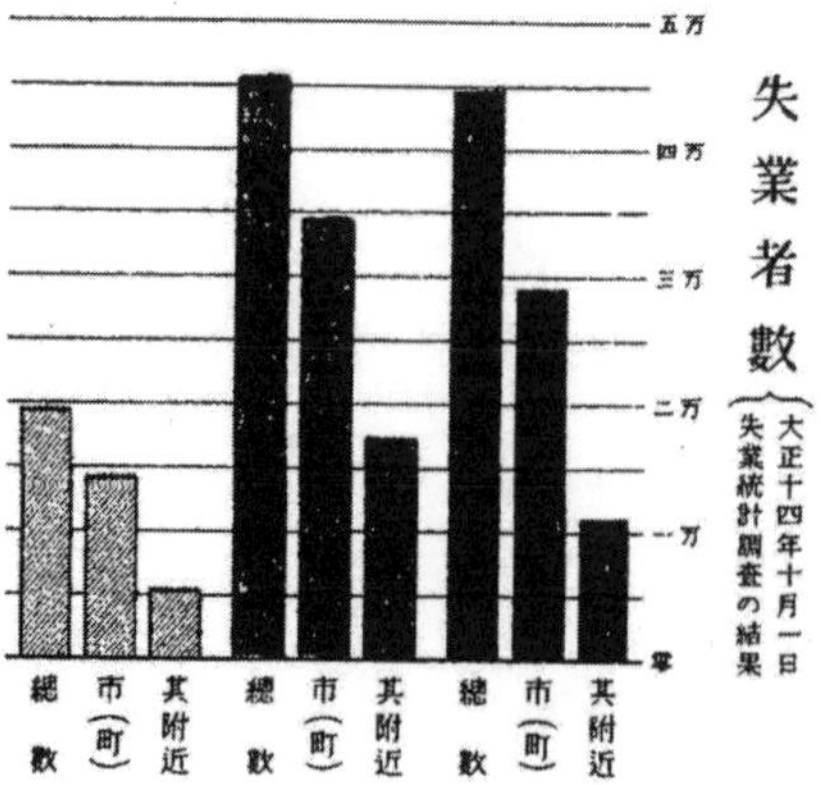
失業者數（大正十四年十月一日失業統計調査の結果）
五万
四万
三万
二万
一万
零
總數
市（町）
其附近
總數
市（町）
其附近
總數
市（町）
其附近

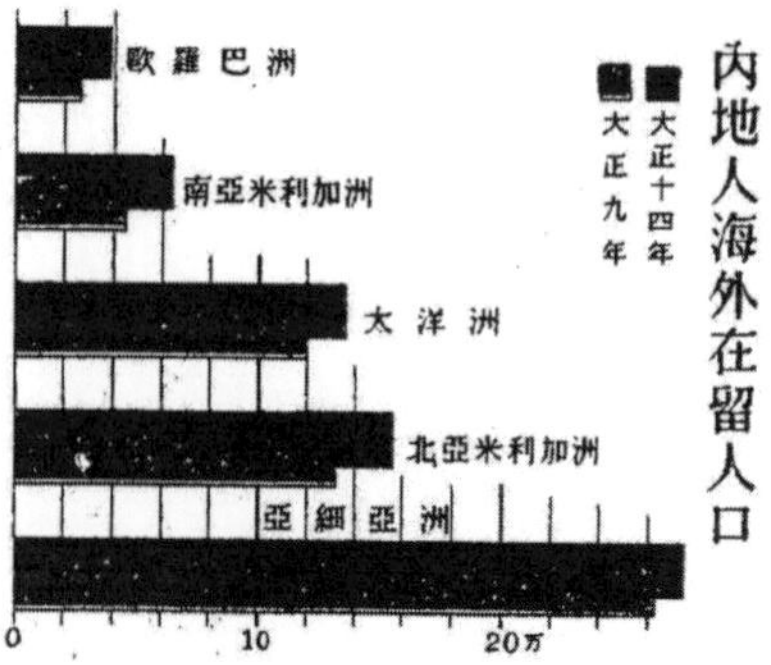
内地人海外在留人口
大正十四年
大正九年
歐羅巴洲
南亞米利加洲
太洋洲
北亞米利加洲
亞細亞洲
0
10
20万

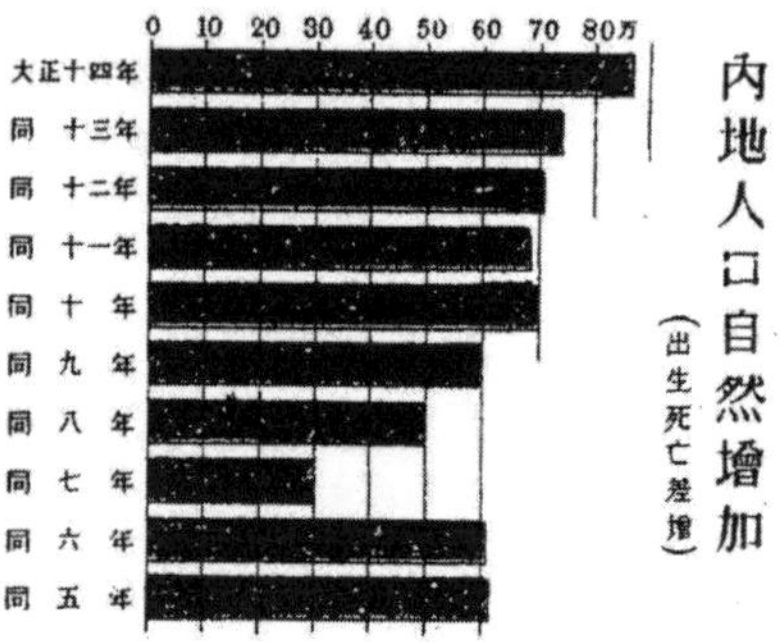
内地人口自然增加（出生死亡差增）
0 10 20 30 40 50 60 70 80万
大正十四年
同　十三年
同　十二年
同　十一年
同　十　年
同　九　年
同　八　年
同　七　年
同　六　年
同　五　年

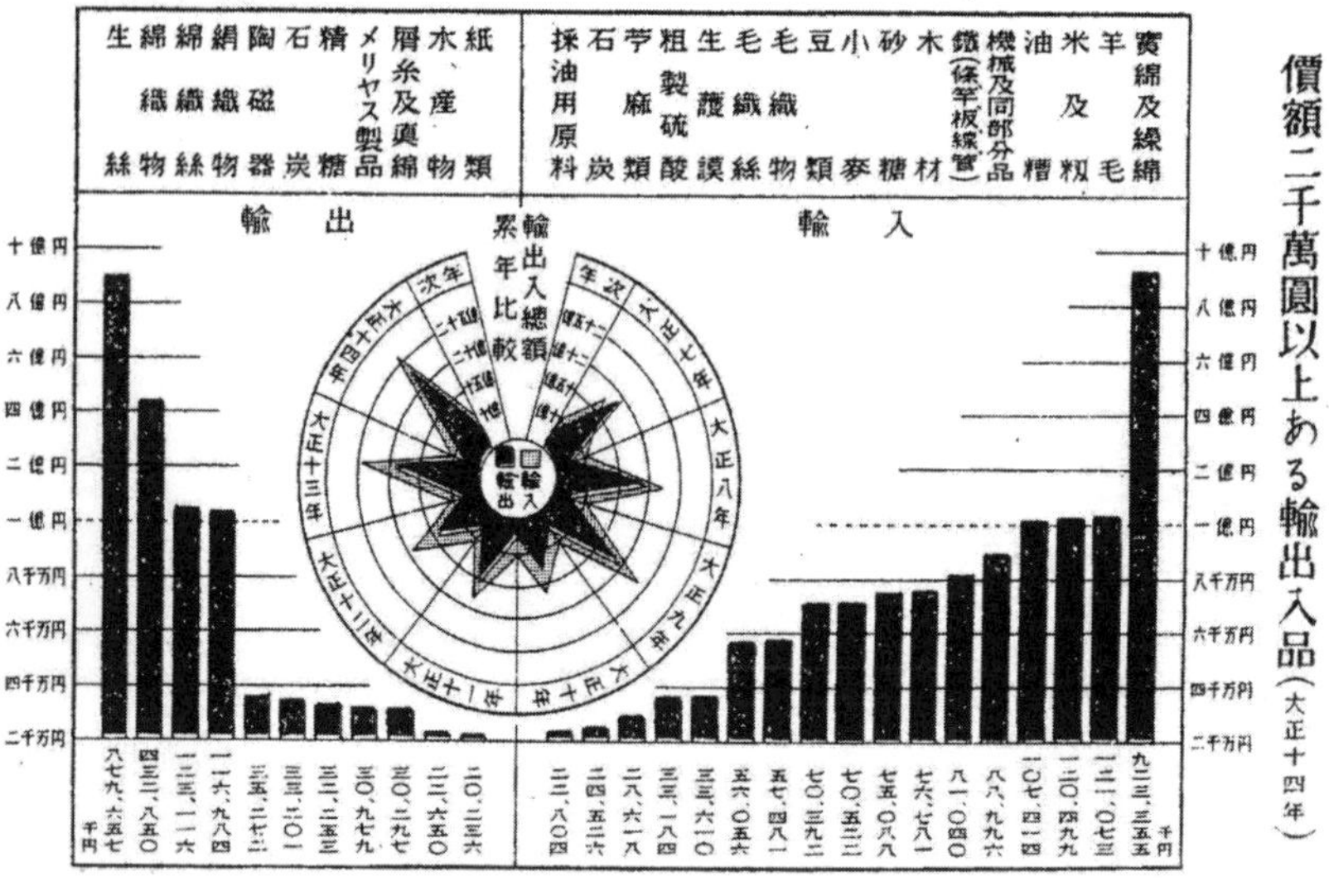
價額二千萬圓以上ある輸出入品（大正十四年）
生絲
綿織物
綿織絲
絹織物
陶磁器
石炭
精糖
メリヤス製品
屑糸及眞綿
水産物
紙類
採油用原料
石炭
苧麻類
粗製硫酸
生護謨
毛織絲
毛織物
豆類
小麥
砂糖
木材
鐵（條竿板線管）
機械及同部分品
油糟
米及籾
羊毛
實綿及繰綿
輸出
輸入
輸出入總額累年比較
年次
大正八年
大正九年
大正十年
大正十一年
大正十二年
大正十三年
大正十四年
輸入
輸出
十億円
八億円
六億円
四億円
二億円
一億円
八千万円
六千万円
四千万円
二千万円
八七九、六五七
四三二、八五〇
一二三、一一六
一一六、九八四
三五、二七二
三三、三〇一
三二、二三三
三〇、九七九
三〇、二九七
二二、六五〇
二〇、三三六
千円
二三、八〇四
二四、三二六
二八、六一八
三三、一八四
三三、六一〇
五六、〇五六
五七、四八一
七〇、三九二
七〇、五三三
七五、〇八八
七六、七八一
八一、〇四〇
八八、九九六
一〇七、四一四
一二〇、四九九
一二一、〇七三
九二三、三五五
千円

御歴代年表

（備考）・神武天皇御即位辛酉ノ年ヨリ孝徳天皇大化元年乙巳迄千三百四年間年号ナシ
◎は女帝
・後醍醐天皇延元元年ヨリ後小松天皇明徳三年迄ハ南北朝時代トス

代	御歴代	宝算	年号	在位	紀元	昭和三年前
一	神武	127		七六	一	二五八七
	（三年間空位）					
二	綏靖	84		三三	八〇	二五〇八
三	安寧	57		三八	一一三	二四七五
四	懿徳	77		三四	一五一	二四三七
	（一年間空位）					
五	孝昭	114		八三	一八六	二四〇二
六	孝安	137		一〇二	二六九	二三一九
七	孝霊	128		七六	三七一	二二一七
八	孝元	116		五七	四四七	二一四一
九	開化	111		六〇	五〇四	二〇八四
一〇	崇神	119		六八	五六四	二〇二四
一一	垂仁	139		九九	六三二	一九八六
一二	景行	143		六〇	七三二	一八五七
一三	成務	107		六〇	七九一	一七九七
	（一年間空位）					
一四	仲哀	52		九	八五二	一七三六
	（神功皇后）			六九	八六一	一七二七
一五	応神	111		四一	九三〇	一六五八
	（二年間空位）					
一六	仁徳	143		八七	九七三	一六一五
一七	履中	77		六	一〇六〇	一五二八
一八	反正	75		五	一〇六六	一五二二
	（一年間空位）					
一九	允恭	112		四二	一〇七二	一五一六
二〇	安康	56		三	一一一四	一四七四
二一	雄略	62		二三	一一一七	一四七一
二二	清寧	41		五	一一四〇	一四四八
二三	顕宗	38		三	一一四五	一四四三
二四	仁賢	50		一一	一一四八	一四四〇
二五	武烈	18		八	一一五九	一四二九
二六	継体	82		二五	一一六七	一四二一
	（二年間空位）					
二七	安閑	70		二	一一九四	一三九四
二八	宣化	73		四	一一九六	一三九二
二九	欽明	63		三二	一二〇〇	一三八八
三〇	敏達	48		一四	一二三二	一三五六
三一	用明	48		二	一二四六	一三四二
三二	崇峻	78		五	一二四八	一三四〇
三三	◎推古	75		三六	一二五三	一三三五
三四	舒明	49		一三	一二八九	一二九九
三五	◎皇極（重祚斉明）			四	一三〇二	一二八六
三六	孝徳	59	大化	五	一三〇五	一二八三
			白雉	五	一三一〇	一二七八
三七	◎斉明	68		七	一三一五	一二七三
三八	天智	58		一〇	一三二二	一二六六
三九	弘文	25	白鳳	一	一三三二	一二五六
四〇	天武	65	白鳳	一四	一三三三	一二五五
四一	◎持統	58	朱鳥	一〇	一三四七	一二四一
四二	文武	25	（無号）	四	一三五七	一二三一
			大宝	三	一三六一	一二二七
			慶雲	四	一三六四	一二二四
四三	◎元明	61	和銅	七	一三六八	一二二〇
四四	◎元正	69	霊亀	二	一三七五	一二一三
			養老	七	一三七七	一二一一
四五	聖武	56	神亀	五	一三八四	一二〇四
			天平	二〇	一三八九	一一九九
			天平感宝	三月	……	……
四六	◎孝謙（重祚称徳）		天平勝宝	八	一四〇九	一一七九
			天平宝字	二	一四一七	一一七一
四七	淳仁	33	天平宝字	六	一四一九	一一六九
四八	◎称徳	53	天平神護	二	一四二五	一一六三
			神護景雲	三	一四二七	一一六一
四九	光仁	78	宝亀	一一	一四三〇	一一五八
			天応	一	一四四一	一一四七
五〇	桓武	70	延暦	二四	一四四二	一一四六
五一	平城	51	大同	四	一四六六	一一二二
五二	嵯峨	57	弘仁	一四	一四七〇	一一一八
五三	淳和	55	天長	一〇	一四八四	一一〇四
五四	仁明	41	承和	一四	一四九四	一〇九四
			嘉祥	三	一五〇八	一〇八〇
五五	文徳	32	仁寿	三	一五一一	一〇七七
			斉衡	三	一五一四	一〇七四
			天安	二	一五一七	一〇七一

五六	清和	31	貞観一八	一五一九	一〇六九
			(貞観八 良房摂政)		
			(同一四 基経摂政)		
五七	陽成	82	元慶八	一五三七	一〇五一
			(元慶四 基経関白)		
五八	光孝	58	仁和四	一五四五	一〇四三
五九	宇多	65	寛平九	一五四九	一〇三九
六〇	醍醐	46	昌泰三	一五五八	一〇三〇
			延喜二三	一五六一	一〇二七
			延長八	一五八三	一〇〇五
			(延長八 忠平摂政)		
六一	朱雀	30	承平七	一五九一	九九七
			天慶九	一五九八	九九〇
六二	村上	42	天暦一〇	一六〇七	九八一
			天徳四	一六一七	九七一
			応和三	一六二一	九六七
			康保四	一六二四	九六四
			(康保四 実頼関白)		
六三	冷泉	62	安和一	一六二八	九六〇
			(安和二 実頼摂政)		
六四	円融	33	天禄三	一六三〇	九五八
			天延三	一六三三	九五五
			貞元二	一六三六	九五二
			天元五	一六三八	九五〇
			永観二	一六四三	九四五
			(天禄元 伊尹摂政)		
			(同三 兼通関白)		
			(貞元二 頼忠関白)		
六五	花山	41	寛和二	一六四五	九四三

			(寛和二 兼家摂政)		
六六	一条	32	永延二	一六四七	九四一
			永祚一	一六四九	九三九
			正暦五	一六五〇	九三八
			長徳四	一六五五	九三三
			長保五	一六五九	九二九
			寛弘八	一六六四	九二四
			(正暦元 道隆摂政)		
			(同四 道隆関白)		
			(長徳元 道兼関白)		
六七	三条	42	長和五	一六七二	九一六
			(長和五 道長摂政)		
六八	後一条	29	寛仁四	一六七七	九一一
			治安三	一六八一	九〇七
			万寿四	一六八四	九〇四
			長元九	一六八八	九〇〇
			(寛仁元 頼通摂政)		
			(同三 頼通関白)		
六九	後朱雀	37	長暦三	一六九七	八九一
			長久四	一七〇〇	八八八
			寛徳二	一七〇四	八八四
七〇	後冷泉	44	永承七	一七〇六	八八二
			天喜五	一七一三	八七五
			康平七	一七一八	八七〇
			治暦四	一七二五	八六三
			(治暦四 教通関白)		
七一	後三条	40	延久五	一七二九	八五九
七二	白河	77	承保三	一七三四	八五四
			承暦四	一七三七	八五一

			永保三	一七四一	八四七
			応徳三	一七四四	八四四
			(承保二 師実関白)		
			(応徳三 白河院政)		
七三	堀河	29	寛治七	一七四七	八四一
			嘉保二	一七五四	八三四
			永長一	一七五六	八三二
			承徳二	一七五七	八三一
			康和五	一七五九	八二九
			長治二	一七六四	八二四
			嘉承二	一七六六	八二二
七四	鳥羽	54	天仁二	一七六八	八二〇
			天永三	一七七〇	八一八
			永久五	一七七三	八一五
			元永二	一七七八	八一〇
			保安四	一七八〇	八〇八
七五	崇徳	46	天治二	一七八四	八〇四
			大治五	一七八六	八〇二
			天承一	一七九一	七九七
			長承三	一七九二	七九六
			保延六	一七九五	七九三
			永治一	一八〇一	七八七
			(大治四 鳥羽院政)		
七六	近衛	17	康治二	一八〇二	七八六
			天養一	一八〇四	七八四
			久安六	一八〇五	七八三
			仁平三	一八一一	七七七
			久寿二	一八一四	七七四
七七	後白河	66	保元三	一八一六	七七二

	（保元三 後白河院政）			
七八	二条 23	平治 一	一八一九	七六九
		永暦 一	一八二〇	七六八
		応保 二	一八二一	七六七
		長寛 二	一八二三	七六五
		永万 一	一八二五	七六三
七九	六条 13	仁安 三	一八二六	七六二
	（仁安二 清盛太政大臣）			
八〇	高倉 21	嘉応 二	一八二九	七五九
		承安 四	一八三一	七五七
		安元 二	一八三五	七五三
		治承 四	一八三七	七五一
八一	安徳 8	養和 一	一八四一	七四七
		寿永 二	一八四二	七四六
		元暦 一	一八四四	七四四
	（養和元 宗盛執政）			
八二	後鳥羽 60	文治 五	一八四五	七四三
		建久 九	一八五〇	七三八
	（建久三 頼朝将軍）			
八三	土御門 37	正治 二	一八五九	七二九
		建仁 三	一八六一	七二七
		元久 二	一八六四	七二四
		建永 一	一八六六	七二二
		承元 四	一八六七	七二一
	（正治元 頼家執政）			
	（建仁三 頼家将軍）			
	（同三 実朝将軍）			
	（同三 時政執権）			
	（元久二 義時執権）			

八四	順徳 46	建暦 二	一八七一	七一七
		建保 六	一八七三	七一五
		承久 三	一八七九	七〇九
八五	仲恭 17	在位三ケ月	：	：
八六	後堀河 23	貞応 二	一八八二	七〇六
		元仁 一	一八八四	七〇四
		嘉禄 二	一八八五	七〇三
		安貞 二	一八八七	七〇一
		寛喜 三	一八八九	六九九
		貞永 一	一八九二	六九六
	（元仁元 泰時執権）			
	（嘉禄二 頼経将軍）			
八七	四条 12	天福 一	一八九三	六九五
		文暦 一	一八九四	六九四
		嘉禎 三	一八九五	六九三
		暦仁 一	一八九八	六九〇
		延応 一	一八九九	六八九
		仁治 三	一九〇〇	六八八
	（仁治三 経時執権）			
八八	後嵯峨 53	寛元 四	一九〇三	六八五
	（寛元二 頼嗣将軍）			
	（同四 時頼執権）			
八九	後深草 62	宝治 二	一九〇七	六八一
		建長 七	一九〇九	六七九
		康元 一	一九一六	六七二
		正嘉 二	一九一七	六七一
		正元 一	一九一九	六六九
	（建長四 宗尊親王将軍）			
	（康元元 長時執権）			

九〇	亀山 57	文応 一	一九二〇	六六八
		弘長 三	一九二一	六六七
		文永 一一	一九二四	六六四
	（文永元 政村執権）			
	（同三 惟康親王将軍）			
	（同五 時宗執権）			
九一	後宇多 58	建治 三	一九三五	六五三
		弘安 一〇	一九三八	六五〇
	（弘安七 貞時執権）			
九二	伏見 53	正応 五	一九四八	六四〇
		永仁 六	一九五三	六三五
	（正応二 久明親王将軍）			
九三	後伏見 49	正安 三	一九五九	六二九
	（正安三 師時執権）			
九四	後二条 24	乾元 一	一九六二	六二六
		嘉元 三	一九六三	六二五
		徳治 二	一九六六	六二二
九五	花園 52	延慶 三	一九六八	六二〇
		応長 一	一九七一	六一七
		正和 五	一九七二	六一六
		文保 二	一九七七	六一一
	（延慶元 守邦親王将軍）			
	（応長元 宗宣執権）			
	（正和元 熙時執権）			
	（同四 基時執権）			
	（同五 高時執権）			
九六	後醍醐 52	元応 二	一九七九	六〇九
		元亨 三	一九八一	六〇七
		正中 二	一九八四	六〇四

				嘉暦	三	一九八六	六〇二
				元徳	二	一九八九	五九九
				元弘	三	一九九一	五九七
			（嘉暦元 貞顕執権）				
			（同元 守時執権）				
	（光厳）	52		正慶	二	元弘元年高時擁立 同三年廃せらる	
南朝							
	後醍醐			建武	二	一九九四	五九四
				延元	四	一九九六	五九二
			（延元三 尊氏将軍）				
九七	後村上	41		興国	六	二〇〇〇	五八八
				正平	二三	二〇〇六	五八二
			（正平二三 義詮将軍）				
			（同二三 義満将軍）				
九八	長慶	52		正平	一	二〇二九	五五九
				建徳	二	二〇三〇	五五八
				文中	三	二〇三二	五五六
				天授	六	二〇三五	五五三
				弘和	三	二〇四一	五四七
九九	後亀山			元中	九	二〇四四	五四四
北朝							
				（無号）	二	一九九六	五九二
	（光明）	60		暦応	四	一九九八	五九〇
				康永	三	二〇〇二	五八六

				貞和	四	二〇〇五	五八三
	（崇光）	65		貞和	一	二〇〇九	五七九
				観応	二	二〇一〇	五七八
	（後光厳）	37		文和	四	二〇一二	五七六
				延文	五	二〇一六	五七二
				康安	一	二〇二一	五六七
				貞治	六	二〇二二	五六六
				応安	四	二〇二八	五六〇
	（後円融）	36		応安	三	二〇三二	五五六
				永和	四	二〇三五	五五三
				康暦	二	二〇三九	五四九
				永徳	二	二〇四一	五四七
	（後小松）			永徳	一	二〇四三	五四五
				至徳	三	二〇四四	五四四
				嘉慶	二	二〇四七	五四一
				康応	一	二〇四九	五三九
				明徳	三	二〇五〇	五三八
一〇〇	後小松	57		明徳	一	二〇五三	五三五
				応永	一九	二〇五四	五三四
			（応永元 義持将軍）				
一〇一	称光	28		応永	一五	二〇七三	五一五
				正長	一	二〇八八	五〇〇
			（応永三〇 義量将軍）				
			（正長元 義教家督）				
一〇二	後花園	52		永享	一二	二〇八九	四九九
				嘉吉	三	二一〇一	四八七
				文安	五	二一〇四	四八四
				宝徳	三	二一〇九	四七九

				享徳	三	二一一二	四七六
				康正	二	二一一五	四七三
				長禄	三	二一一七	四七一
				寛正	六	二一二〇	四六八
			（嘉吉二 義勝将軍）				
			（同三 義政将軍）				
一〇三	後土御門	59		文正	一	二一二六	四六二
				応仁	二	二一二七	四六一
				文明	一八	二一二九	四五九
				長享	二	二一四七	四四一
				延徳	三	二一四九	四三九
				明応	九	二一五二	四三六
			（文明五 義尚将軍）				
			（延徳二 義稙将軍）				
			（明応三 義澄将軍）				
一〇四	後柏原	63		文亀	三	二一六一	四二七
				永正	一七	二一六四	四二四
				大永	六	二一八一	四〇七
			（永正五 義稙将軍）（重任）				
			（大永元 義晴将軍）				
一〇五	後奈良	62		大永	一	二一八七	四〇一
				享禄	四	二一八八	四〇〇
				天文	二三	二一九二	三九六
				弘治	三	二二一五	三七三
			（天文一五 義輝将軍）				
一〇六	正親町	77		永禄	一二	二二一八	三七〇
				元亀	三	二二三〇	三五八
				天正	一四	二二三三	三五五
			（永禄八 義梁家督）				

		(同一　義昭将軍)		
		(天正三　秀吉関白)		
一〇七	後陽成 47	天正五	二二四七	三四一
		文禄四	二二五二	三三六
		慶長一六	二二五六	三三二
		(天正一九　秀次関白)		
		(慶長八　初代家康将軍)		
		(同一〇　二代秀忠将軍)		
一〇八	後水尾 85	慶長三	二二七二	三一六
		元和九	二二七五	三一三
		寛永六	二二八四	三〇四
		(元和九　三代家光将軍)		
一〇九	◎明正 74	寛永一四	二二九〇	二九八
一一〇	後光明 22	正保四	二三〇四	二八四
		慶安四	二三〇八	二八〇
		承応三	二三一二	二七六
		(慶安四　四代家綱将軍)		
一一一	後西 49	明暦三	二三一五	二七三
		万治三	二三一八	二七〇
		寛文二	二三二一	二六七
一一二	霊元 79	寛文一〇	二三二三	二六五
		延宝八	二三三三	二五五
		天和三	二三四一	二四七
		貞享三	二三四四	二四四
		(延宝八　五代綱吉将軍)		
一一三	東山 35	貞享一	二三四七	二四一
		元禄一六	二三四八	二四〇
		宝永六	二三六四	二二四
		(宝永六　六代家宣将軍)		
一一四	中御門 37	宝永一	二三七〇	二一八
		正徳五	二三七一	二一七
		享保二〇	二三七六	二一二
		(正徳二　七代家継家督)		
		(同三　七代家継将軍)		
		(享保元　八代吉宗将軍)		
一一五	桜町 31	元文五	二三九六	一九二
		寛保三	二四〇一	一八七
		延享四	二四〇四	一八四
		(延享二　九代家重将軍)		
一一六	桃園 22	寛延三	二四〇八	一八〇
		宝暦一二	二四一一	一七七
		(宝暦一〇　十代家治将軍)		
一一七	◎後桜町 74	宝暦一	二四二三	一六五
		明和七	二四二四	一六四
一一八	後桃園 22	明和一	二四三一	一五七
		安永九	二四三二	一五六
一一九	光格 70	天明八	二四四一	一四七
		寛政一二	二四四九	一三九
		享和三	二四六一	一二七
		文化一三	二四六四	一二四
		(天明七　十一代家斉将軍)		
一二〇	仁孝 47	文化一	二四七七	一一一
		文政一二	二四七八	一一〇
		天保一四	二四九〇	九八
		弘化二	二五〇四	八四
		(天保八　十二代家慶将軍)		
一二一	孝明 36	弘化二	二五〇七	八三
		嘉永六	二五〇八	八〇
		安政六	二五一四	七四
		万延一	二五二〇	六八
		文久三	二五二一	六七
		元治一	二五二四	六四
		慶応二	二五二五	六三
		(嘉永六　十三代家定将軍)		
		(安政五　十四代家茂将軍)		
		(慶応二　十五代慶喜将軍)		
一二二	明治 61	慶応一	二五二六	六一
		明治四四	二五二八	六〇
		明治四十五年七月改元		
一二三	大正	大正一四	二五七二	一六
		大正十五年十二月改元		
一二四	今上	昭和三	二五八六	二

長慶天皇

大正十五年十月廿一日第九十八代の天皇として皇代に御登列あらせられたる長慶天皇は、御名を寛成と申し、第九十七代後村上天皇の第一王子にして、次代後亀山天皇の御兄君なり。正平二十三年三月十一日御父帝崩御の後を承けて御位に即かせられ、建徳文中、天授を経て弘和三年迄十六年間御在位、其年の末御弟の東宮（後亀山天皇）に御譲位あらせられ、太上天皇の尊称を受けさせらる（明徳五年八月崩御宝算五十二今回同天皇の御在位確認の根柢をなせるは、従来御在位説と否定説との間に論議ありし新葉和歌集の選進が後亀山天皇の御代に非ずして長慶天皇の御代なる事の明証を得たるが為めなり。御登列宣示の詔書は左の如し。

朕惟フニ長慶天皇在位ノ事蹟ハ史乗ノ紀述審ナラサルモノアリ今ヤ在廷ノ臣僚ニ命シ深究精覈セシメ其ノ事蹟明瞭ナルニ至レリ乃チ大統中同天皇ヲ後村上天皇ノ次ニ列ス茲ニ之ヲ寛示ス

長慶天皇御宸筆
敬テ白ス
発願ノ事
右今度ノ雌雄思ヒノ如クナラバ殊ニ報宝ノ誠ヲ致スベキノ状件ノ如シ

史要

鎌倉将軍略譜（将軍在職／享年／執権）

源　頼朝　義朝子初右兵衛佐小名鬼武者　九年／五十三／大江広元、北条時政

同　頼家　頼朝子小名万寿　一年／二十三／大江広元、北条時政

同　実朝　頼家弟小名千幡　十七年／二十八／北条時政、同義時

藤原頼経　道家子　十八年／三十九／義時、泰時、経時、時頼、時房

同　頼嗣　頼経子　八年／十八／経時、時頼、重時

宗尊親王　後嵯峨帝皇子　十五年／三十三／時頼、重時、政村、長時、時宗

惟康親王　宗尊親王王子　二十四年／六十二／時宗、義政、業時、貞時、宣時

久明親王　後深草帝皇子　二十年／五十五／貞時、宣時、師時、時村　宗宣

守邦親王　久明親王王子　二十五年／三十三／貞時、高時、守時、師時、宗宣、煕時、時基、貞顕

足利将軍略譜（将軍在職／享年／執事、管領、執政）

尊氏　初名高氏諡等持院　二十五年／五十四／執事　高師直、

仁木頼章

義詮　宝筐院　十年／三十八／執事　細川清氏、斯波義将

義満　称北山殿鹿苑院　二十七年／五十一／管領　細川頼之、頼元、斯波義将、義重、畠山基国

義持　義量薨後重就職勝定院　二十九年／四十三／管領　斯波義重、義淳、畠山満家、細川満元

義量　長得院　三年／十九／義持執政中

義教　初名義円又義宣普広院　十四年／四十八／管領　畠山満家、斯波義淳、細川持之

義勝　慶雲院　二年／十／管領　細川持之、畠山持国

義政　称東山殿慈照院義尚薨後再就職　三十一年／五十六／管領　畠山持国、政長、細川勝元、政元、斯波義廉

義尚　初名義熙常徳院　十六年／二十五／義政執政中

義稙　初名義材義尹恵林院義澄薨後再就職　十八年／五十八／管領　畠山政長、大内義興

義澄　初名義通法住院　十六年／三十二／管領　細川政元、多々良義興、細川澄元

義晴　万松院　二十五年／四十／管領　細川高国、細川晴元

義輝　初名義藤光源院　十六年／三十三／執政　三好長慶

義栄　一年／三十一／執政　松永久秀

義昭　初名義秋又覚慶霊陽院　五年／六十一／執政　織田信長

徳川将軍略譜（将軍在職／享年／葬地）

家康　初松平氏名元康安国院東照大権現　二年　自長慶八至同九／七十五／日光山

秀忠　台徳院　十八年　自慶長十至元和八／五十四／増上寺

家光　大猷院　二十八年　自元和九至慶安三／四十八／日光山

家綱　厳有院　二十八年　自慶安四至延宝七／四十／東叡山

綱吉　初館林宰相常憲院　二十九年　自延宝八至宝永五／六十四／東叡山

家宣　初名綱豊文昭院　四年　自宝永六至正徳二／五十一／増上寺

家継　初名世良田前松有章院　三年　自正徳三至同五／八／増上寺

吉宗　初松平主殿頭後紀伊中納言有徳院　二十九年　自享保元至延享元／六十八／東叡山

家重　惇信院　十五年　自延享二至宝暦九／五十一／増上寺

家治　浚明院　二十八年　自宝暦十至天明六／五十／東叡山

家斉　文恭院　五十年　自天明七至天保七／六十九／東叡山

家慶　慎徳院　十六年　自天保八至嘉永五／六十一／増上寺

家定　初名家祥温恭院　四年　自嘉永六至安政四／三十五／東叡山

家茂　初名慶福昭徳院薨于大坂城　九年　自安政五至慶応元／二十一／増上寺

慶喜　初一橋刑部卿後公爵　二年　慶応二　同三／七十七／東叡山

内閣

内閣は国務各大臣を以て組織し大政の方針及各部行政の権衡を定む。総理大臣は各大臣の首班として機務を奏宣し旨を承けて行政各部の統一を保持し閣議を開き重要事項を決議す、総理大臣故障ある時は他の大臣臨時命を承け其の事務を代理し、各省大臣故障ある時は他の大臣臨時摂任し、又は命を承け其事務を代理す。

現内閣員

内閣総理大臣 兼外務大臣	男爵	田中　義一
内務大臣		鈴木喜三郎
大蔵大臣		三土　忠造
陸軍大臣	陸軍大将	白川　義則
海軍大臣	海軍大将	岡田　啓介
司法大臣		原　　嘉道
文部大臣		水野錬太郎
農林大臣		山本悌二郎
商工大臣		中橋徳五郎
逓信大臣		望月　圭介
鉄道大臣		小川　平吉

官制通則　各省大臣は主任の事務に付其責に任ず。主任事務に付法律勅令の改廃を要するものあるときは案を具へて閣議に提出すべく又職権若くは特別の委任に依り省令を発し、且つ主任事務に付警視総監、北海道庁長官、府県知事に指令又は訓令を下すことを得らる。所部官吏の進退に関しては奏任官は内閣総理大臣を経て之を上奏し、判任官以下は之を専行す。（勅任官は閣議へ提出）叙任叙勲の上奏は又内閣総理大臣を経て之を行ふ。

歴代総理大臣（りは臨時の略）

氏名	親任当時年齢	就任
伊藤　博文	45	明治一八・一二
黒田　清隆	49	二一・四
り三条　実美		二二・一〇
山県　有朋	52	二二・一二
松方　正義	57	二四・五
伊藤　博文	52	二五・八
り黒田　清隆		二九・六
松方　正義	62	二九・九
伊藤　博文	58	三一・一
大隈　重信	61	三一・六
山県　有朋	61	三一・一一
伊藤　博文	60	三三・一〇
り西園寺公望		三四・五
桂　　太郎	55	三四・六
西園寺公望	58	三九・一
桂　　太郎	62	四一・七
西園寺公望	63	四四・八

氏名	親任当時年齢	就任
桂　　太郎	66	大正元・一二
山本権兵衛	62	二・二
大隈　重信	77	三・四
寺内　正毅	65	五・一〇
原　　敬	63	七・九
り内田　康哉		一〇・一一
高橋　是清	68	一〇・一一
加藤友三郎	62	一一・六
り内田　康哉		一二・八
山本権兵衛	72	一二・九
清浦　奎吾	75	一三・一
加藤　高明	65	一三・六
加藤　高明	66	一四・八
り若槻礼次郎		一五・一
若槻礼次郎	61	一五・一
田中　義一	65	昭和二・四

大臣礼遇

内閣総理大臣として前官の礼遇を賜ふ者

西園寺公望　山本権兵衛　清浦奎吾　高橋是清
若槻礼次郎

国務大臣として前官の礼遇を賜ふ者

山本達雄　後藤新平　犬養　毅

大臣礼遇は至尊の思召に依りて賜はる栄遇にして一定の内規なきも多くは在職年数長きは二回、短きは三回其の官に在りし者に賜はるが如し。礼遇を賜はれる者は宮中席次に於ける特典を賜はる外七月、十二月の両度に御手許金を下賜せらる。

帝国議会

議会は帝国憲法の規定に依りて設置せられたる国家の立法機関にして、貴族院衆議院の両院より成る

貴族院

貴族院は貴族院令の定むる所に依り皇族華族及勅任せられたる議員を以て組織す。成年に達したる（満二十歳）皇族の男子は総べて議席に列せられ、満三十歳に達したる公侯爵は必然議員とす。同爵の選に当りたる伯子男爵議員は神官、諸宗僧侶、教師の職に在る者を除き、伯爵十八人、子爵男爵各六十六人を定数とし、帝国学士院会員中より互選して勅任せらるゝ議員の定数は四人とす。国家に勲労あり、又は学識ある者より特に勅任せらるゝ勅選議員は百二十五人を限度とし、多額納税議員は北海道及び各府県に於て或は土地商工業に付多額の直接国税を納むる者百人の中より一人又は二百人の中より二人を互選して勅任せられ、其の総員は六十六人以内とす、年齢は華族議員を通じ凡べて満三十歳以上なる事を要し、其の任期は選挙せられたる議員は七年、其の他は終身とす。貴族院は議院法の条規に依つて開会する外、天皇の諮詢に応へ奉り、華族の特権に関する条規を議定す。昭和二年五月調査に依る議員総数は左の如し。

皇族	一七
公爵	一五
侯爵	三〇
伯爵	一八
子爵	六六
男爵	六六
勅選	一二四
（欠一名）	
学士会	四
多額	六六
計	四〇六

皇族	一七
研究会	一五三
公正会	六八
交友倶楽部	四二
同成会	三一
茶話会	二七
無所属	二五
純無所属	四三
計	四〇六

衆議院

衆議院は公選せられたる議員を以て組織す、選挙の方法は大正十四年五月五日法律を以て改正され、従来の納税資格を撤廃さる。帝国臣民にして年齢三十年以上の男子は被選資格を有す、選挙権を有する者は、（一）帝国臣民たる男子二十五年以上たる事、（二）選挙人名簿調製期日迄引続き満一年以

上同一市町村内に住居を有する者たる事を要す。禁治産者、準禁治産者、破産者にして復権を得ざる者、貧困に依り生活の為め公私の救助を受け、又は扶助を受くる者、一定の住居を有せざる者、六年の懲役、又は禁錮以上の刑に処せられたる者、華族の戸主等は選、被選挙権を有せず。議員の定数は四百六十六名にして、其の任期は四年なり。政府の議案を附するは両議院の内何れを先にするも其便宜に依るも、予算の先議権を有するは衆議院の特権とす。昭和二年六月調査旧法に依り選挙されたる党派別議員数は左の如し。

立憲民政党	二二七	無所属	一七
政友会	一八二	欠員	四
新正倶楽部	二五	計	四六四
実業同志会	九		

両院議員歳費

両院共議長七千五百円、副議長四千五百円、貴族院の被選及び勅選議員、衆議院の議員は三千円、召集に応ぜざる者及び官吏にして議員たる者は歳費を受くる事を得ず。議長及び議員は歳費を辞する事を得。

議会開設以来の衆議院議員

元田　肇　　犬養　毅　　尾崎行雄

文官俸給

親任式を以て叙任する官を除く外高等官を分ちて九等とす。親任式を以て叙任する官及一等官二等官を勅任官とし、三等官乃至九等官を奏任官とす。以上の官及び判任官の俸給は左の如し。

◎親任官

総理大臣　一二、〇〇〇円
各省大臣・朝鮮総督　八、〇〇〇円
枢密院議長・特命全権大使・判事（大審院長）検事（検事総長）台湾総督・関東庁長官・会計検査院長・行政裁判所長官　七、五〇〇円
枢密院副議長・朝鮮政務総監　七、〇〇〇円
枢密顧問官　六、五〇〇円

◎勅任官（主なるもの）

帝大総長・製鉄所長官・北海道庁長官
一級　七、〇〇〇円　二級　六、五〇〇円
内閣書記官長・法制局長官・各省政務次官・各省次官・復興局長官・内務技監・海外駐剳財務官・製鉄所技監・朝鮮高等法院長・台湾総務長官・警視総監　六、五〇〇円
社会局長官・専売局長官・特許局長官・台湾高等法院長
一級　六、五〇〇円　二級　五、七〇〇円
特命全権公使・大使館参事官・大使館商務参事官・大審院部長・控訴院長・大審院検事（四人）・検事長・会計検査院部長・行政裁判所部長・朝鮮各局長・台湾検察官長
一級　六、五〇〇円　二級　五、七〇〇円
三級　五、二〇〇円
官立大学長・樺太庁長官・南洋庁長官・府県知事・朝鮮道知事
一級　六、〇〇〇円　二級　五、五〇〇円
三級　五、二〇〇円

賞勲局総裁・枢密院書記官長　　　五、七〇〇円

高等軍法会議法務官・製鉄所総務部長・朝鮮医院長・同専売局長・同高等法院部長・同覆審院検事長・台湾交通局総裁・関東庁法院判官・貴衆両院書記官長

一級　五、七〇〇円　二級　五、二〇〇円

各庁技師

一級　六、〇〇〇円　二級　五、五〇〇円

三級　五、二〇〇円　四級　四、八〇〇円

恩給局長・拓殖局長・統計局長・印刷局長・各省参与官・各省局長・外務情報部次長・弁理公使・総領事・復興局部長・社会局部長・営繕管財局理事・造幣局長・貯金局長・簡易保険局長・警保局長　　五、二〇〇円

法制局参事官・税関長・税務監督局長・専売局部長・専売局理事・陸海法務官・千住製絨所長・営林事務官・特許事務官・鉱山監督局長・製鉄所理事・逓信局長・灯台局長・鉄道局長・北海道内務部長・同土木部長

一級　五、二〇〇円　二級　四、八〇〇円

神宮皇学館長・陸海軍教授・大審院判事・控訴院部長・地方裁判所長・大審院検事・控訴院検事・検事正・文部省直轄学校長・検査官・行政裁判所評定官

一級　五、二〇〇円　二級　四、八〇〇円

三級　四、五〇〇円

◎親任式を以て叙任する文官を除く勅任文官にして最高俸を受くる者は年功に依り年額七百円以内の加俸を賜はる。

◎奏任官

級俸を一級より十二級更に各級を第一号より第三号に区別し官職に依り各号の一を賜ふ各号共五年以上一級俸を受け功績顕著なる者には年額七百円以内の加俸を賜はる。

級俸	第一号	第二号	第三号
一級	四、五〇〇円	三、八〇〇円	三、一〇〇円
二級	四、一〇〇円	三、四〇〇円	二、七〇〇円
三級	三、八〇〇円	三、一〇〇円	二、四〇〇円
四級	三、四〇〇円	二、七〇〇円	二、〇〇〇円
五級	三、一〇〇円	二、四〇〇円	一、八〇〇円
六級	二、七〇〇円	二、〇〇〇円	一、六〇〇円
七級	二、四〇〇円	一、八〇〇円	一、四〇〇円
八級	二、〇〇〇円	一、六〇〇円	一、二〇〇円
九級	一、八〇〇円	一、四〇〇円	一、一〇〇円
十級	一、六〇〇円	一、二〇〇円	一、〇〇〇円
十一級	一、四〇〇円	一、一〇〇円	九〇〇円
十二級	一、二〇〇円	―	―

◎判任官（官等を一等より四等に分つ）

神職其他に一級と称するも俸給を異にするもの些少あれども普通には下の如し。

月額（円）

一等	二等	三等	四等
特俸至二〇〇 一級一六〇 二級一三五	三級一一五 四級一〇〇 五級　八五 九五以下 八五以上	六級　七五 七級　六五 八級　五五 八五未満 五五以上	九級　五〇 十級　四五 十一級四〇 五五未満

本邦位置・面積・人口

全国位置

極東　千島国占守郡占守島東端　東経一五六度三二分
極西　高雄州澎湖郡望安庄花嶼西端　〃一一九度一八分
極南　高雄州恒春郡恒春庄七星岩南端　北緯二一度四五分
極北　千島国占守郡アライト島北端　〃　五〇度五六分

面　積

本邦の総面積は四万四千百三十八方里で其の中内地は五割七分を占め、朝鮮は三割二分、台湾と樺太は各五分で、樺太の方が台湾より八方里広い。

人　口

内地　五九、七三六、八二二
朝鮮　一九、五一九、九二七
台湾　三、九九四、八八四
樺太　二〇三、五〇四
計　八三、四五五、一三七
（大正十四年十月内閣統計局調査）

参考

列国面積
露西亜　一三六万方里　支那　七二万方里
伯剌西爾　五五万方里　米国　五十万方里
亜爾然丁　一九万方里
◎帝国内地の面積は列国中の第十八位

列国人口
合衆国　一〇、五七一万　（大正九）
独逸　五、九八五万　（大正八）
英吉利　四、七二六万　（大正十）
仏蘭西　三、九二〇万　（同）
支那　三七、七六七万　（推計）
露西亜　一三、四〇〇万　（同）
各本国人口に当該植民地の人口を加ふれば英吉利四億四千万人仏蘭西九千五百万人

行政区画

（面積は一方里以下人口は千位以下略す、議員数は大正十四年五月の改正数に依る、定数四百六十六名）

道府県	管轄区域／面積(方里)／人口(千)／選出議員／市名
北海道	北海道／五七二三方里／二四九八千人／二〇人／函館・小樽・札幌・旭川・室蘭・釧路
東京府	武蔵の一部・伊豆の一部・小笠原島／一三八方里／四四八五千人／三一人／東京・八王子
京都府	山城・丹波の一部・丹後／二九五方里／一四〇六千人／一一人／京都
大阪府	摂津の一部・河内・和泉／一一五方里／三〇五九千人／二一人／大阪・堺・岸和田
神奈川県	武蔵の一部・相模／一五二方里／一四二八千人／一一

	人／横浜・横須賀　川崎
兵庫県	摂津の一部・播磨・但馬・丹波の一部・淡路／五四六方里／二四五四千人／一九人／神戸・姫路・尼崎・明石・西宮
長崎県	肥前の一部・壱岐・対馬／二六六方里／一一六四千人／九人／長崎・佐世保
新潟県	越後・佐渡／八一六方里／一八四九千人／一五人／新潟・長岡・高田
埼玉県	武蔵の一部／二四六方里／一三九四千人／一一人／川越
群馬県	上野／四〇九方里／一一一八千人／九人／前橋・桐生・高崎
千葉県	安房・上総・下総の一部／三三九方里／一三九九千人／一一人／千葉
茨城県	常陸・下総の一部／三八〇方里／一四〇九千人／一一人／水戸
栃木県	下野／四一八方里／一〇九〇千人／九人／宇都宮・足利
奈良県	大和／二四一方里／五八三千人／九人／奈良
三重県	伊賀・伊勢・志摩・紀伊の一部／三六九方里／一一〇七千人／九人／津・宇治山田・四日市

愛知県	尾張・三河／三二七方里／二三一九千人／一七人／名古屋・豊橋・岡崎・一宮
静岡県	伊豆の一部・駿河・遠江／五〇四方里／一六七一千人／一三人／静岡・浜松・沼津・清水
山梨県	甲斐／二八八方里／六〇〇千人／五人／甲府
滋賀県	近江／二一四方里／六六二千人／五人／大津
岐阜県	美濃・飛騨／六七八方里／一一三二千人／九人／岐阜・大垣
長野県	信濃／八七九方里／一六二九千人／一三人／松本・長野・上田
宮城県	陸前の一部・磐城の一部／四七二方里／一〇四四千人／八人／仙台
福島県	磐城の一部・岩代／八八二方里／一四三七千人／一一人／若松・福島・郡山
巌手県	陸中の一部・陸前の一部・陸奥の一部／九八七方里／九〇〇千人／七人／盛岡
青森県	陸奥の一部／六二四方里／八一二千人／六人／青森・弘前
山形県	羽前・羽後の一部／六〇三方里／一〇二七千人／八人／山形・米沢・鶴岡
秋田県	羽後の一部・陸中の一部／七四五方里／九三六千人／

	七人／秋田
福井県	若狭・越前／二六〇方里／五九七千人／五人／福井
石川県	加賀・能登／二七二方里／七五〇千人／六人／金沢
富山県	越中／二七六方里／七四九千人／六人／富山・高岡
鳥取県	因幡・伯耆／二二六方里／四七二千人／四人／鳥取
島根県	出雲・石見・隠岐／四二三方里／七二二千人／六人／松江
岡山県	美作・備前・備中／四五五方里／一二三八千人／一〇人／岡山
広島県	備後・安芸／五四七方里／一六一七千人／一三人／広島・呉・福山・尾道
山口県	周防・長門／三九四方里／一〇九四千人／九人／下ノ関・宇部
和歌山県	紀伊の一部／三〇六方里／七八七千人／六人／和歌山
徳島県	阿波／二六八方里／六八九千人／六人／徳島
香川県	讃岐／一一九方里／七〇〇千人／六人／高松・丸亀
愛媛県	伊予／三六九方里／一〇九六千人／九人／松山・宇和島・今治
高知県	土佐／四五九方里／六八七千人／六人／高知
福岡県	筑前・筑後・豊前の一部／三一九方里／二三〇一千人／一八人／八幡・福岡・門司・大牟田・若松・久留米・小倉・戸畑
大分県	豊後・豊前の一部／四〇三方里／九一五千人／七人／大分・別府
佐賀県	肥前の一部／一五八方里／六八四千人／六人／佐賀
熊本県	肥後／四八一方里／一二九六千人／一〇人／熊本
宮崎県	日向／五〇一方里／六九一千人／五人／宮崎・都城
鹿児島県	大隅・薩摩／五八四方里／一四七二千人／一二人／鹿児島
沖縄県	琉球／一三九方里／五五七千人／五人／那覇・首里

備考　面積の広狭は北海道を特別とし巌手県の九百八十七方里最も広く大阪府の百十五方里最も狭小である。人口の疎密は北海道を特別とし東京府の一方里に付三万二千五百人が最も稠密で巌手県の九百十二人が最も稀疎である

府県の廃合

徳川幕府の末造に当り封侯数は二百六十八在つたが慶応三年十月幕府の大政奉還と共に明治元年八府二十三県二百七十三藩に分ち、更に五十万石以上を大藩、二十万石以上を中藩、五万石以下を小藩の三種に区別した、次で明治二年六月大名の藩籍を奉還したる者は総て藩知事に任じたが、当時の数は二百八十五藩であつた。同四年七月廃藩置県の制成ると共に諸藩知事を解職して一使（開拓使）三府三百二県を置き、更に同年十一月には改めて三府七十七県となし、全国を挙げて茲に始めて中央政府の直轄に帰したのである、爾後五年以来の計数は次表に掲ぐる所の如く屢々府県の廃合があつたが、一道三府四十三県となしてから改廃はなく今日に到つたのである。

明治五	七七
九	六四
十二	四一
十五	四三
二十	四六
二十五	四七

都市人口

本表人口は大正十四年十月一日内閣統計局の調査

附　里程　東京日本橋元標より国道順路を経て各地方庁所在地に至る

都市	人口	里程
大阪市	二、一一四、八〇四	一四八
東京市	一、九九五、五六七	…
名古屋市	七六八、五五八	九七
京都市	六七九、九六三	一三七
神戸市	六四四、二一二	一五六
横浜市	四〇五、八八八	八
広島市	一九五、七三一	二三四
長崎市	一八九、〇七一	三六〇
函館市	一六三、九七二	…
金沢市	一四七、四二〇	一六四
熊本市	一四七、一七四	三四〇
福岡市	一四六、〇〇五	三一二
札幌市	一四五、〇六五	二九一
仙台市	一四二、八九四	九四
呉　市	一三八、八六三	…
小樽市	一三四、四六九	…
鹿児島市	一二四、七三四	三八九
岡山市	一二四、五二一	一九二
八幡市	一一八、三七六	…
新潟市	一〇八、九四一	一〇八
堺　市	一〇九、〇〇九	…
横須賀市	九六、三五一	…
和歌山市	九五、六二二	一五七
佐世保市	九五、三八五	…
門司市	九五、〇八七	…
下関市	九二、三一七	…
浜松市	九二、一五二	…
静岡市	八四、七七二	四九
豊橋市	八二、三七一	…
岐阜市	八一、九〇二	一〇五
宇都宮市	七六、一三八	一二八
徳島市	七四、五四五	一八四
前橋市	七三、六八八	三〇
旭川市	七二、三四一	…
久留米市	七二、二二一	…
高松市	七一、八九七	一八七
甲府市	六八、二七五	三四
大牟田市	六八、二五六	…
富山市	六七、四九〇	一〇六
長野市	六六、五五五	五六
高知市	六五、七二三	二二四
松本市	六三、四二七	…

福井市	五九、九四三	一四五
青森市	五八、七九四	一八八
松山市	五八、二九二	二三二
山形市	五五、九九四	九三
姫路市	五五、七一三	…
那覇市	五四、六四三	五一四
川崎市	五四、六三四	…
大分市	五三、三五二	二五八
長岡市	五三、一五八	…
津　市	五二、五三六	一一六
小倉市	五一、六六三	…
室蘭市	五〇、〇四〇	…
盛岡市	五〇、〇三〇	一三七
若松市(福岡)	四九、九三〇	…
奈良市	四八、八七九	一三一
宇部市	四八、七五〇	…
水戸市	四六、五二七	三一
清水市	四六、三三九	…
高崎市	四五、六九八	…
八王子市	四五、二八八	…
宇治山田市	四四、八〇三	…
米沢市	四四、六〇二	…
岡崎市	四四、五五六	…
尼崎市	四四、二四一	…
秋田市	四三、八八七	一四七
郡山市	四二、九八四	…

宮崎市	四二、九四五	一九七
高岡市	四二、六六〇	…
桐生市	四二、五五三	…
釧路市	四二、三三二	…
佐賀市	四二、一六〇	三二五
若松市(福島)	四一、九五二	…
千葉市	四一、八〇六	一〇
松江市	四一、三九六	二二六
福島市	四一、三七九	七〇
四日市市	四〇、三九三	…
足利市	三九、四〇一	…
宇和島市	三八、五三四	…
沼津市	三八、〇四二	…
戸畑市	三七、七四八	…
今治市	三七、七一三	…
別府市	三七、五二九	…
明石市	三七、二四四	…
弘前市	三六、二九三	…
鳥取市	三五、一二〇	一九五
一宮市	三四、七四六	…
西宮市	三四、四二七	…
福山市	三四、〇四八	…
大津市	三三、七七九	一三三
大垣市	三三、六三九	…
上田市	三二、五八九	…
岸和田市	三二、〇五〇	…

川越市	三一、九〇五	…
鶴岡市	三一、八三〇	…
高田市	三〇、八九七	…
都城市	三〇、四二一	…
丸亀市	二七、九七一	…
尾道市	二七、七四〇	…
首里市	二〇、五八二	…
山口町(山口)	二八、四一九	二七六
浦和町(埼玉)	一八、二五一	六

人口三万以上の村

西灘(兵庫)　四九、〇一四人
平野(長野)　四〇、九一四人
穂波(福岡)　三八、七六一人
小田(兵庫)　三〇、七六〇人

北海道アイヌ人出生死亡（十三年末）

出生　男二九七　女三〇六　計六〇三
死亡　男二七九　女二九〇　計五六九

民籍及国籍別人口

（大正九年十月国勢調査・内地現在）

北海道アイヌ人 一五、六四二人
朝鮮人 四〇、五九一人
台湾人 一、七一三人
樺太人 三〇人
外国人 三五、三八一人

在外本邦人

大正十四年十月末現在に於ける海外在留の本邦人は六十二万五千四百三十人にして其の重なる在留地は左の如し。

支　那 一四四、七九一人
合衆国 一三三、〇八〇人
布　哇 一二五、七六四人
関東州 九四、八五三人
伯剌西爾 四九、四〇〇人
秘　露 一〇、九六九人
比律賓 八、六七四人
海峡殖民地 六、三九四人
南洋群島（帝国委任区域） 七、三三〇人
蘭領印度 四、一九五人
濠　洲 三、八八三人
亜爾然丁 二、六〇九人
仏蘭西 九六七人
英吉利 四二五人

著名高山

新高山（台湾） 一三、〇七五尺
次高山（台湾） 一二、九七二尺
秀姑巒山（同） 一二、五六〇尺
マボラス山（同） 一二、五六〇尺
南湖大山（同） 一二、五三一尺
富士山（甲斐、駿河） 一二、四六七尺
北岳（甲斐） 一〇、五三四尺
間ケ岳（甲斐、駿河） 一〇、五二四尺
鎗ケ岳（飛騨、信濃） 一〇、四九二尺
槍ケ岳（同） 一〇、四八七尺
赤石山（信濃、駿河） 一〇、二九六尺
奥穂高岳（飛騨、信濃） 一〇、二四〇尺
東俣山（駿河、甲斐、信濃） 一〇、二一二尺
穂高岳（信濃、飛騨） 一〇、一九八尺
御嶽山（飛騨、信濃） 一〇、一〇九尺
白根山（信濃、駿河） 一〇、〇五五尺
仙丈ケ岳（甲斐、信濃） 一〇、〇〇九尺
南岳（信濃、飛騨） 一〇、〇〇八尺

台湾には左表（ママ）掲出の外一万尺以上の高山尚四十三座を有す

大河川

舟筏里程は本支川を合せ舟筏を通ずる部分を合算したるものなり

（舟筏里程）（里町）

利根川（茨城　千葉） 二一七・一七
信濃川（新潟） 一七八・一八
澱　川（大阪） 一六八・一七
北上川（宮城） 一五三・二二
阿賀野川（新潟） 一四九・〇一
荒　川（東京） 一二〇・四四
最上川（山形） 一一七・〇四
木曾川（三重） 一一四・〇一
天竜川（静岡） 九〇・一八
雄物川（秋田） 八五・〇〇
新宮川（和歌山） 七四・二一
吉野川（徳島） 六〇・一四
紀ノ川（和歌山） 五八・二六
米代川（秋田） 五八・一二
九頭竜川（福井） 五七・二一
庄　川（富山） 五〇・二三
郷　川（島根） 五〇・二二

遠賀川	（福岡）	四八・〇八
筑後川	（福岡　佐賀）	四七・二三
日高川	（和歌山）	四五・二一

主要湖沼

		（周囲）（里町）
琵琶湖	（滋賀）	五九・三二
霞ケ浦	（茨城）	三四・一八
多来加湖	（樺太）	二六・〇四
浜名湖	（静岡）	二三・一五
サロマ湖	（北海道）	二三・〇七
八郎湖	（秋田）	二〇・〇〇
富内湖	（樺太）	一八・〇三
風蓮湖	（北海道）	一六・三〇
猪苗代湖	（福島）	一六・一九
十和田湖	（青森）	一六・〇〇
印旛沼	（千葉）	一五・一八
屈斜路湖	（北海道）	一二・一五
宍道湖	（島根）	一二・一二
網走湖	（北海道）	一一・一四
小川原沼	（青森）	一一・〇〇
檜原湖	（福島）	九・三三
支笏湖	（北海道）	九・三三
洞爺湖	（同）	九・〇六

大原野

（原野）	（高低）	（面積）町
富士裾野（甲斐）	高原	三二、六五九
牧ノ原（遠江）	平原	一五、〇〇〇
念場原（甲斐）	高原	九、三三一
三方原（遠江）	平原	九、三三一
八ケ岳裾野（甲斐）	高原	七、七七六
北方原野（豊後）	同	七、七五〇
磐田原（遠江）	平原	六、九九八
富士裾野（駿河）	同	六、四八〇
鶴見野（豊後）	高原	五、四四〇
中野原（上野）	同	五、〇〇〇
大野原（駿河）	高原	四、六六六
御牧原（信濃）	同	四、六六六
野尾原（豊後）	同	四、一四〇
小谷原（大隅）	同	四、一〇六

著名公園

（表中百坪以下は是れを略す）

（名称）	（所在地）	（千坪）
奈良	奈良市	一、五八八
松島	宮城県	一、四五五
厳島	広島県	一二九
鞆	同県	三三三
箕面	大阪府	二五六
養老	岐阜県	二四一
円山	北海道	一九七
天王寺	大阪市	一〇〇
東松原	福岡県	九五
浅草	東京市	九二
鶴舞	名古屋	九三
常盤	水戸市	八五
敦賀松原	福井県	八〇
高岡	高岡市	六四
徳島	徳島市	五六
大浜	堺市	五四
日比谷	東京市	五四
上野	東京市	一九五
栗林	香川県	一六六
和歌	和歌山県	一六五
浜寺	大阪府	一四七
芝	東京市	一四六
中島	札幌市	一一三
琴弾	香川県	一一〇
千秋	秋田市	五四
金華山	岐阜市	五〇
吉野	奈良県	四五
天の橋立	京都府	三九
城山	鹿児島市	三九

住吉	大阪府	三六
後楽園	岡山市	三四
金沢	金沢市	三〇
嵐山	京都府	三〇

朝鮮の大河川

（朝鮮地誌資料に依る）

（名称）	（流域）	（長さ）km
鴨緑江	咸鏡南・平安北	七九〇
漢江	江原・慶尚・忠清北・京畿	五一四
洛東江	江原・慶尚・全羅南	五二五
大同江	平安南・黄海	四三九
豆満江	咸鏡北	五二一
錦江	全羅北・忠清・慶尚北・京畿	四〇一
臨津江	咸鏡南・江原・京畿・平安南	二五四
清川江	平安	一九九
蟾津江	全羅・慶尚南	二一二

台湾の大河川

（台湾総督統計摘要に依る）

（名称）	（流域）	（長さ）km
濁水渓	台中	一六五
下淡水渓	高雄	一五六
曾文渓	台南・高雄	一三二
淡水河	台北・新竹	一三〇
大甲渓	台中	一一八
烏渓（大肚）	台中	一一二
八奨渓	台南	一一一

主要長橋

（架設河川）		長さ（米）
下淡水渓	九曲堂―六塊厝（台湾）	一、五六二
阿賀川	新津―水原（村上線）	一、二四三
天竜川	中泉―天竜川（東海道線）	一、二〇九
大井川	島田―金谷（同）	一、〇一八
揖斐川	長島―桑名（関西線）	九九二
利根川	我孫子―取手（常磐線）	九四六
鴨緑江	新義州―安東県	九四〇
荒川	赤羽―川口町（東北線）	九二五
木曾川	弥富―長島（関西線）	八六四
最上川	余目―砂越（陸羽西線）	八二三

著名火山

山名（所在）／慶応以前噴火／明治以後／計／最近噴火年代

浅間山（上野・信濃）／五二／二〇五／二五八／一九二四年

阿蘇山（肥後）／八一／一八／九九／一九二四年

焼岳（信濃・飛騨）／―／六八／六八／一九二六年

霧島山（日向・大隅）／二八／三〇／五八／一九二三年

樽前山（胆振）／二／二四／二六／一九二六年

三原山（伊豆）／一三／一三／二六／一九二二年

桜島（薩摩）／二五／一／二六／一九一四年

岩木山（陸奥）／一七／〇／一七／一八六二年

富士山（駿河・甲斐）／一五／〇／一五／一七〇八年

白山（加賀・飛騨）／六／〇／六／一五七九年

日本大使館公使館所在地

大使館

英国（倫敦）
米国（華盛頓）
仏国（巴里）
伊国（羅馬）
独国（伯林）
白耳義国（ブラッセル）
伯剌西爾国（リオデジャネーロ）
土耳其（コンスタンチノーブル）
露国（モスコワ）

公使館

和蘭国（海牙）
支那国（北京）
墨西哥国（メキシコ）
暹羅国（盤谷）
西班牙国（馬徳里　兼葡萄牙）
瑞典国（ストクホルム）（兼諾威、丁抹及芬蘭）
智利国（サンチヤゴ　秘露ノボリウイア）
亜爾然丁国（ヴエノスアイレス　パラグアイ・ウルグアイ）
瑞西国（ベレタ）
波蘭（ワルソー）
チエツコスロブアキア国（プラーグ）
羅馬尼亜国（ブカレスト）
墺地利国（維也納　兼洪牙利）
希臘国（雅典）
秘露国（里馬）

艦隊

軍艦二隻以上を以て編成せるものを艦隊と云ひ、是れが司令として司令長官及び司令官を置かる。但し艦隊の編制若くは任務に応じ司令官のみを置かるゝ場合あり。司令長官は親補にして天皇に直隷し、麾下の艦船を統率し、隊務の総理及び軍紀、並に教育訓練を統監す。司令官は司令長官の命を承け艦隊の一部を指揮し、司令長官を置かざる艦隊の首席司令官は天皇に直隷し、其の職務に就ては司令長官に関する規定を準用さる。司令長官に附属せる参謀長、参謀、副官、機関長並に司令官に附属せる参謀を幕僚と云ひ、司令長官若くは司令官の乗る処の軍艦を旗艦と称す。

艦長は所属長官に隷し、部下を統率訓練し、軍紀風紀の維持、兵備の監理及び艦の保安に任じ、職務を総理す。

陸軍常備團隊配備表（大正十四年五月改正）

臺灣滿洲ニ在ル常備團體ハ本表以外トス
第十九師團及第二十師團ハ當分ノ內規定ノ衛戍地外ニ分屯セシムルコトヲ得
兵營移轉ノ完了セザル部隊ハ本表規定ノ衛戍地外ニ在ラシムルコトヲ得

師團	旅團	聯（大）隊	
近衛（東京）	近衛步兵第一（東京）	近衛步兵第一、近衛步兵第二	東京
	近衛步兵第二（東京）	近衛步兵第三、近衛步兵第四	東京
	騎兵第一（習志野）	近衛騎兵	東京
		騎兵第十三、騎兵第十四	習志野
	野戰重砲兵第四（東京）	近衛野砲兵	東京
		野戰重砲兵第八、野戰重砲兵第四	下志津
		近衛工兵大隊	東京
		鐵道第一	千葉
		鐵道第二	習志野
		電信第一	東京
		飛行第五	立川
		氣球隊	所澤
		近衛輜重兵大隊	東京
第一（東京）	步兵第一（東京）	步兵第一	東京
		步兵第四十九	甲府
	步兵第二（東京）	步兵第三	東京
		步兵第五十七	佐倉
	騎兵第二（習志野）	騎兵第一	東京
		騎兵第十五、騎兵第十六	習志野
		野砲兵第一	東京
	野戰重砲兵第三（國府臺）	騎砲兵大隊、野戰重砲兵第一、野戰重砲兵第七	國府臺
		橫須賀重砲兵聯隊	橫須賀
		工兵第一大隊、輜重兵第一大隊	東京
第二（仙臺）	步兵第三（仙臺）	步兵第四	仙臺
		步兵第二十九	若松
	步兵第十五（高田）	步兵第十六 聯隊本部、第一大隊、第二大隊	新發田
		步兵第十六 第三大隊	村松
		步兵第三十	高田
		騎兵第二、野砲兵第二	仙臺
		獨立山砲兵第一	高田
		工兵第二大隊、輜重兵第二大隊	仙臺
第三（名古屋）	步兵第五（名古屋）	步兵第六	名古屋
		步兵第六十八	岐阜
	步兵第二十九（靜岡）	步兵第十八 聯隊本部、第一大隊、第二大隊	豐橋
		步兵第十八 第三大隊	濱松
		步兵第三十四	靜岡
		騎兵第三	名古屋
	騎兵第四（豐橋）	騎兵第二十五、騎兵第二十六	豐橋
		野砲兵第三	名古屋
	野戰重砲兵第一（三島）	野戰重砲兵第二、野戰重砲兵第三	三島
		工兵第三大隊、高射砲第一	豐橋
		飛行第一、飛行第二	岐阜
		飛行第七	濱松
		輜重兵第三大隊	名古屋
第四（大阪）	步兵第七（大阪）	步兵第八	大阪
		步兵第七十	篠山
	步兵第三十二（和歌山）	步兵第三十七	大阪
		步兵第六十一	和歌山
		騎兵第四	大阪
		野砲兵第四	信太山
		深山重砲兵聯隊	深山
		工兵第四大隊	高槻
		輜重兵第四大隊	大阪
第五（廣島）	步兵第九（廣島）	步兵第十一	廣島
		步兵第四十一	福山
	步兵第二十一（山口）	步兵第二十一	濱田
		步兵第四十二	山口
		騎兵第五	廣島
		野砲兵第五、工兵第五大隊、電信第二、輜重兵第五大隊	廣島
第六（熊本）	步兵第十一（熊本）	步兵第十三	熊本
		步兵第四十七	大分
	步兵第三十六（鹿兒島）	步兵第二十三	鹿兒島
		步兵第四十五	都城
		騎兵第六、野砲兵第六、工兵第六大隊、輜重兵第六大隊	熊本
第七（旭川）	步兵第十三（旭川）	步兵第二十五	札幌
		步兵第二十六	旭川
	步兵第十四（旭川）	步兵第二十七、步兵第二十八	旭川
		騎兵第七、野砲兵第七、工兵第七大隊、輜重兵第七大隊	旭川
		函館重砲兵大隊	函館
第八	步兵第四（弘前）	步兵第五	青森
		步兵第三十一	弘前
	步兵第十六（秋田）	步兵第十七	秋田
		步兵第三十二	山形

第八（弘前）

旅団	部隊	所在地
騎兵第三（盛岡）	騎兵第八	弘前
	騎兵第二十三	盛岡
	騎兵第二十四	盛岡
	野砲兵第八	弘前
	工兵第八大隊	盛岡
	輜重兵第八大隊	弘前

第九（金澤）

旅団	部隊	所在地
歩兵第六（金澤）	歩兵第七	金澤
	歩兵第三十五	富山
歩兵第十八（敦賀）	歩兵第十九	敦賀
	歩兵第三十六	鯖江
	騎兵第九	金澤
	山砲兵第九	金澤
	工兵第九大隊	金澤
	輜重兵第九大隊	金澤

第十（姫路）

旅団	部隊	所在地
歩兵第八（姫路）	歩兵第三十九	姫路
	歩兵第四十	鳥取
歩兵第三十三（岡山）	歩兵第十	岡山
	歩兵第六十三	松江
	騎兵第十	姫路
	野砲兵第十	姫路
	工兵第十大隊	岡山
	輜重兵第十大隊	姫路

第十一（善通寺）

旅団	部隊	所在地
歩兵第十（善通寺）	歩兵第十二	善通寺
	歩兵第六十二	松山
歩兵第二十二（徳島）	歩兵第四十三	徳島
	歩兵第四十四	高知
	騎兵第十一	善通寺
	山砲兵第十一	善通寺
	工兵第十一大隊	善通寺
	輜重兵第十一大隊	善通寺

第十二（久留米）

旅団	部隊	所在地
歩兵第十二（福岡）	歩兵第十四	小倉
	歩兵第二十四	福岡
歩兵第二十四（久留米）	歩兵第四十六	大村
	歩兵第四十八 聯隊本部 第一大隊 第二大隊	久留米
	歩兵第四十八 第三大隊	佐賀
	第一戦車隊	久留米
	騎兵第十二	久留米
	野砲兵第二十四	久留米
	獨立山砲兵第三	久留米
	工兵第十八大隊	久留米
	輜重兵第十八大隊	久留米
野戦重砲兵第二（小倉）	野戦重砲兵第五	小倉
	野戦重砲兵第六	小倉
	下関重砲兵聯隊	下ノ関
	佐世保重砲兵大隊	佐世保
	鷄知重砲兵大隊	鷄知
	飛行第四	太刀洗

第十四（宇都宮）

旅団	部隊	所在地
歩兵第二十七（宇都宮）	歩兵第二	水戸
歩兵第二十八（高崎）	歩兵第五十九	宇都宮
	歩兵第十五	高崎
	歩兵第五十	松本
	騎兵第十八	宇都宮
	野砲兵第二十	宇都宮
	工兵第十四大隊	水戸
	輜重兵第十四大隊	宇都宮

第十六（京都）

旅団	部隊	所在地
歩兵第十九（京都）	歩兵第九 聯隊本部 第一大隊 第二大隊	京都
	歩兵第九 第三大隊	大津
	歩兵第二十	福知山
歩兵第三十（津）	歩兵第三十三	津
	歩兵第三十八	奈良
	騎兵第二十	京都
	野砲兵第二十二	京都
	舞鶴重砲兵大隊	舞鶴
	工兵第十六大隊	京都
	輜重兵第十六大隊	京都
	飛行第三	八日市

第十九（羅南）

旅団	部隊	所在地
歩兵第三十七（咸興）	歩兵第七十三	羅南
	歩兵第七十四	咸興
歩兵第三十八（羅南）	歩兵第七十五	會寧
	歩兵第七十六	羅南
	騎兵第二十七	羅南
	野砲兵第二十五	羅南
	工兵第十九大隊	會寧

第二十（龍山）

旅団	部隊	所在地
歩兵第三十九（平壌）	歩兵第七十七	平壌
	歩兵第七十八	龍山
歩兵第四十（龍山）	歩兵第七十九	龍山
	歩兵第八十 聯隊本部 第一大隊 第二大隊	大邱
	歩兵第八十 第三大隊	大田
	騎兵第二十八	龍山
	野砲兵第二十六	龍山
	馬山重砲兵大隊	馬山
	工兵第二十大隊	龍山
	飛行第六	平壌

常備軍 聯、大隊數

歩兵	六十八聯隊
騎兵	廿五聯隊
野砲兵	十五聯隊
山砲兵	四聯隊
騎砲兵	一大隊
野戦重砲兵	八聯隊
重砲兵	三聯隊ト七大隊
工兵	十七大隊
鐵道兵	二聯隊
電信兵	二聯隊
航空兵	八聯隊
氣球兵	一隊
輜重兵	十六大隊
戦車隊	一隊
高射砲隊	一聯隊ト一大隊

●自動車隊は自動車學校に改編す

●總兵員概數二十萬人

帝国軍艦表

（昭和二年六月調査）

艦名	艦種	進水年	排水量（英噸）	馬力
扶桑	戦艦	大正三	三〇、六〇〇	四〇、〇〇〇
山城	同	四	三〇、六〇〇	四〇、〇〇〇
伊勢	同	五	三一、二六〇	四五、〇〇〇
日向	同	六	三一、二六〇	四五、〇〇〇
長門	同	八	三三、八〇〇	—
陸奥	同	九	三三、八〇〇	—
金剛	巡洋戦艦	明治四五	二七、五〇〇	六四、〇〇〇
比叡	同	大正元	二七、五〇〇	六四、〇〇〇
榛名	同	二	二七、五〇〇	六四、〇〇〇
霧島	同	二	二七、五〇〇	六四、〇〇〇
加古	一等巡洋艦	一四	七、一〇〇	—
古鷹	同	一四	七、一〇〇	—
衣笠	同	一四	一〇、〇〇〇	—
青葉	同	一五	一〇、〇〇〇	—
妙高	同	昭和二	一〇、〇〇〇	—
那智	同	二	一〇、〇〇〇	—
那珂	二等巡洋艦	大正一四	五、五〇〇	—
利根	同	明治四〇	四、一〇〇	一五、〇〇〇
筑摩	同	四四	四、九五〇	二三、五〇〇
平戸	同	四四	四、九五〇	二三、五〇〇
矢矧	同	四四	四、九五〇	二三、五〇〇
天龍	二等巡洋艦	大正七	三、五〇〇	—
龍田	同	七	三、五〇〇	—
多摩	同	八	三、五〇〇	—
球磨	同	九	五、五〇〇	—
北上	同	九	五、五〇〇	—
木曽	同	九	五、五〇〇	—
大井	同	九	五、五〇〇	—
長良	同	一〇	五、五七〇	—
五十鈴	同	一〇	五、五七〇	—
名取	同	一〇	五、五七〇	—
由良	同	一〇	五、五七〇	—
鬼怒	同	一一	五、五七〇	—
阿武隈	同	一二	五、五七〇	—
川内	同	一三	五、五九五	—
神通	同	一二	五、五九五	—
夕張	同	一二	三、一〇〇	—
加賀	航空母艦	一四	二、七〇〇	—
赤城	同	一四	二七、〇〇〇	—
若宮	同	明治三四	五、八九五	一、五九一
鳳翔	同	大正一〇	九、四五八	—
韓崎	潜水母艦	明治二九	六、一七〇	二、三〇〇
駒橋	同	大正二	一、二三〇	一、八二四
迅鯨	同	一二	八、五〇〇	—
長鯨	同	一二	八、五〇〇	—
阿蘇	敷設艦	明治三三	七、八〇〇	一七、〇〇〇
勝力	同	大正五	二、〇〇〇	一、八〇〇

常磐	敷設艦	明治三一	九、八八五	―
浅間	一等海防艦	三一	九、八八五	一八、二四八
八雲	同	三二	九、七三五	一五、五〇〇
吾妻	同	三二	九、四二六	一六、六〇〇
磐手	同	三三	九、八二六	一四、七〇〇
出雲	同	三二	九、八二六	一四、七〇〇
春日	同	三五	七、七〇〇	一四、六九六
日進	同	三六	七、七〇〇	一四、六九六
満州	二等海防艦	二九	三、九一六	五、〇〇〇
千歳	同	三一	四、九九二	一五、七一四
明石	同	三〇	二、八〇〇	八、〇〇〇
対馬	同	三五	三、四二〇	九、四〇〇
千早	一等砲艦	三三	一、二六三	六、〇〇〇
淀	同	四〇	一、二五〇	六、五〇〇
最上	同	四一	一、三五〇	八、〇〇〇
安宅	同	大正一一	八二〇	―
宇治	二等砲艦	明治三六	六二〇	一、〇〇〇
隅田	同	三六	一二六	六八〇
伏見	同	三九	一八〇	八〇〇
鳥羽	同	四四	二五〇	一、四〇〇
比良	同	大正一二	三三八	―
保津	同	一二	三三八	―
堅田	同	一二	三三八	―
勢多	同	一二	三三八	―
嵯峨	同	元	七八五	一、六〇〇
合計	七二		六三八、五四〇	

駆逐艦 一二六　潜水艦 六〇　特務艦 二八　掃海艇 四

備考　大正七年三年以降新造艦ノ馬力ヲ含マズ
艦齢　大体巡洋艦十六年　駆逐艦十三年　潜水艦八年

維新前後の海軍

維新前後徳川幕府の有せる軍艦は左の如し。

艦名	原名	砲門	製造国	価額
観光	スームピンク	六	和蘭	贈呈
咸臨	ジヱツパン	一二	同	十万弗
蟠竜	ヱンピロル	四	英吉利	贈呈
朝陽	ヱド	一二	和蘭	十万弗
富士	フジヤマ	一一	米国	廿四万弗
回天	イーグル	一一	普魯士	十八万弗
開陽	―	二六	和蘭	四十万弗
―	ワガノカミ	六	米国	十一万弗
―	ストーンウヲール	四	同	四十万弗

華府条約制限海軍力

国別	主力艦	航空母艦
英国	五二五、〇〇〇噸	一三五、〇〇〇噸
米国	五二五、〇〇〇噸	一三五、〇〇〇噸
日本	三一五、〇〇〇噸	八一、〇〇〇噸
仏国	一七五、〇〇〇噸	六〇、〇〇〇噸
伊国	一七五、〇〇〇噸	六〇、〇〇〇噸

陸軍航空隊

昭和二年六月調査に依る我が国陸軍空軍兵力は左の如し。

飛行聯隊……………八聯隊
気球隊………………一隊
飛行機………………八百機
兵力　将校…………八百名
　　　准士官以下……五五〇〇人
航空隊所在地　第一第二各務ケ原・第三八日市・第四第八太刀洗・第五立川・第六平壌・第七浜松・気球隊所沢
備考　飛行聯隊は偵察・戦闘・爆撃の中一乃至二種より成る数中隊より編成さる

海軍航空隊

航空隊所在地　横須賀　霞ケ浦　佐世保　大村
　隊数　十五隊半　機数　百十二機
・拡張計画　昭和四年度迄に完成のもの
隊数　十七隊　機数　百三十六機
機別　艦上戦闘機。艦上偵察機。艦上攻撃機。水上偵察機。陸上練習機。水上練習機。飛行艇。水陸両用飛行機。軟式航空船。半硬式航空船。繋留気球隊。自由気球

列強陸軍勢力比較

（大正十五年九月現在陸軍省調査）

日本	十七師団・騎兵四旅団・総兵員二十万人	航空兵十八中隊 戦車隊一隊
独逸	歩兵七師団・騎兵三師団・総兵員十九万人	航空兵十七中隊 戦車隊十七中隊
英国	四師団・騎兵二旅団・地方兵十四師団・騎兵二旅団・総兵員三十五万人	航空兵五十五中隊 飛行機千三百台 戦車隊五大隊 別ニ装甲自動車十一中隊
米国	歩兵十二師団・騎兵二師	航空兵三十八中隊

国名	陸軍	航空・戦車
	団・総兵員三十二万人	外ニ航空船四中隊 飛行機一、一二九台 戦車二百九十台
仏国	歩兵三十二師団・騎兵五師団・航空兵二師団・総兵員七十万人	航空兵百三十五中隊・航空船六大隊・飛行機五、五四二台・戦車隊四十三大隊・戦車二七五〇台
伊国	三十師団・騎兵三旅団・総兵員三十一万人	航空兵九十中隊・航空船一隊・飛行機九〇五台・戦車隊一隊二十一台
露国	歩兵六十一師団・騎兵十二師団ト六旅団・兵員六十九万人	航空兵八十六中隊・飛行機九〇〇台・戦車隊十四中隊・戦車百七十六台

備考　欧洲大戦前各国陸軍兵力
英　国　三十九万人　　仏　国　八十四万人
独　逸　八十四万人　　伊　国　四十万人
米　国　二十三万人　　露　国　百三十万人
◎戦後各国共兵力縮減を断行せるも米国は反対に増加せり。

五大国補助艦比較

（大正十五年二月現在海軍省調査）

◎巡洋艦（既成艦並に建造中のもの）

(国名)	(隻数)	(排水量)(噸)	(比率)
日本	四一	二六七、四七九	一・〇〇
米国	三七	三〇四、四二五	一・一四
英国	六三	三八三、一四〇	一・四三
仏国	二三	二一七、四三四	〇・八一
伊国	一六	九八、一〇〇	〇・三七

◎駆逐艦（既成艦並に建造中のもの）

日本	一〇七	一一八、三三二	一・〇〇
米国	三〇九	三六八、五一四	三・〇三
英国	一九一	二二七、一〇〇	二・〇〇
仏国	八六	九六、三九五	〇・八二
伊国	七九	七七、〇四五	〇・六五

◎潜水艦（既成艦並に建造中のもの）

日本	七二	六四、二三六	一・〇〇
米国	一二三	九二、五〇〇	一・四四
英国	六四	五五、〇五〇	〇・八六
仏国	八三	七三、〇一〇	一・一四
伊国	五六	二九、九一二	〇・四七

列強国防率比較

国名	歳出と国防率	人口と兵員率	一人当負担
日本	一・八	二・五	三・九
独逸	四・九	三・二	三・四
英国	一四・九	七・四	二九・九
米国	一八・九	二・九	一四・六
仏国	一七・二	一七・九	二四・六
伊国	二六・三	八・〇	一六・四

全国学校数

小学校	二五、四八五
盲唖学校	八七
師範学校	九九
高等師範学校	四
臨時教員養成所	一一
実業教員養成所	四
中学校	四九一
高等女学校	七〇六
専門学校	八一
大学	三七

官私立合　（十四年三月調）

実業専門学校（工・農・商・船）	四七
実業学校（甲乙種農・水・商・船）	七六二
実業補習学校	一四、九五三
同　教員養成所	三六
各種学校	一、七二七

大学一覧（昭和二年六月調）

帝国大学

東京帝国大学（東京本郷）　大学院・法・医・工・文・理・経済・農
京都帝国大学（京都上京）　大学院・法・医・工・文・理・経済・農
東北帝国大学（仙台市）　大学院・医・理・工・法文
九州帝国大学（福岡県千代町）　大学院・医・工・農・法文
北海道帝国大学（札幌市）　大学院・医・農・工
京城帝国大学（京城府）　法文・医

◎修業年限三ケ年、医学部は四年、大学院在学期間は各大学に依り異るも一年以上五年以内、授業料は各学部年百円、大学院は七十五円

官立大学

東京商科　東京市神田区
新潟医科　新潟市
岡山医科　岡山市
千葉医科　千葉市
金沢医科　金沢市
長崎医科　長崎市
満洲医科　奉天附属地
旅順工科　旅順

◎修業年限　東京商大、旅順工科は三年、外各医科大学は四年、授業料は満医八十円、旅工五十円外、各大学年百円

公立大学

大阪医科　大阪市
愛知医科　名古屋市
京都府立医科　京都市
熊本医科　熊本市

◎修業年限　各大学四年、授業料は愛知医科は百十円、其他は百二十円

私立大学

名称（学部）所在　授業料(円)

慶応義塾（経・法・医・文）東京芝区三田　一二〇

早稲田（法・文・商・政治・経済・理・工）東京市外戸塚町

一四〇　理工一五〇

明　治（法・商）東京神田駿河台　一〇〇

中　央（法・商・経）東京神田錦町　八八

日　本（法・文・商）東京神田錦町　八八

法　政（法・文・経済）東京麹町富士見町　一二〇

同志社（法・文）京都上京新北小路　一〇〇

国学院（文）東京市外渋谷町　一〇〇

東京慈恵会医科（医）東京芝愛宕町　二〇〇

竜　谷（文）京都下京猪熊通　七五

大　谷（文）京都上京小山上総町　六〇

専　修（経）東京神田今川小路　八八

立　教（文・商）東京市外西巣鴨　一〇〇

拓　殖（商）東京小石川茗荷谷町　一〇〇

立命館（法）京都上京広小路通　九〇

立　正（文）東京市外大崎町　六〇

駒　沢（文）東京市外駒沢村　八〇

東京農業（農）東京市外渋谷町　一一五

大　正（文）東京市外西巣鴨町　一〇〇

日本医科（医）東京本郷駒込　二〇〇

高野山（文）和歌山県高野山　七五

◎修業年限　慶応医学部、東京慈恵会医科大学は各四年、他は全部三年

気象　大正十五年　昭和元年

気候　本年は気候平年と著しき差異なきも、既して晴天多くして降水寡く、猛烈なる風雨の起りしこと亦稀なり。一二月には北陸、奥羽方面に屢々風雪あり、三月下旬にも亦北陸地方に吹雪起り、信越方面より中国、四国、九州に亘り雪を飛ばし、気温著しく下降せり。五月下旬には武相地方、朝鮮南部、中国等に多量の降雨ありて被害尠からず。六月は好晴多く、例年の梅雨季の状態に似ず九州北部、東北地方等にては灌漑水欠乏し、所に依りては農作物枯死して大なる旱害を蒙れり。八月は気温頓に上昇し、上旬の初め東海道にては平均気温三十度以上に達したる所あり。七、八月の交には諸所に豪雨を見、新潟、山形、秋田の諸県下、朝鮮南部等にては河川漲溢し近年稀なる水害あり。八月より十月に至る間には琉球、台湾等に屢々暴風雨起り是れ又多大なる風水の害を蒙れり。九月には上旬本州中部を横ぎりたる颱風の為め、其の通路に暴風雨起り愛知、静岡両県下殊に被害甚大を極めたり。此の月広島地方豪雨の為め家屋の流失せるもの多し。

雷雨　発現数は内地、台湾支那中部及び北部、朝鮮、樺太、南洋等を合せ、其の数二千五百七十八回中、内地の発現数は千九百十五回なり。降雨箇所は三百二十八箇所以上、落雷箇所は三百九十箇所以上にして焼失家屋は三十四棟震死者は十八名を出したり。

暴風雨　本邦附近洋上を通過して襲来せる暴風雨は其の数七十二にして例年に比し出現数稍々多し。

地震 は震数四千九百十三回にして中有感覚地震千二百七十二回、無感覚地震三千六百四十一回なり。顕要地震左の如し。

（月日）	震央地
一、一五	根室南東沖
一、二二	豊後水道北方
二、四	津軽海峡東方
二、一七	襟裳沖南西岬
三、九	襟裳岬南東沖
三、二〇	襟裳岬南西沖
三、二五	襟裳岬南西沖
	（津軽海峡東方）
四、二	遠州灘沖
四、七	襟裳岬沖
五、二七	裳襟〔ママ〕岬沖
六、五	日向灘北部
六、二九	沖縄島南西沖
七、二七	熊野灘沖
八、三	東京湾中部
九、五	襟裳岬東方沖
一〇、一九	襟裳岬南西沖

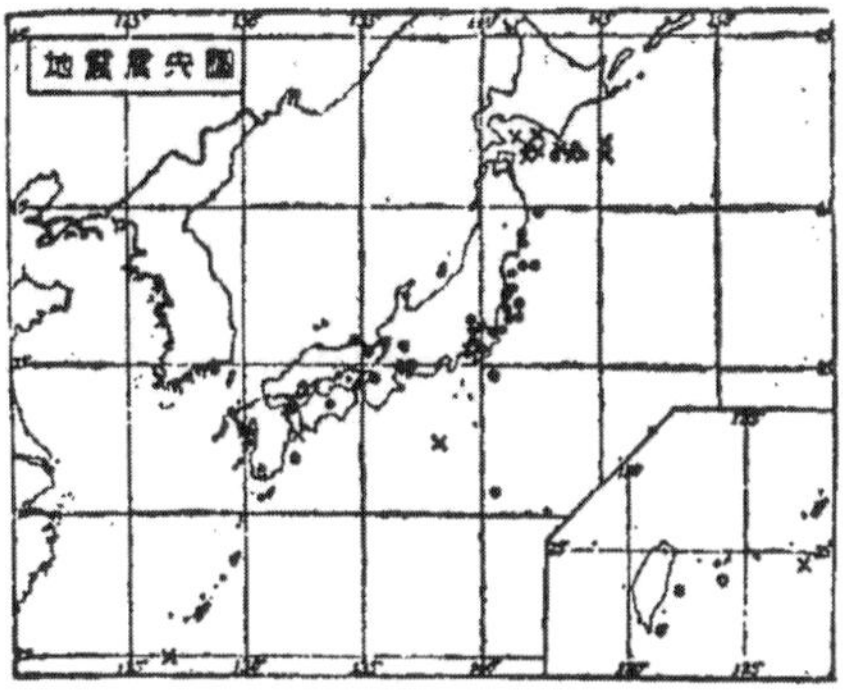

（×は顕著地震）
○は稍顕著地震

◎本邦主要六都市の最高最低温度の年月日は左の如し。

地名＼温度	最高気温 華氏	最高気温 年月日	最低気温 華氏	最低気温 年月日
大阪	一〇〇	明治四一・八・四	一九	明治二四・一・二五
東京	九六	明治一九・七・一四	一七	大正七・一・九
名古屋	九八	明治四二・七・一八	一四	明治三八・二・二三
福岡	九七	大正三・七・二六	一七	大正八・二・五
広島	一〇〇	大正三・八・一三	一六	大正六・一・二八
札幌	九二	明治二七・八・七	（一）〔ママ〕一五	明治二六・二・一三

◎本邦主要六都市降雪の平均及早晩の年月日は左の如し。

地名＼降雪	初雪 平均 月日	初雪 最早 年月日	終雪 平均 月日	終雪 最晩 年月日
大阪	一二・二四	明治三四・一二・四	三・一二	大正五・四・五
東京	一二・二五	明治三三・一一・一七	三・二〇	明治三五・四・一〇
名古屋	一二・一六	明治三七・一一・七	三・一五	明治三五・四・一一
福岡	一二・二二	明治二五・一一・二六	三・四	明治四二・三・二六
広島	一二・二八	明治二八・一一・一四	三・一六	明治三五・四・一三
札幌	一一・一	明治二一・一〇・一七	四・一九	大正二・五・一四

奥丹後激震

昭和二年三月七日午後六時二十九分丹波、丹後、但馬を中心として激烈なる地震あり。震央地は若狭湾中央部にして最大震幅三十五ミリを示し、震動区域は北陸、関東、中仙道、四国の各地に亘る。地震と共に奥丹後地方は家屋人命の損傷算なく、各地に猛火を起して、惨禍の甚大なる事往年の関東大震災に譲らざるものあり。就中、峰山町の如きは死者三百負傷者五百、全町一千戸全部焼失して全滅し、岩滝町は五百六十八戸の中五百戸焼失、死者百名を出し、其の他の諸町村も圧死に火災に酸鼻の極を尽して罹災者七万名を出せり。

大震災の報帝都に達するや、政府は直ちに閣議を開きて応急措置を講じ、舞鶴要港よりは急遽槇、樺、桑、椿の四駆逐艦出動して罹災者救援に従事せり。両陛下に於かせられても深く惨事を御軫念あらせられ、九日御救恤の思召しを以て京都府へ金五万円、大阪府へ金一千円を下賜あらせらる。全部の被害状況は左の如し。

京都府（内務省調査）

死傷者数　死者　二、九九一　重傷　一、三五〇
軽傷　一、七八六　行方不明　五
◎死亡者は震災直後三日以内に死亡したる者をも含む

		（全焼）	（半焼）	（全潰）	（半潰）
罹災戸数	住宅	二、六五一	七〇	五、二五四	四、五七八
	其他	二、三一〇	四五	五、一九八	四、九六一

損害見積	建築物	二三、一九五、九一三円
	動　産	一三、〇八一、三六八円
	有価証券金銭其他	七〇二、五六〇円
	計	三六、九七九、八五一円

	（死者）	（傷者）	（全潰）	（半潰）
大阪府	二一	一二七	一二一	一一三
兵庫県	四	一七	四三	九三

外鳥取県傷者一、奈良県三、滋賀県二名を出せり。

梅雨の話

入梅　太陽が黄経八十度の処に来る時で毎年六月十日頃から始まる、梅の実の熟する頃節に入るを以て入梅の名がある、此頃から我が邦一般気候甚しく湿潤となり、細雨が降り続き七月上旬に至るのが例である、併し此の梅雨は仔細に調査すると我国全部に渉っての事ではなく、主として本州南中部に於ける現象である、即ち台湾、樺太には全く梅雨がなく、北海道も殆んど存せざる有様で、東北地方に於ても著しくない。梅雨の最盛期は九州南部では夏至の頃、九州北部・四国・中国では六七月の交、東海道及び東山道の南部では七月上旬、東北地方では七月中旬である、それで西南地方では大抵七月中旬から好晴の天候を現はし、遂に雷鳴で終を告ぐるも、東北地方では此の終期明確でなく、又梅雨期間中雨量は尠く唯陰湿なる天候のみが続くのである。

梅雨の生因　此の頃北太平洋上の高気圧部は大に発達して

稍々北西に移動し、其の一端は本邦東海岸から小笠原島辺に及ぶ為め南東時候風《モースン》は茲に漸く発達して太洋上の湿気を陸地に輸送する、それに此時には頻繁に支那から東海を経て到る低気圧があつて、而かも其の通過が北東方の高気圧に支へらるゝの結果、北東に向はずして東方に向ひ且つ進行遅滞し、此時本邦内には所々小低気圧の発生するありて、かく曇雨相続く天候となるのである。

涸梅雨　さて我が国では毎年六月十日頃から雨期に入るのは前述の通りであるが時としては変調を来す事があつて、年によりては此の時季に南日本に殆んど雨を見ない事がある、此場合を涸梅雨《かれつゆ》と名ける、明治十六年・廿一年・廿六年・卅八年・大正二年の如きは涸梅雨であつた、これは太平洋上の高気圧部が南西に拡張して、其の一端琉球・台湾の南東に及ぶ年に見られる現象で、此の如き年には東北地方では北東の風多く、為めに頗る冷湿なるが常である。

風力の階級

風は其の速度の遅速によつて幾多の階級に分かたれる、ビユーフオド氏は之を十二階級に分ちて各階級に一々名称を附したが、此階級は主として海上にのみ之を用ひ、陸上に於ては此の半数六階級に分ちて測候観測の記載をなすが例である。我国並に支那に於ても又一般に六階級に分ちて観測する、各階級の名称、風速及び之に伴へる現象大要は左の如くである。

階級	名称	速度（毎秒時）	風圧（一間平方）	現象大要	支那の名称
〇	静穏	〇〜一・五	…	煙直上す	静風
一	軟風	一・五〜三・五	一貫	風の感覚あり	微風
二	和風	三・五〜六・〇	二〜四貫	樹葉動く	和風
三	疾風	六・〇〜一〇	五〜一〇貫	勁枝動く	颶風
四	強風	一〇〜一五	一一〜二四貫	樹枝折る	巨風
五	烈風	一五〜二九	二五〜九〇貫	大樹の幹揺ぐ	烈風
六	颶風	二九米以上	九〇貫以上	樹倒れ家覆るあり	暴風

風速最大記録　明治三十二年八月十五日鹿児島に於ての風速は毎秒七〇・九米に達したが実に我国に於ける最大記録たるばかりでは無く恐く世界的記録であらうと称せらる

低気圧と高気圧

暖熱なる空気は寒冷なる空気よりも軽きが故に或る地方の空気が熱すること其周囲の地方より大なれば其処の空気は上昇して低気圧となり、風は其中心に向て四周より廻旋的に吹き入るの現象を生ずる、此の状態を指して旋風系又は低気圧と呼ぶのである。是れに反して或地方の空気が特に冷却すると其処の空気は下降を起して気圧が高まり風は其圧部の中心から廻旋的に四周に向て吹き出づるの現象を生ずる、是れを指して逆旋風系、又は高気圧と呼ぶのである。

旋風系及び逆旋風系は最も多く温帯地方に顕はるるもので、

其区域は甚だ広く、欧羅巴全洲の如きも往々其区域内に含まるゝことがある。而して風の廻旋する方向は旋風系にありては南半球に於ては時計指針の廻旋に一致し、北半球に於ては之に反し、逆旋風系にあつては北半球に於て時計の指針に等しく、南半球に於ては之に反して廻旋するのが法則で、風が何故にかく廻旋的に吹くやは地球自転の偏向力の為めである。

　旋風系及び逆旋風系は或は急に或は緩に其位置を変ずるが常である。其移動の方向は略々定まれるもので一般に北半球では北東に進み、南半球では南東に向て進むが原則である。

　低気圧（及高気圧）が何故に移動するかと云ふに大体一般の気流方向に従ふものであつて、恰も河川中の渦巻が河流に従ひて進むが如きものである例へば旋風が熱帯より温帯に進行するは其熱帯に廻旋せし所の空気であるが、温帯に於て廻旋する所のものは温帯の空気で全く更代せられたる空気である。畢竟低気圧の中心は断へず其吹き入る所のものに由て埋消せられ、之と同時に其隣接せる所に新に中心を生じて次第に中心の移動を見るのである。

　又近年使用さるゝ気象用語の颱風とは北太平洋のマリアナ、及カロリン群島の附近に発生せる低気圧に附せる名称で、一種の旋風系である。

天気予報信号標

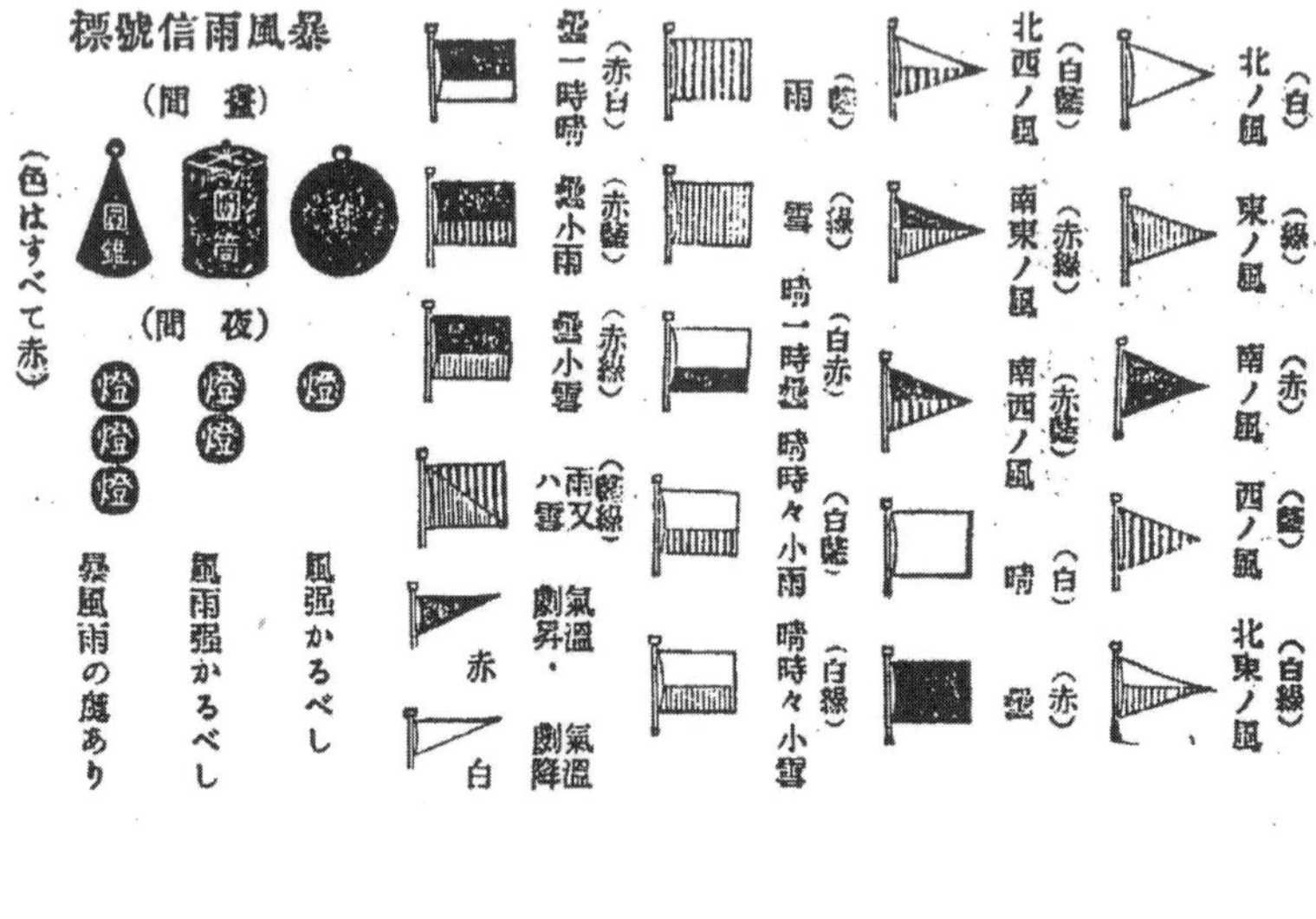

国家財政

一般会計

大正十五年度予算に依る歳入総額は十六億三千九百三十八万円にして中、経常部は十三億七千三百十五万円（八割四分）臨時部は二億六千六百二十四万円（一割六分）なり。歳出総額は又同額にして是れが所管別は皇室費の四百五十万円（全歳出の二厘七毛）を除き大蔵省二割二分、逓信省二割一分、内務、海軍省一割五分、陸軍省一割二分、文部省八分、農林省二分七厘、司法省二分、外務省一分二厘、商工省八厘なり。歳入総額は人口一人に対して二十七円四十銭に当る。

特別会計

大正十五年度に於ける特別会計は三十九にして其の所管は、大蔵省二、外十七、文部省八、海軍、鉄道省各三、逓信、陸軍者《ママ》各務、内務、農林、商工省各一なり。其の額の多少は、国債整理基金の七億五百四万一千円を最多とし、帝国鉄道収益勘定の六億三千四百三十二万円（歳入）専売局の三億千百九万八千円（歳入）等巨額のものに属す。

公　債

大正十四年度末に於ける公債総額は四十六億五千八百九十万円にして、中内国債三十一億七千九百万円、外国債は十四億七千九百万円なり。

地方財政

道府県予算に依る歳出総額　三億七千九百十七万三千円（十五年）
（一府県平均八百七万円）

市同上　六億二千七百十九万八千円（十四年）
（全国百一市）（一市平均六百二十万九千円）

町村同上　四億四百二十八万八千円（十四年）
（一町村平均三万三千九百円）

地方債総額　十一億十《ママ》九百十三万九千円（十三年）

財界混乱

昭和二年三月第五十二議会に於て、震災手形整理法案審議中、是れに関聯して該手形所持銀行の所有高漸次判明し来り、財界不安の念深きものあり。会会片岡大蔵大臣の答弁中東京渡辺銀行休業せりとの言辞ありたるを動機として、三月十五日渡辺、あかぢの両銀行を先頭に、十九日には中井銀行、二十二日には中沢、八十四、村井、左右田の七銀行破綻休業せるより財界に一大恐慌を起し、該法案は議会を通過したるにもかゝはらず、人心安定するに到らず、預金の取付拡大して休業銀行続出、其の間若槻内閣は台湾銀行救済勅令案に関して辞職し、全国銀行は四月二十二、二十三の両日一斉に休業して恐慌鎮圧策を講ずるに到りたるが、同月二十日田中内閣成立して二十二日に支払猶予令を布き、更に臨時議会を召集して台湾銀行に対し二億円、一般銀行に対し五億円の日本銀行貸出損失補償法を提案、五月八日是れが協賛を得るに及んで大風一過、危機に瀕せる財界は茲に漸く平静に帰するに到れり。震災手形法案討論中の前後より休業せる銀行は左の如し。

	（休業月日）
広部銀行	二・一四
東京渡辺銀行	三・一五
あかぢ貯蓄銀行	三・一五
中井銀行	三・一九
八十四銀行	三・二二
中沢銀行	三・二二
左右田銀行	三・二二
村井銀行	三・二二
久喜銀行	三・二二
山城銀行	三・二二
桑船銀行	三・二二
浅沼銀行	三・二二
東万銀行	三・三一
六十五銀行	四・八
鞍手銀行	四・一三

	（休業月日）
栗太銀行	四・一五
近江銀行	四・一八
台湾銀行	四・一八
蒲生銀行	四・一九
泉陽銀行	四・一九
蘆品銀行	四・一九
西江原銀行	四・二〇
広島商業銀行	四・二〇
門司銀行	四・二一
十五銀行	四・二一
武田割引銀行	四・二一
泰昌銀行	四・二一
明石商工銀行	四・二一
鹿児島商業銀行	四・二一
河泉銀行	四・二五
合計	三十行

昭和元年末現在預金総額

約八億六千六百万円

爵位勲功

明治二年旧公卿、大名及び国家に勲功ある人、並に其の子孫を華族とし、同十七年爵位を制定して有爵者は総べて華族と定む、爵を分ちて公、侯、伯、子、男の五爵とす。授爵は勅旨に出で国家に大勲ある者に授与せらる。位は宮中に対する栄誉の称号にして正一位より従八位に到る十六階に分たる。叙位の旨を記したる文書を位記と云ひ、華族、勅、奏任官及国家に功労ある者、又は表彰するに足る功績ある者に授けらる。勲章は国家に勲功ある者に与ふる名誉の徽章にして、明治八年始めて是れを制定し勲位を一等より八等に分たる、現今の旭日章、桐葉章即ち是れなり、同十年更に大勲位菊花大綬章及び是れが副章として大勲位菊花章、同二十年には宝冠章（勲一等より勲八等迄）瑞宝章（勲一等より勲八等迄）勲一等旭日桐花大綬章、大勲位菊花章頸飾、同二十三年には金鵄勲章（功一級より功七級迄）を設けらる。大勲位菊花大綬章は最高勲章にして、更に頸飾を特賜せらるるに於ては人臣の栄誉至高を極めたるものとす。旭日桐花大綬章は大勲位の次位にして他の勲章の上にあり、宝冠章は婦人の勲功ある者に賜はり、金鵄勲章は武功抜群なる者に賜はる。旭日章には年金を下賜せらるゝ場合あるも一般には然らず、金鵄勲章には必ず定額の年金を賜ふ。

皇族叙勲

明治四十三年皇族身位令の定むる処左の如し。

皇后は大婚の約成りたるとき勲一等に叙し宝冠章を賜ふ。

皇太子皇太孫は満七年に達したる後大勲位に叙し菊花大綬章を賜ふ。

皇太子妃皇太孫妃は結婚の約成りたるとき勲一等に叙し宝冠章を賜ふ。

親王は満十五年に達したる後大勲位に叙し菊花大綬章を賜ふ。親王妃は結婚の礼を行ふ当日勲一等に叙し宝冠章を賜ふ。内親王は満十五年に達したる後勲一等に叙し宝冠章を賜ふ。王妃は結婚の礼を行ふ当日勲二等に叙し宝冠章を賜ふ。女王は満十五年に達したる後勲二等に叙し宝冠章を賜ふ。

爵位准例

凡そ位は従四位以上は爵に准じて礼遇を享く、其の准例左の如し。

公爵	従一位
侯爵	正二位
伯爵	従二位
子爵	正三位 従三位
男爵	正四位 従四位

高級有位有爵帯勲者

（昭和二年五月調査）

公爵

西園寺公望　徳川家達　毛利元昭　九条道実
山県伊三郎　徳大寺公弘　伊藤博邦　松方巌
島津忠重　近衛文麿　二条厚基　大山柏
鷹司信輔　三条公輝　一条実孝　島津忠承
岩倉具栄　桂広太郎　徳川慶光

従一位　浅野長勲

正二位

西園寺公望　東郷平八郎　徳川家達　毛利元昭
九条道実　黒田長成　山本権兵衛　奥保鞏
田中光顕　戸田氏共　伊東巳代治　清浦奎吾
井上良馨　大島久直　出羽重遠　内山小二郎
曾我祐準　斎藤実　九鬼隆一　野村素介
松平康荘　二条基弘　嵯峨公勝　大久保利和
万里小路通房　伏原宣足　柳原愛子

大勲位菊花章頸飾

載仁親王　東郷平八郎

大勲位菊花大綬章

雍仁親王　宣仁親王　邦彦王　守正王　博恭王
多嘉王　鳩彦王　稔彦王　李垠　李堈　西園寺公望

勲一等旭日桐花大綬章

博義王　大島健一　中村雄次郎　武彦王　奥保鞏

閑　丙奭　恒憲王　清浦奎吾　牧野伸顕　朝融王
小松輝久　山階芳麿　春仁王　後藤新平　山本権兵衛
藤麿王　斎藤　実　高橋是清　博信王　曾我祐準
藤井較一　伊東巳代治　田中光顕　李　允用　井上良馨
珍田捨己　李　懿覚　尹　徳栄　徳川家達　李　址鎔
上原勇作　戸田氏共　李　秉武　内田康哉

勲一等旭日大綬章。勲一等宝冠章。勲一等瑞宝章帯勲者は略す。

功一級

大井成元　奥　保鞏　東郷平八郎　山本権兵衛

有爵者人員　（朝鮮を含む）（大正十四年末現在）

公爵	一九	侯爵	四四	伯爵	一〇七
子爵	四〇〇	男爵	四三六	計	一、〇〇六

有位者人員　（朝鮮を含む）（大正十四年末現在）

従一位	一	従五位	七、〇〇〇
正二位	三三	正六位	八、三二六
従二位	九〇	従六位	一二、二五一
正三位	二四六	正七位	二三、二二一
従三位	四九六	従七位	三四、八三七
正四位	一、一八二	正八位	四五、九〇三
従四位	二、一四七	従八位	一、九七四
正五位	五、一四七	計	一四二、八五五

勲章佩用人員　（大正十四年末）

大勲位	一四	勲五等	一二、一〇二
勲一等	三一七	勲六等	三二、九〇二
勲二等	八六五	勲七等	一六三、四七二
勲三等	四、八三四	勲八等	九〇三、二二四
勲四等	八、七四二	計	一、一二六、四七二

金鵄勲章佩用人員　六六、五四四

金鵄勲章年金額

功一級	千五百円	功五級	三五〇円
功二級	千円	功六級	二五〇円
功三級	七百円	功七級	一五〇円
功四級	五百円		

金鵄勲章年金受領額　八百八十万千三百円
旭日勲章年金受領額　二十一万千四百十二円
人員四千百七十二人

褒賞

紅綬褒章　自己の危険を顧みず人命を救助したる者に賜はる。

緑綬褒章　孝子、順孫、節婦、義僕の類にして徳行卓絶なる者、又は実業に精励し衆民の模範たるべき者に賜はる。

藍綬褒章　公衆の利益を興し、成績著明なる者又は、公共の事務に勤勉し、功労顕著なる者に賜はる。

紺綬褒章　公益の為め私財を寄附し功績顕著なる者に賜はる。

褒　状　褒章を受くる者団体なる場合及奇特の実行褒章に準ずべき者に授けらる。

賞杯賜金　褒章を賜ふべき者、又は公益の為め金穀財産を寄附したる者に賜はる。

刑罰

昭和二年一月末日現在在刑務所受刑者罪名別は左の如し。

窃盗	二一、五九四	傷害	一、八六一
強盗	二、四一七	殺人	三、二七〇
賭博及富籤	七一三	嬰児殺	二八
詐欺及恐喝	四、〇六二	逮捕及監禁	一
横領	一、二五九	堕胎	二四
贓物に関す	二三〇	公務執行妨害	五七
毀棄及隠匿	—	逃走・犯人蔵匿及証憑湮滅	二六
通貨偽造	八八	騒擾	四七
文書・有価証券偽造	七二四	放火	一、四三六
印章偽造	—	住居を犯す	二一一
偽証及誣告	二九	略取及誘拐	二一五
瀆職	三〇	其他	一九四
猥褻姦淫及重婚	五〇七	計	三九、〇二三

内男囚三八、二五四人　女囚七六九人女囚犯罪の最も多いのは窃盗の三〇五人で放火の一六七人殺人の一三五人是れに次ぐ。

犯罪の種類

(罪名)	(最重刑)	(最軽刑)
皇室に対する罪	死刑	二月以上四年以下懲役
内乱に関する罪	死刑	一年以上十年以下禁錮
外患に関する罪	死刑	一年以上十年以下懲役
公務の執行を妨害する罪	三年以下懲役又ハ禁錮	二年以下懲役又は三百円以下罰金
逃走の罪	一年以上十年以下懲役	一年以下懲役
犯人蔵匿及び証憑湮滅の罪	二年以下懲役又ハ二百円以下罰金	罰せず
騒擾の罪	一年以上十年以下懲役又ハ禁錮	五十円以下罰金
放火及失火の罪	死刑又は無期若は五年以上懲役	三百円以下罰金
往来を妨害する罪	死刑又は無期懲役	五百円以下罰金
住居を侵す罪	三月以上五年以下懲役	三年以下懲役又は五十円以下罰金
秘密を侵す罪	一年以下懲役又は二百円以下罰金	六月以下懲役又は百円以下罰金
飲料水に関する罪	死刑又は無期若は五年以上懲役	六月以下懲役又は五十円以下罰金
通貨偽造の罪	無期又は三年以上懲役	行使名価三倍以下罰金

		又は科料
文書偽造の罪	無期又は三年以上懲役	六月以下懲役又は五十円以下罰金
有価証券偽造罪	……	三月以上十年以下懲役
印章偽造の罪	二年以上有期懲役	二年以下懲役
猥褻・姦淫及重婚の罪	無期又は三年以上懲役	科料
賭博及富籤に関する罪	三年以下懲役	三百円以下罰金又は科料
礼拝所及び墳墓に関する罪	三月以上五年以下懲役	五十円以下罰金又は科料
瀆職の罪	一年以上十年以下懲役	六月以下懲役又は禁錮
殺人の罪	死刑又は無期懲役	二年以下懲役
傷害の罪	無期又は三年以上懲役	一年以下懲役若は五十円以下罰金又は拘留若は科料
過失傷害の罪	三年以下禁錮又は千円以下罰金	五百円以下罰金又は科料
堕胎の罪	六月以上七年以下懲役	一年以下懲役
遺棄の罪	同	同
逮捕及監禁の罪	六月以上七年以下懲役	三月以上五年以下懲役
脅迫の罪	三年以下懲役	一年以下懲役又は百円以下罰金
略取及誘拐の罪	二年以上有期懲役	三月以上五年以下懲役
名誉に対する罪	一年以下懲役若は禁錮又は五百円以下罰金	拘留又は科料

信用及業務に関する罪	……	三年以下懲役又は千円以下罰金
窃盗及強盗の罪	死刑又は無期懲役	免除
詐欺及恐喝の罪	十年以下懲役	五年以下懲役又は千円以下罰金
横領の罪	十年以下懲役	一年以下懲役又は百円以下罰金若しくは科料免除
贓物に関する罪	十年以下懲役及び千円以下罰金	
毀棄及隠匿の罪	三月以上七年以下懲役	六月以下懲役若は禁錮又は五十円以下罰金若は科料
治安維持に関する罪	十年以下懲役又は禁錮	五年以下懲役又は禁錮
暴力行為等に関する罪	三年以下懲役又は五百円以下罰金	六月以下懲役若は禁錮又は五十円以下罰金
決闘に関する罪	二年以上五年以下懲役	一月以上一年以下懲役
爆発物に関する罪	死刑又は無期若は五年以上懲役禁錮	百円以下罰金
印紙に関する罪	五年以下懲役	五十円以下罰金又は科料

警察諸統計

◎災害其他の事故に依る死亡人員（大正十四年）

洪水 七六　海嘯 五
難船 六六二　火災 三六一
震災 三九四　火薬類爆発 五二
圧雪凍死 二四〇
土石崩壊 四〇七
樹木顛倒又は潰屋 二〇八
鉱業上にて
　坑内 五七八　坑外 五九
獣害虫毒
　犬に 三〇　熊に 二
　蛇に 二一　其他 三二
過失に依り
　汽車電車自動車其他 七、七七三
　途中発病 一、二九三
其他 三、六九七
不詳 二二一
　計 一六、〇三五

◎棄児（大正十四年）

生存しありし者 一三〇
死亡しありし者 四一　計一七一

◎自殺者所為（大正十四年）

	男	女
縊れて	四、三八八	一、八九六
入水	一、五五九	二、〇二三
刃物	四〇八	一四七
銃又は火薬類	九九	一六
噴火口に投じて	三	―
毒物又は劇薬服用	九四七	八五六
汽車に触れて	一、二九五	五五六
電車に触れて	一〇八	五五
其他	四〇三	一五八
計	九、二一〇	五、七一二

◎被殺害者（大正十四年）

争論又は一時の怒り……五九〇
賭博上の争ひ……一四
利慾の為め……五三
捕を拒み又は暴行せし為め……四
瘋癲の為め……三六
暴行又は酔狂人の為め……八九
貧困に因り……七六
痴情又は嫉妬……二四〇
正当防衛……五
人違ひ……八
其他……一、六〇八
不詳……六六
計……二、九四七

◎火災度数（大正十四年）

失火 一四、九一二　放火 一、二二四
雷火及不審火 一、五〇〇　計 一七、六三六

◎遊廓（大正十四年）

貸座敷免許地……五三三
貸座敷営業者……一一、六九〇
引手茶屋……一一四
娼妓……五二、三二五
貸座敷傭人
　男 七、一二一　女 二二、〇四二

◎料理屋其他（大正十四年）

料理屋 五〇、五〇六
待合茶屋 三、三〇九
芸妓 七七、一〇一
飲食店 一三三、六四五
芸妓置屋 一八、九九六

社会施設

東京市内

左記施設は何れも昭和二年六月調査なり

職業紹介所

紹介無料・就職旅行には最寄の紹介所に於て汽車、汽船賃半額の特典を与ふ。

東京市中央職業紹介所（一般）神田区
神田橋際
同　玉姫　同（一般労働）浅草玉姫町
同　浅草公園　同（一般）浅草公園六
区二号
同　浅草橋　同（同）日本橋区馬喰町
二丁目
同　芝園橋　同（一般労働）芝新堀町
三〇
同　大塚　同（同）小石川大塚辻町
同　上野　同（同）下谷上野三橋町
同　新宿　同（同）四谷花園町一〇三
同　江東橋　同（労働）本所入江町二
四
同　業平橋　同（同）本所業平町一七
一
同　深川公園　同（労働）深川区深川
公園内
同　芝浦（労働）芝区芝浦町一ノ一
同　技術労働　小石川区小石川町一陸
軍造兵廠内
同　少年婦人　小石川区大塚坂下町二
〇二
同　本郷（事務員其他）本郷区元町
一ノ一〇平和ハウス内
東京府職業（一般）神田万世橋際

東京基督青年会（一般）神田美土代
町三ノ二
愛国婦人会婦人（婦人職業）麹町飯
田町一
労働共済会婦人（一般労働）深川西
平野町一
救世軍月島（一般労働）京橋月島八
丁目六
築地本願寺（一般）京橋築地三ノ六
築地会館内
本所基督教産業青年会（同上）本所
松倉町二丁目六二
愛国婦人会本所婦人（婦人職業）本
所外手町八四
江東（一般労働）本所若宮町三八
浅草本願寺（一般労働）浅草松清町
四〇
護国寺（一般）小石川区音羽

公衆食堂

牛込区通寺町／下谷区車坂町／日本橋
坂本公園内／神田区神田橋際／浅草小
島町／日本橋両国公園内／麹町飯田町
二丁目／本郷真砂町三六ノ五
定食　朝十銭　昼十五銭　夜十五銭

うどん　種物十五銭　普通十銭
牛乳　一合七銭
パン　ジャムバタ附半斤八銭
コーヒー　五銭

産院　附乳児院

食費一日
妊産婦　四十五銭　乳児　三十銭
築地産院（市設）京橋明石町聖路加病
院内
浅草産院（同）浅草永住町一〇二
深川産院（同）深川東森下町五二
本所産院（府設）本所松平町

託児場

乳児を受託し昼間保育を為す
保育料二銭
江東橋託児場　本所区入江町二四
富川町託児場　深川区富川町七
月島託児場　京橋月島西仲通一ノ二
玉姫託児場　浅草区玉姫町一二六
竜泉寺町託児場　下谷区竜泉寺町
二葉託児場　本所区南二葉町二七
横網託児場　本所区横網町安田邸跡
古石場第一託児場　深川区古石場町二

三

同第二託児場　同　同一五

幼少年保護所

不良性並に浮浪少年の善導保護身の上相談に応ずる為左記個所に之を設く

小石川区大塚坂下町二〇（幼女）府下池袋町字他領（幼少年性行相談所を附設す）

児童相談所

乳幼児哺育並に衛生上の相談に応ずる為め左記個所に之を設く。

京橋月島通七丁目四六・浅草区玉姫町一二六・深川区富川町七・本所区入江町・下谷区竹町下谷公園内・四谷区元町六六

人事相談所

（所在）東京市役所社会局内

一般公衆の人事相談に応ず

牛乳配給所

貧困にして乳なき満一年六月未満の乳児に五銭以下の実費を徴して配給す。

（所在）四谷区鮫橋元町・京橋築地聖路加病院際・浅草玉姫町一二六・本所入江町二四・深川区富川町七・本所梅森町養育舎内・本所松倉町産業青年会・浅草区永住町

療養所　東京市設

施療病院　京橋築地四丁目　傷病者無料診療

大塚簡易療養所　小石川区大塚辻町　傷病者無料診療

青山簡易療養所　明治神宮外苑　傷病者無料診療

深川簡易療養所　深川清澄公園内　傷病者無料診療

本所簡易療養所　本所松代町三丁目　傷病者無料診療

質屋　東京市設

預入一口　十円　一人五十円限度

利子一円ニ付二銭　満期四ケ月

（所在）京橋月島二号地・深川区古石場町二二・本所区入江町二四・浅草区馬道七丁目九・下谷区三輪町・深川本村町一八九・本所区押上町七八・小石川区大塚仲町旧養育院跡・浅草松葉町一二一

浴場　東京市設

入浴料　大人三銭　十四歳未満二銭

四歳未満一銭　◎髪洗五銭

（所在）京橋月島二号地・深川古石場町・深川本村町

授産場

中産階級以下の生計補助を目的とし授産するものにして場内作業と家庭作業の二種に分る。

（所在）本所押上町二一三・深川千田町二九六・芝白金志田町一二・浅草田中町・小石川大塚辻町一八

最近国勢一覧

婚姻　五二一、四三八件　（十四年）

普通婚姻九割二分、入夫三分、婿養子六分

離婚　五一、六八七件　（十四年）

妻去る場合八割六分、夫去る場合一割一分、戸内離婚三分

出生　二、〇八六、〇九一（十四年）
出生率高いのは東北関東、北陸、四国、低いは近畿、中国、九州
死亡　一、二一〇、七〇六（十四年）
内地民有地　千九百八万町歩(十二年末)
内地総面積の五割に当る。割合の最も多きは山梨の九割二分、最も尠きは宮崎の三割。
北海道アイヌ人人口
一五、六四二人（九年末）
恩給及扶助料
恩給　九四、一一九、〇〇九円（十四年）
扶助料　二四、四八四、三五七円
壮丁検査人員
五二一、八四二人（〃）
中五尺六寸以上一八、七四三人、五尺五寸以上三三、七一四人、甲種合格一七五、九五〇人
国籍離脱者
（十三年末）
男　八九五　　女　四三四
現役海軍々人
七五、二一二人（十四年）
新叙勲人員
一〇、八三三人（〃）
功労者賜杯　金杯三個　銀杯十四個
（十四年）
金銀杯には各一号より三号迄の区別あり。

市有給吏員俸給
二五、〇〇九、〇〇〇円（〃）
地租納税人員
一一、一六〇、六九〇人（〃）
区裁判所新受民事件数
八三〇、七二七件（十三年末）
刑事裁判所捜査数
三二四、九二一件（〃）
小作争議　二、二〇六件（十四年末）
職業紹介所求職者数
八十七万八千人（〃）
精神病者人員
五四、六七三人（十四年三月）
墳墓地
九八一、五四〇個所（十三年末）
行旅病人　七千三百二人（十二年末）
行旅死亡人
四、五五六人（〃）
農工銀行債券総発行高
二億七千七百八十万円（十三年度末）
銀行数（普通貯蓄特殊を合せ）
一、七九九行（〃）
預金年末現在高　百三億二千八百万円
開業鉄道哩数（国有私設合）
一万四百十哩（十四年三月）

電灯需要戸数
八百八十万戸（十三年末）
需用戸数一に付電灯口数二、八、燭光は四十六燭光に当る。
特許及登録
（十三年末）
発明特許数　一、九二八
実用新案登録　三、三九三
意匠登録数　一、八七一
商標登録数　四、八二一
絹物工産
十五億三千二百万円（十三年末）

暦の知識

沿革　我国に支那暦の渡来せしは欽明天皇の朝、百済より暦書及び暦博士を貢せしを以て始めとす、而して其暦法は之を詳にすることを得ざるも、恐らく宋の元嘉暦なりしならん。其後数度暦法の改正ありしが、清和天皇の貞観三年に、唐の宣明暦を採用してより後八百余年の久しきに亘りたるが、徳川綱吉のとき保井算哲（春海）は暦日と太陽の運行との間に二日の差あるを見出し、自ら新に造れる暦を奉れり。朝議之を容れ、貞享元年新暦法を頒布

し、名を貞享暦と賜ふ。是れ我国造暦の嚆矢とす、貞享暦を用ふること七十余年にして、阿部泰邦等の造れる宝暦暦に改め其後四十四年にして高橋至時等の造れる寛政暦に更に四十余年を経て渋川景佑等の造れる天保暦に改めたり。此等の暦法は何れも太陰暦なりき、天保暦を用ふること三十余年にして明治五年詔して太陰暦を太陽暦に改められ、明治五年十二月三日を以て、明治六年一月一日と定められ以て今日に及べり。

太陽暦　回帰年（太陽の視運動即ち地球上より視て太陽の一周転に要する時間）を本として編成したるものなり、一回帰年は三百六十五日二四二二余なれども、実用上の便宜に従って三百六十五日の平年と三百六十六日の閏年とを設く、回帰年の端数は是を四倍すれば〇日九六八八余となる、是れ平年を三箇年続けたる後閏年を一箇年置く所以なり、されど未だ是れとても精密過不足なき算定にあらず、其差は積りて四百年間に三日一二余の過差を来す、仍て百・二百・三百年目の閏に当るべき年を平年と定め以て此過差を相殺す。西紀年数の四を以て整除し得べき年を閏年とす、但百を以て整除し得べきものゝ中更に四を以て整除し得ざる年は平年とす（明治三十一年勅令第九十号）

月の大小　一、三、五、七、八、十、十二の各月は日数を三十一日とし是を大の月と称す、又四、六、九、十一の各月は日数を三十日とし是を小の月と称す、ひとり二月は平年に二十八日閏年に二十九日とす、二月の日数を小の月よりも更に少くしたるは、古羅馬に於けるヌマ王時代の不完全なる暦法を因襲したるものにして、別に深き意味あるにあらざるなり。

太陰暦　月の盈虚に基きて編成したるもの、分ちて二種とす、一は単に太陰の盈虚を目標としたるものにして純太陰暦と称すべく一は太陽の運行に由て起る気候の変遷を考慮に加へたるものにして陰陽暦とも称すべきものなり、前者は回々教暦に属し、後者は支那暦ギリシヤ暦に属す、月の盈虚は二十九日五三〇六弱を以て結了するを以て、其十二ケ月は三百五十四日三六七強なり故に陰暦は三百五十四日或は三百五十五日を以て一箇年とするも、其実回帰年三百六十五日より不足する事約十一日、三年未満にして既に三十日の不足を来す是れ二年目又は三年目に一ケ月の閏月を置きて回帰年との調節を計る所以なり。今之を計算するに陰暦二百三十五周月の日数と太陽暦十九ケ年の日数とは僅か二時間ばかりの差あるのみにて約三百年を経て一日の差を生ずるに過ぎず。即ち太陽暦十九年毎に陰暦は殆んど前と同一状態に復す。依て十九ケ年を一章と称す。即ち大正十五年の旧暦は十九年前即ち明治四十年の旧暦と略相同じ。今二百三十五周月を十九ケ年に配当すれば平年（十二ケ月の歳）十二年と閏年（十三ケ月の歳）七ケ年との割合となりて大正十四年（四月に閏あり）より起算すれば十七年二月に閏あり十九年（六月閏）二十二年（五月閏）二十五年（三月閏）二十七年（七月閏）三十年（六月閏）及三十三年（四月閏）にて其の他は平年にして以後十九年毎に殆んど同一の順序に閏年を生ずべし。旧暦にては某月の中は必ず其の月の内に含まるゝ規定なれば新月より新月までの一周月の日数（二十九日五三強）と某月中と翌月中との間の日数（平均三十日四三八五）とを比較すれば約一日の不足ありて三十二乃至三十五ケ月目には一個月に中気を含まざる場合あり。斯くの如き月を其の前月を仮りに三月とすれば閏三月、四月とすれば閏四月と称す。

（参考）左記節気の名称中立春は正月節にして雨水は正月中啓蟄は二月節春分は二月中なり以下此順に小寒は十二月節大寒十二月中に至る。

節気 毎節気の期間は約十五日とす、節気の名称は夫々其期間に於ける気候の標語にして其等の意義は左の如し。

立春　春の気始めて立つ
雨水　氷雪解け雨水温む
啓蟄　冬籠の虫戸を啓く
春分　春の最中昼夜平分
清明　草木清新風光明媚
穀雨　百穀春雨に潤ふ
立夏　夏の気始めて立つ
小満　陽気盛万物稍満足す
芒種　麦を収め稲を植う
夏至　夏の最中日北上の極
小暑　やゝ暑熱を催ほす
大暑　蒸熱溽暑を感ず
立秋　秋の気始めて立つ
処暑　暑気退かんとす
白露　気界冷却露白し
秋分　秋の最中昼夜平分
寒露　気寒く露草に重し
霜降　露結んで霰霜白し
立冬　冬の気始めて立つ
小雪　稍寒く雪少しく降る
大雪　天地閉塞雪ふる
冬至　冬の最中日南下の極
小寒　寒気稍々強し
大寒　厳凍冱寒を感ず

雑節 は前記二十四節気の外に立つ、気候又は行事の標語なり。

節分　気節の一循環を分割する日即ち大寒の末日

八十八夜　立春入より八十八日目の日降霜の収息する頃

入梅　梅雨期に入る日爾後約一ケ月を梅雨期とす

半夏生　雑草半夏（痰を治す）の発生する頃。

二百十日　立春入より二百十日目の日、颱風期に入る。

土用　立春立夏立秋立冬の各直前十八日六時余の期間、五行説による、天候大体に於て大寒穀雨大暑霜降と一致す。

彼岸　春分及び秋分の入りを中日として各七日の期間煩悩の此岸を脱して正覚の彼岸に到るを願ふの意味に於て仏を念じ僧を供養す、

社日　春分及び秋分の入日の前後に於てこれに最近き戊の日稼穡の恩に報謝するの意味にて土の神を祀る。

四季 西洋にては春分夏至秋分冬至の入日を以て夫々春夏秋冬の初めとす、我国にては古くは正四七十月の朔日を以て夫々四季の初めとせしが、今は然く厳密の規定なし、但し中央気象台にては二五八及び十一月を以て春夏秋冬の初めとせらるゝよしなり。

七値 日月火水木金土の七曜星を一星づゝ日次に配当したるもの、七値の循環期は即ち週なり、週なる時間単位は恐らくは今より二千三四百年前に於けるユダヤカルデヤあたりの占星家によつて創められたるものならんと云ふ。

太陽系 我地球の如くに、太陽のまはりを略略円形の軌道を描きて運行する若干の天体あり、此等を惑星或は遊星と称す、太陽に近きものより其の名を挙ぐれば、水星、金星、地球、火星、木星、土星、天王星及び海王星の八とす、其他、火星の軌道と、木星の軌道との中間に約千個の甚だ小なる惑星あり、此等を小惑星と称す、地球、火星、木星、土星、天王星及び海王星の六惑星には、そのまはりを惑星が太陽のまはりを廻るが如くに、各惑星のまはりを廻る一個又は数個の小天体あり、此等を衛星と称す、月は我地球の衛星なり、また太陽の附近には多くの彗星、無数の流星群等あり、惑星、衛星、流星、流星群等は何れも太陽を廻り太陽を盟主とする星の集団にして、此等の群を太陽系と称す。

惑星の運動　惑星の軌道は太陽を中心とする円形なれども、精密に云へば太陽を焦点とする甚だ円に近き楕円なり。地球が太陽を一回転する間即ち一年間に、地球は太陽に一回最遠となり一回最近となる。地球に太陽が最遠なるは七月初旬にして、其距離は約九千四百四十万哩、最近なるは一月初旬にして其距離は約九千百四十万哩なり。地球の軌道の内側に在る惑星を内惑星といひ地球の軌道の外方に在るものを外惑星と称す。水星、金星は内惑星にして、火星、木星、土星、天王星及び海王星は外惑星なり、地球より見たる惑星の運動は甚だ複雑にして、太陽及び他の星に対して絶えず其位置を変ず、太陽に対する特別の位置には種々の名称あり、巻頭附録惑星位置の項に詳細記載せり。

月相　月面の輝きて見ゆる部分の相貌をいふ。

●新月　朔に於ける月相。

☽上弦　陰暦七八日頃に於ける月相。

○満月　望(十五六日頃)に於ける月相。

☾下弦　陰暦二十二三日頃の月相。

日食　月球太陽面を蔽ひて日光の地面に投射するを遮るとき、地上より眺めたる太陽面の相貌なり、皆既食・金環食、部分食等の種類あり、日食の現象は朔（新月）の際に限りて起る。

月食　地球太陽面を蔽ひて日光の月面に投射するを遮るとき、地上より眺めたる月面の相貌なり、皆既食・部分食等の種類あり、月食の現象は望（満月）の際に限りて起る。

食現象の経過　初虧＝光体の一端将さに黒影中に入らんとす、食既＝光体全く黒影中に没す、食甚＝食現象の極度、生光＝光体の一端将さに黒影を出でんとす、復円＝光体全く黒影を遁れ出づ、等の段階に分つて観察せらる。

方位及新舊時刻早見

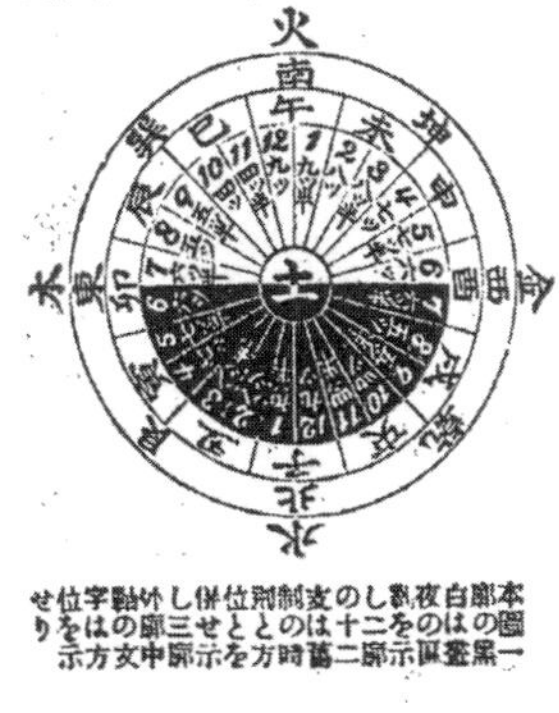

天文学上の発見（重要のもの）

（年・西紀）	（事項）	（発見者）
一五〇頃	歳差	ヒツパルクス（希）
一五〇頃	濛気差	プトレメウス（希）
一五九六	「ミラ」星ノ変光	ファブリキウス（独）
一六〇九〜一六一八	惑星運動ノ法則	ケプレル（独）
一六一一	太陽ノ自転	ファブリキウス（独）
一六六六〜一六八七	宇宙引力	ニュートン（英）
一六七五	光ノ速度	レーマー（丁）
一七〇五	週期彗星	ハリー（英）
一七一八	恒星の固有運動	同
一七二七	光行差	ブラツドリー（英）
一七四五	章動	同
一七八一	天王星	ハーシエル（独）
一七八三	太陽系ノ空間運動	同
一八〇一	小惑星「ケレス」	ピヤジー（伊）
一八〇二	連星	ハーシエル（独）
一八三八	六一cygノ視差	ベツセル（独）
一八三九	a cenノ視差	ヘンダーソン（英）
一八四三	太陽黒点ノ週期	シワーベ（独）
一八四六	海王星	ルヴエリエー（仏）
		アダムス（英）ガルレ（独）
一八六六	彗星ト流星トノ関係	スキヤパレリー（伊）
一八六八	恒星ノ視線速度	ハツギンス（英）
一八九一	緯度ノ変化	チヤンドラー（米）
		キユスナー（独）
一八九八	小惑星「エロス」	ウイツド（独）
一八九八	逆行衛星「フエーベ」	ピツカリング（W・H）（米）
一九〇六	「トロヤ」群小惑星「アキレス」	ウオルフ（独）

恒星の数

「ハーヴアード」天文台の星の光度の研究に依れば六等星迄の恒星数は左の如し。

実視等級	星数	星数累計
一・五以上	一三	一三
一・五〜二・五	五三	七六
二・五〜三・五	一七四	二五〇
三・五〜四・五	五七〇	八二〇
四・五〜五・五	一八三四	二六五四
五・五〜六・五	五七九九	八四五三

地球の大きさ

ベツセル氏外三氏の計算に依れば左の如し。

氏名	赤道半径	極半径	扁率	子午線象限
ベツセル	六三七七粁三九七	六三五六粁〇七九	一、二九九、一五	一〇〇〇〇粁八五六
クラーク	六三七八粁二四九	六三五六粁五一五	一、二九三、四七	一〇〇〇一粁八六七
ヘルメルト	六三七八粁二〇〇	六三五六粁八一八	一、二九八、三〇	一〇〇〇二粁〇六七
ヘーフオード	六三七八粁三八八	六三五六粁九〇九	一、二九六、九六	一〇〇〇二粁二八六

速度の比較

（種類）	（速度）一秒間町間尺寸
歩　行	四三
游泳（短距離）	五六
市内電車	一五五
馬　車	二一二
ボート（八人漕）	三一〇
自転車	三〇一
ヨット	三一八
疾走（短距離）	四五七
自動車（平均）	四五七

（種類）	（速度）一秒間町間尺寸
急行列車（停車時間ヲ含ム）	七〇九
伝書鳩	九五七
スキー（急斜面）	一一〇〇
飛行船	一一〇〇
烈風	一五五七
鷲	一六三〇
伝書鳩（最大）	一七三六
自動車（最大）	二七三〇

汽車（停車時間ヲ含む）	四五七
スケート（短距離）	五三〇
汽船	六〇三
競馬	七〇九

飛行機	三三〇〇
燕（最大）	四九三〇
空気中の音波	三二三六
砲弾（初速度）	七二〇〇
小銃弾（初速度）	八一一〇

理化学上の発見

（年代）西紀	（事項）	発明又ハ発見者（生国）
前二五〇	「アルキメデス」ノ原理	アルキメデス（希）
一五八三	振子ノ等時性	ガリレイ（伊）
一五九〇	顕微鏡ノ創製	ザカリアス・ヤンセン（和）
一五八九～九一	落下体の法則	ガリレイ（伊）
一六〇〇	地磁気ノ理論	ギルバート（英）
一六二〇	光ノ屈折ノ法則	スネル（和）
一六三九	「パスカル」の原理	パスカル（仏）
一六四四	「トリチエリ」ノ真空	トリチエリ（伊）
一六五〇	空気「ポンプ」	ゲーリツケ（独）
一六五四	「マグデブルグ」ノ半球	ゲーリツケ（独）
一六五七	柱時計	ホイヘンス（和）
一六六二	「ボイル」の定律	ボイル（英）
一六七五	「フツク」の定律	フツク（英）
一六七六	光ノ速度	レーマー（丁）

一六七八	光ノ波動説（真空中ニ於ケル）	ホイヘインス（和）
一七五二	雷ノ本性	フランクリン（米）
一七五三	静電感応	カントン（英）
一七七三	軽気球	モントゴルフィエー（仏）
一八二〇	電磁石	アラゴー（仏）
一八二五	写真術	ニエプス（仏）
		ダゲール（同）
一八三一	感応電流	ファラデー（英）
一八三三	電　信	ガウス（独） ウエーベル（同）
一八七五	電　話	ベル（米）
一八七八	蓄音器	エヂソン（米）
一八九三	活動写真	エヂソン（米）
一八九八	無線電信	マルコニ（伊）
一八九八	「ラヂウム」	キュリー（仏） ベクレル（同）

日本地質系統

成層岩類及塊状岩類は左の如し。

時代		成層岩類	塊状岩類
太古界	片麻岩系（三波川系）結晶片岩系		花崗岩・榴閃岩、蛇紋岩
中生界	三畳系	菊面石層、シウドモノチス層山井岩植物層	玢岩
	侏羅系	赤間硯石統、手取統	玢岩
	白堊系	鳥ノ巣石灰岩統　領石統　和泉砂岩統　御坂層　御倉層	花崗岩　橄欖岩　斑楓岩　斑岩　玢岩　閃緑岩　輝緑岩
新生大統	第三紀	中新統　最新統	安山岩、玄武岩　石英粗面岩
	第四紀	洪積層、沖積層	安山岩、玄武岩

音響速度

華氏温度六十二度の空気を通過する音響の速度は毎秒千百二十五呎にして水中に於ては其四倍半鉄中に於ては其十倍木材中に於ては其十一倍乃至十七倍の速度を有す、音響の種類及距離を掲ぐれば左の如し。

音響の種類	音響を聴き得る距離	
無風無障の空気中に於ける人間の強声	四六〇呎	〇、〇八七哩
太鼓を打ち鳴らす音	一〇、五六〇呎	二、〇〇〇哩
真鍮帯の大楽器の音	一五、八四〇呎	三、〇〇〇哩
銃　声	一六、〇〇〇呎	三、〇三〇哩
砲撃の強音	四七五、〇〇〇呎	九〇、〇〇〇哩

熱量伝播

諸種の彩色硝子を通して伝播する熱量を示せば左の如し。但し直射を百とす。

種別	熱量	種別	熱量	種別	熱量
板硝子	六五・五	窓硝子	五二・〇	黄硝子	四〇・〇
赤硝子	五三・〇	橙巴硝子	四四・〇	緑硝子	二六・〇
濃紫硝子	五三・〇	濃青硝子	四二・〇	濃青硝子	一九・〇

金属の熱量伝播は左の如し。但し銀を千とす。

種別	熱量	種別	熱量	種別	熱量
銀	一、〇〇〇	亜鉛	六四一	鋳鉄	三五八
金	九八一	錬鉄	四三六	鉛	二八七
銅	八四五	錫	四二三	安質母尼	二三五
水銀	六七七	鋼	三九七	蒼鉛	六一
アルミニウム	六六五	白金	三八〇		

験温器及寒暖計

験温器に三種あり華氏、摂氏及列氏是なり華氏験温器にありては三十二度を以て水の氷点とし二百十二度を以て其沸騰点と定む故に氷点と沸騰点との間を百八十度に分割せり摂氏及列氏験温器にありては共に零度を以て水の氷点となせり然れども前者にありては水の氷点及沸騰点の間を百度に分割し後者にありては之を八十度に分割す是に由て三種験温器分度の比例は次の如し。

華氏に摂氏に列氏＝一八〇：一〇〇：八〇＝九：五：四

今左に三種験温器分度の改算法を示さん。

一　華氏を摂氏に改算するには
華氏の度より三十二を減じ五を乗じ九にて除す。
二　華氏を列氏に改算するには
華氏の度より三十二を減じ四を乗じ九にて除す。
三　摂氏を華氏に改算するには
摂氏の度に九を乗じ五にて除し三十二を加ふ。
四　摂氏を列氏に改算するには
摂氏の度に四を乗じ五にて除す。
五　列氏を華氏に改算するには
列氏の度に九を乗じ四にて除し三十二を加ふ。
六　列氏を摂氏に改算するには
列氏の度に五を乗じ四にて除す。

倍数

一より四十回に至る倍数は左の如し。

回数	倍数
一	一
二	二
三	四
四	八
五	一六
六	三二
七	六四
八	一二八
九	二五六
一〇	五一二
一一	一、〇二四
一二	二、〇四八
一三	四、〇九六
一四	八、一九二
一五	一六、三八四
一六	三二、七六八
一七	六五、五三六
一八	一三一、〇七二

回数	倍数
一九	二六二、一四四
二〇	五二四、二八八
二一	一、〇四八、五七六
二二	二、〇九七、一五二
二三	四、一九四、三〇四
二四	八、三八八、六〇八
二五	一六、七七七、二一六
二六	三三、五五四、四三二
二七	六七、一〇八、八六四
二八	一三四、二一七、七二八
二九	二六八、四三五、四五六
三〇	五三六、八七〇、九一二
三一	一、〇七三、七四一、八二四
三二	二、一四七、四八三、六四八
三三	四、二九四、九六七、二九六
三四	八、五八九、九三四、五九二
三五	一七、一七九、八六九、一八四
三六	三四、三五九、七三八、三六八
三七	六八、七一九、四七六、七三六
三八	一三七、四五八、九五三、四七二
三九	二七四、八七七、九〇六、九四四
四〇	五四九、七五五、八一三、八八八

伊勢神宮

皇大神宮（内宮と称す）豊受大神宮（外宮と称す）を併せて神宮と称し奉り、内宮には皇祖天照大御神、外宮には豊受大御神を奉祀する。天照大御神はもと皇居に斎き奉ったが崇神天皇の朝神威を畏みて大和の笠縫邑に移し奉り、尋で垂仁天皇の御宇鎮座の地を宇治五十鈴の川上に定め給へて後久遠今日に及んだのである。宮域総面積七十一町歩余、神路山其の東南を限り、五十鈴川其の西南を繞る、九所の別宮、三十三所の摂社、十六所の末社、二十九所の所管社がある。豊受大御神は百穀発生の根源を掌り、皇大神の深く神徳を嘉し給へる神である。皇大神の奉遷と共に皇居を離れ丹波の国に鎮座あらせられたが、雄略天皇の朝皇大神の御神託に依り此の地に迎へ奉りしものである。宮域総面積八十三町歩余、高倉山其の東南に聳え、豊川其の西南を繞る。四所の別宮、十七所の摂社、八所の末社、四所の所管社がある。

恒例大祭
祈年祭　（両宮）二月四日　二月十七日
神御衣祭　（内宮）五月十四日　十月十四日
月次祭　内宮　六月、十二月各十六日十七日
　外宮　同　十五日十六日
神嘗祭　内宮　十月十六日、十七日
　外宮　十月十五日、十六日
新嘗祭　両宮　十一月二十三日

奉賽頒布
御饌御初穂料　金五十銭
御神楽奉奏　小御神楽七円　大御神楽拾五円
　大々御神楽参拾円　別大々御神楽五拾円
　特別大々御神楽七拾五円
守祓、剣先大麻各金五銭
毎年頒布の大麻は一等金五十銭、二等金二十銭、三等金十銭
暦　本暦金五十銭　略本暦金五銭

官国幣社

明治四年五月諸神社の社格を定め、官幣社、国幣社、府県社、郷社、村社に分つ、伊勢神宮は別に是れを定めざるも、国家の宗祠として社格固より諸神社の上にある。官国幣社を総称して官社と云ひ、府県社以下を諸社と云ふ。官幣社は往昔神祇官より奉幣せしため、国幣社は国司より奉幣せしため官国幣社の別ある所以である。現今では何れも内務省の所管に属し（靖国神社は陸軍省）その神饌幣帛料は官幣社には帝室即ち宮内省より供進し、国幣社は国庫より供進する。祭神の由緒功績に依り何れも大中小の三社あり。又別格官幣社は国家の功臣を祀り、社格に就いては当時官国幣社何れに属するか決せざりしを以て、仮りに別格として官幣社に列せられたのである。諸社は地方官にて是れを管し、神饌幣帛料は府県社は府県より、郷社は郡市、村社は市町村より供進する、此外無格社あり、村里一部人民の所管なるも、又国家の公認する社である。

神職

官国幣社には左の神職を置かる。
宮司　一人
権宮司　一人　但し熱田、出雲両大社、橿原、明治両神宮に限る
禰宜　一人
主典　宮掌　熱田神宮に限る

宮司及権宮司は奏任待遇、禰宜、主典、宮掌は判任待遇とす。

◎府県社及郷社には社司一人、社掌若干人を村社以下には社掌若干人を置き判任官を以て待遇さる。

◎俸　給
宮司　七人を限り勅任の待遇と為すを得
年功加俸七百円以内
一級　三、八〇〇　二級　三、四〇〇　三級　三、一〇〇
四級　二、七〇〇　五級　二、四〇〇　六級　二、〇〇〇
七級　一、八〇〇　八級　一、六〇〇　九級　一、四〇〇
十級　一、二〇〇　十　級　一、一〇〇　十二級　一、〇〇〇
十三級　九〇〇　（以上年俸）

◎権宮司は八〇〇円以上三、一〇〇円以下

禰宜　加給四〇円以内

一級　一六〇　二級　一三五　三級　一一五　四級　一〇〇
五級　八五　六級　七五　七級　六五　八級　五五
九級　五〇　（以上月俸）

神社数

昭和元年十二月末現在全国神社々数は左の如くである。

神宮　一　官幣大社　五八　官幣中社　二五
官幣小社　五　別格官幣社　二四　国幣大社　六
国幣中社　四六　国幣小社　二六　府県社　八五七
郷社　三、五〇一　村社　四四、四九二
無格社　六三、一一八
計　一一二、一五九

神饌幣帛料

（社格）	（例祭）	（新嘗祭）	（祈年祭）
官幣大社 国幣大社	九十円	五十円	五十円
官幣中社 国幣中社	七十五円	四十円	四十円
官幣小社 国幣小社	六十円	三十円	三十円
府県社	三十円	十六円	十六円
郷　社	二十円	十二円	十二円
村　社	十四円	八円	八円

官幣大社一覧

枚岡神社	河内
鵜戸神宮	日向
橿原神社	大和
春日神社	奈良市
広田神社	摂津
宇佐神宮	豊前
大和神社	大和
松尾神社	山城
平野神社	京都市
広瀬神社	大和
竜田神社	大和
稲荷神社	山城
大神神社	大和
香取神宮	下総
日吉神社	近江
平安神宮	京都市
建部神社	近江
熊野坐神社	紀伊
諏訪神社上社	信濃
伊弉諾神社	淡路
八坂神社	京都市
日枝神社	東京市

熱田神宮	名古屋
住吉神社	摂津
月山神社	羽前
阿蘇神社	肥後
氷川神社	武蔵
諏訪神社下社	信濃
安房神社	安房
大鳥神社	和泉
鹿児島神社	大隅
筥崎宮	筑前
三島神社	伊豆
樺太神社	樺太
鹿島神宮	常陸
気比神宮	越前
生国魂神社	大阪市
竈山神社	紀伊
石清水八幡宮	山城
石上神宮	大和
霧島神宮	大隅
日前神宮	紀伊
国懸神宮	紀伊
吉野神宮	大和
熊野速玉神社	紀伊
丹生川上神社上社	大和
宮崎神宮	日向
台湾神社	台湾
多賀神社	近江
出雲大社	出雲
賀茂別雷神社	山城
賀茂御祖神社	京都市
丹生川上神社下社	大和
札幌神社	石狩
香椎宮	筑前
浅間神社	駿河
宗像神社	筑前
明治神宮	武蔵
朝鮮神宮	朝鮮
丹生都比売神社	紀伊

明治神宮

明治神宮　社格は官幣大社にして明治天皇昭憲皇太后二柱の神霊を鎮斎し毎年十一月三日御祭典を行はれる、神域総面積二十二万七千三百四十六坪、是れを内苑外苑の二区に画す、内苑は即ち御本殿の在る所で境内は荘厳を旨とし、工事造営費は五百余万円である、外苑は工事尚央ばに在るも、其費七八百万円を要し、専ら庶民縦遊の目的を以て公園式となし、且つ有益なる記念建築物の外、競技場、音楽堂を建設して帝都の一大名園たらしむる結構である。

御霊域　神殿敷地の総地積は六千五百坪で外面は玉垣を以て之を囲み四方各々鳥居がある、是れを玉垣内、外院、内院、透塀内の四区に分つ、内院透塀内に在るは即ち御本殿で祭神の鎮座し給ふ所である。外院及内院の中間に拝殿及復廊を設け、東方に便殿がある、建築様式は流造で、用材には木曽及台湾産の桧材と北木島及稲田産花崗石を用ひ、各殿舎の屋根は丹波及高山産桧皮を以て葺き、大正初年に於ける帝国技術の最善を尽せるものである。

宝物殿　内苑に在り、祭神御在世中の御手許品を陳列し公衆に拝観せしめる、設計は耐震耐火の構造にして総建坪五百五十坪である。

外苑の大競技会　祭神の御聖徳を景仰し併せて身体鍛錬の主旨を以て、内務省主催の下に祭典日を含む前後に亘り外苑に於て大競技会を開催される。競技種目はフツトボール・ベースボール・バレーボール・バスケツトボール・ボートレース・テニス・ホツキイ・水泳・剣道・柔道・弓道・相撲（素人に限る）・乗馬等で全国を十二区に分ちて予選し一府県十名程度参加資格を定める。

靖国神社

靖国神社　明治二年の創立で、鳥羽、伏見より函館の役に至る戦歿者を鎮祭し初め招魂社と称したが、御祭文の「大皇国をば安国と知食すことぞ」との叡慮により同十二年靖国神社の社号を賜はり、別格官幣社に列せられた、社地は宮城の西北に位し、高燥風致に富み、境内二万九千坪、附属地六千五百坪、時の軍務官副知事大村益次郎等命を奉じて撰定せし処である。

神殿及附属建物　本殿は明治五年二月の改営で、拝殿は明治三十四年十月の造営である。重なる附属建物は奏楽所、神饌所、神札所、神楽殿、手水舎、参集所、能楽堂、遊就館等で此外第一鳥居は高さ七十尺、第二鳥居は高さ五十尺、何れも宏壮稀れに見る所である。

例　祭　大正元年十二月を以て春季は四月三十日秋季は十月二十三日に改定せられ、合祀祭、同奉告祭、招魂式等は多く春季を以て行はれる。例祭日には皇室より勅使を御差遣あらせられ、尚至尊の行幸ありし事も一再にして止らない。祭神名及び略歴を記せる祭神帳は二千二百六十九冊、祭神は大正十五年四月迄の合祀を併せ十二万三千九百五十四柱である。

遊就館　明治十四年五月掲額の為め建設せしものであるが、爾来増築数回今日の広大をなすに到り、祭神の勲功威徳を欽仰せしむる為め明治天皇御奉納の大和錦、御宸筆額、太刀、御祭文を始め奉り、古今の武器戦利品を陳列して一般に観覧せしめる、其の館有品総数は八千六百三十二点で、諸家寄託品は九千七十一点である。

仏教宗派別

天台宗　天台宗　寺門派　真盛派

真言宗　高野派　御室派　醍醐派　大覚寺派
東寺派　泉涌寺派　山階派　小野派
新義真言宗智山派　同豊山派　真言律宗
律宗

浄土宗　浄土宗　西山禅林寺派　西山光明寺派
西山深草派

臨済宗　天竜寺派　相国寺派　建仁寺派　南禅寺派
妙心寺派　建長寺派　東福寺派　大徳寺派
円覚寺派　永源寺派　方広寺派　仏通寺派
国泰寺派　向嶽寺派

曹洞宗

黄檗宗

真宗　本願寺派　大谷派　高田派　興正派
仏光寺派　木辺派　出雲路派　山元派
誠照寺派　三門徒派

日蓮宗　日蓮宗　日蓮正宗　顕本法華宗　本門宗
本門法華宗　法華宗　本妙法華宗
不受不施派　不受不施講門派

時宗

融通念仏宗

法相宗

華厳宗

◎寺院数（大正十二年）

天台宗	四、五一五	時　宗	四九二
真言宗	三、一二一	融通念仏宗	三五七
浄土宗	八、三一四	曹洞宗	一四、二一二
臨済宗	五、九七八	黄檗宗	五二三
真　宗	一九、六六三	法相宗	四一
日蓮宗	五、〇二二	華厳宗	二七
		合計	七一、三一四
		外に境外仏堂	三五、〇七九

◎住職数……五四、一一〇

神道教派別

附教会説教所数

神　道	六一六	禊　教	三九	御嶽教	六五六
修成派	四〇二	金光教	七五二	神理教	二二二
扶桑教	三一四	黒住教	四六七	天理教	五〇八一
大成教	二二四	大社教	一八二		
神習教	三一三	実行教	一七〇		

基督教々派別

天主公教。ハリストス正教。日本基督教会。組合基督教会。日本聖公会。浸礼教会。日本メソヂスト教会。美普教会。布美教会。福音教会。福音路帖。スカンヂナビアン、ジアパン、アライアンス。クリスチヤン、エンドミツシヨナリーアライアンス。同胞教会。普及福音教会。日本同仁基督教会。友会。基督教会。クリスチヤン。ヘプチバ教会。セブンスマー、アドヴエンチスト。救世軍。東洋宣教会。ナゼリン教会。

教会堂及講義所数　一、五〇四ケ所

宣布者　本邦人　一、六六二人（大正十二年末）

外国人　六八四人

国　宝

社寺の宝物で特別保護の必要あるものには文部大臣に於て国宝たるの資格を与へる。国宝は甲種製作の優秀なるもの、乙種由緒の特別なるもの、丙種歴史の証徴たるべきものゝ三品類に分ち、此中甲種は更に製作の優秀如何によつて一等から四等迄の階級がある。現在甲種一等に認定された国宝数は二十点で其品名は左の如くである。

山超阿弥陀如来図（伝恵心僧都筆）	京都	禅林寺
七祖像（伝唐李紳筆、内竜猛、竜知二像は弘法大師筆）	京都	教王護国寺
中観音、左右猿鶴図三幅対	京都	大徳寺
釈迦金棺出現図（伝唐人筆）	京都	長法寺
塑造著色執金剛神立像（伝僧良弁作）	奈良	東大寺
四天王塑造著色立像（伝正利作）	奈良	戒壇院
世親、無著菩薩木像著色立像	奈良	興福寺
銅造華厳磐	奈良	興福寺
吉祥天図	奈良	薬師寺

弥勒菩薩図	奈良	宝山寺
四天王木造立像（楽師徳保山口大口等作）	奈良	法隆寺
阿弥陀三尊金銅坐像（伝橘夫人念持仏）	奈良	法隆寺
玉虫厨子	奈良	法隆寺
木造天蓋	奈良	法隆寺
銅盤法華説相図（千体釈迦板仏）	奈良	長谷寺
乾漆十一面観音立像	奈良	聖林寺
仏涅槃図（応徳三年奉写の銘あり）	和歌山	金剛峰寺
阿弥陀如来二十五菩薩来迎図	和歌山	金剛峰寺
金剛吼、無量力吼、十力吼像三幅対	和歌山	金剛峰寺
平家納経及願文著色巻物三十三巻（伝平清盛等筆）	広島	厳島神社

国宝指定件数　三、三六二（大正十三年末）

特別保護建造物

件数　神社所属　二七〇　寺院所属　五三一

棟数　神社所属　四二六　寺院所属　六三五

計　八〇一　計　一、〇七一

世界大陸面積人口

（大陸）	（面積　方哩）	（人口）	一方哩当人口
アジヤ	一七、二〇六、〇〇〇	八七二、五二二、〇〇〇	五〇・七
アフリカ	一一、六二二、六一九	一四二、七五一、〇〇〇	一一・三
ヨーロツパ	三、八七二、五六一	四六四、六八一、〇〇〇	一二〇・〇
北アメリカ	八、五八九、二五七	一五〇、〇〇〇、〇〇〇	一六・三
南アメリカ	七、五七〇、〇一五	五六、三三七、七七五	七・四
オセアニア	三、三一二、六一三	一六、二二八、五九一	四・九
極　地	五、〇八一、九三五	—	—
合計	五七、二五五、〇〇〇	一、七〇二、五二〇、三六六	二九・六

世界土地の高低

土地平均の高さは二千四百四十呎、海の平均深さは一万千四百七十呎、最高の山エヴエレストは八千八百四十米の高さにして、海の最深なる所は北海道の東北太平洋中にありて深さ二万七千九百三十呎なり、若し地球の表面を水平にするとせば海底平均九千呎の中に埋没することゝなるべし。

世界人種別人口

（人種）	（住地）	（人口）
インド、ゼルマン又はアリアン（白色）	ヨーロツパ・アメリカ・ペルシヤ・インド・オーストラリヤ	八〇六、〇〇〇千人
蒙古又はツラニヤン（黄及褐色）	アジア	六三〇、〇〇〇千人
シエム（白色）	アフリカ、アラビア其他	七〇、〇〇〇千人
ネグロ及バンツー（黒色）	アフリカ	一三四、〇〇〇千人

マレイ及ポリネシアン（褐色）	オセアニア	三五、〇〇〇千人
アメリカ・インド（銅色）	南北アメリカ	二七、〇〇〇千人

世界の高山

（山名）	（所在）	高（米）
エヴエレスト	ヒマラヤ山脈	八八四〇
ゴドウイン・オースチン	カラコルム山脈（西北印度）	八六二〇
キンチンジヤンガ	ヒマラヤ山脈	八五八〇
テラム・ハングリ	カラコルム山脈	八四一五
ドーラギリ	ヒマラヤ山脈	八一八〇
ナンガ・パルバツト	カラコルム山脈	八一二〇
モルシヤヂ	ヒマラヤ山脈	八〇八〇
ゴサイタン	同	八〇二〇
ヂユプレクス	西蔵高原	八〇〇〇
ムスタグ・アタ	パミール・トルキスタン	七八六〇
ヂヤーラ	大雪嶺山脈（支那川辺）	七八〇〇
チラツツ・ミール	センヅークン山脈	七七五〇
ウルグ・ムスタグ	崑崙山脈	七七二〇
カンプ	大雪嶺山脈	七七〇〇
セヴエルツオフ	パミール・トルキスタン	七六〇〇
シヤーカンヂヤム	西蔵高原	七五六〇
ニンチエンタワ	トランス・ヒマラヤ	七三〇〇
アルン・ハングリ	西蔵高原　（山脈）	七二〇〇
アコン・カグワ	アンデス山脈	七〇四〇
ハン・テングリ	天山山脈	六九九〇
アムパト	アンデス山脈	六九五〇
トレスクルーセス	同	六七九〇
フアスカラン	同	六七六〇
メルセダリオ	同	六六九〇
ソラタ	同	六六二〇
ツプンガトー	同	六五七〇
マツキンレー	アラスカ	六二〇〇
ローガ	同	五九五〇
キリマ・ヌジヤロ	東アフリカ	五八九〇
デマヴエンド	エルブールズ山脈	五六七〇
エルブールズ	コーカサス山脈	五六三〇
ケニア	東アフリカ	五五二〇
セント・エリヤス	アラスカ	五四八五
ヂヒトー	コーカサス山脈	五二〇〇

世界の大河

（河名）	（所在）	長（粁）
ミシシツピ	北アメリカ	六五三〇
アマゾン	南アメリカ	六二〇〇
ナイル	アフリカ	五七六〇

オブ（オビ）	アジヤ	五二〇〇
イエニセイ	同	五二〇〇
揚子江	同	五二〇〇
ラプラタ	南アメリカ	四七〇〇
レナ	アジヤ	四六〇〇
黒竜江	同	四四八〇
コンゴー	アフリカ	四二〇〇
ニジエル	同	四一六〇
黄河	アジヤ	四一〇〇
セントローレンス	北アメリカ	三八〇〇
マツケンジー	同	三七八〇
ヴオルカ	ヨーロツパ	三五七〇
インダス	アジヤ	三一八〇
ガンガプラマプトラ	同	三〇〇〇
シル	同	二八六〇
ドナウ	ヨーロツパ	二八五〇
デルノルテ	北アメリカ	二八〇〇
ザンベジ	アフリカ	二六六〇
アム	アジヤ	二五〇〇
ウインペツク	北アメリカ	二四〇〇
ウラル	アジヤ	二三七九
オリノコ	南アフリカ	二二二〇
ドニエプル	ヨーロツパ	二一五〇
エウフラテス	アジア	二〇〇〇
コロンビヤ	北アメリカ	二〇〇〇
コロラド	同	二〇〇〇
ドン	ヨーロツパ	一八六〇
オレンヂ	アフリカ	一八六〇
クバンゴ	同	一八〇〇
ドヴイナ	ヨーロツパ	一七八〇

世界の大湖沼

（名称）	（所在地）	湖岸線ノ長サ（粁）
カスピ海	アジヤ・ヨーロツパ	六〇〇〇
スペリオル	北アメリカ	三〇〇〇
ヴイクトリヤ	東アフリカ	三四四〇
アラル	中央アジヤ	二三〇〇
ヒユーロン（ジヨルジヤ湾ヲ含ム）	北アメリカ	二七〇〇
ミシガン	同	二一〇〇
バイカル	シベリヤ	—
タンケンイカ	コンゴー	一九〇〇
グレート・ベーヤ	カナダ	二一〇〇
ニヤサ	東アフリカ	一五〇〇
グレート・スレーブ	カナダ	二二〇〇
イリー	北アメリカ	一二〇〇
ウイニペツグ	カナダ	一九〇〇
オンタリオ	北アメリカ	一三八〇
バルハン	中央アジヤ	二一〇〇
ラドガ	ロシヤ	九三〇

世界の長橋

(所在地名)	(架設河海)	長サ(米)
ヘル・ゲート(ニユー・ヨーク)	イースト河	五五二六
ツエルナヴオダ	ドナウ河	三八五〇
テキサス	ガルヴエストン湾	三三九〇
カイロ(北米)	オハイオ河	三二一九
ダンヂー(英)	テー河	三二一四
ニユー・ヨーク	ハドソン河	三一八〇
鄭州ノ北京漢線	黄　河	三〇三〇
フイラデルフイヤ	デラウエーヤ河	二八九六
ラヂヤマヘンヂ(印度)	コダウアリ河	二七七二
モントリオール	セント・ローレンス河	二六三七
シムビルスク	ヴオルガ河	二五六〇
マンハツタン(ニユー・ヨーク)	イースト河	二五三〇
クインスフエリ(スコツトランド)	フアース・オブ・フオース	二四六六
ブルグ	北海運河	二二一八

世界の大運河

(名　称)	(所在地)	(長サ) 粁	(幅) 米	(深サ) 米	(開通年)
スエズ	エヂプト	一六・八	八〇～一二〇	一〇・五	一八六九
キール	ドイツ	九九	一〇二	一一	一八九五
パナマ	中央アメリカ	九三	六七	一三・七	一九一五
エルベ及トラーヴ	ドイツ	六四	三二	三	一九〇〇
マンチエスター	イギリス	五七	三六・六	七・九	一八九四
ウエランド	カナダ	四三	三〇	四	一八八七
スクル	印　度	三二	―	―	開鑿中
北　海	オランダ	二六・五	二六	七	一八七六
クロンスタットーレニングラード	ロシア	二五・七	六七	六三	一八九〇

世界の深井

(名称及所在地)	(深サ・粁)
フエヤモント(合衆国ヴアージニヤ)	二三一〇
クラークブルグ(合衆国ヴアージニヤ)	二二五一
クツコフ(ドイツ上シンシヤ)	二二四〇
クインスランド最深給水井(オーストラリヤ)	二一三六
セント・ジヨン・デル金山(ブラジル)岩石空気	二〇八〇
パルシヨウイツツ(ポートランド)	二〇〇三
ジエラーデバツハ(ドイツ・ライプチヒ附近)	一九一〇
コーラー金山(インド)	一八七一
ヴイレーヂ深坑(南アフリカ)	一八五九
サン・ゴタルド「トンネル」(スウイス)	一七〇〇
南オーストラリヤ最深給水井	一六六三
タマラツク銅山(北米シユウペリオル湖附近)	一六一七

オールダウ（ドイツ・ハノーヴアー）	一六一三
高町油田ロ式一号井（越後）	一五四六
西山油田宮川後谷七一号井（越後）	一四五四
同鎌田	一四〇七
旭川油田一号井（羽後）	一三七八
西山油田伊毛七三号井（越後）	一三七五
西山油田滝谷四〇号井（越後）	一二七七
黒川油田五五号井（羽後）廃坑	一一二〇
三池炭坑（筑後）	七五二
西山油田長峰一一九号井	六九七
東山油田（越後）	六八四
西山油田後谷三一号井	六五七
同宮川二三号井	六二七
頸城油田五智六号井（越後）	六一五
西山油田後谷四一号井（越後）	六一一
頸城油田五智七号井	六〇七
磐城炭坑	五一二
笹子「トンネル」（甲斐）	四七九
東京帝国大学構内井	三八五

世界の主なる島

島嶼	所在	面積（平方哩）
グリーンランド（丁抹領）	北氷洋	八二七、三〇〇
ニー・ギニア（英領蘭領）	太平洋	三三〇、〇〇〇
ボルネオ（同）	太平洋	二八〇、〇〇〇
バフインランド（英領）	北氷洋	二三六、〇〇〇
マダガスカル（仏領）	印度洋	二二八、〇〇〇
スマトラ（和蘭領）	印度洋	一六〇、〇〇〇
英吉利	大西洋	八八、六〇三
本州（日本）	太平洋	八七、五〇〇
セレベス（和蘭領）	印度洋	七二、〇〇〇
プリンス・アルバート（英領）	北氷洋	六〇、〇〇〇
サウス・アイランド（同）	太平洋	五八、〇〇〇
瓜哇（和蘭領）	印度洋	四八、四〇〇
ノース・アイランド（英領）	太平洋	四四、五〇〇
玖馬（独立）	大西洋	四四、〇〇〇
呂宋（米領）	太平洋	四一、〇〇〇
ニー・フアンドランド（英領）	大西洋	四〇、二〇〇
エレスメア（英領）	大西洋	四〇、〇〇〇
氷島（丁抹領）	北氷洋	四〇、〇〇〇
ミンダナオ（米領）	太平洋	三七、〇〇〇
北海道（日本）	太平洋	三六、五〇〇
愛耳蘭	大西洋	三二、六〇〇
ノバヤ・ゼムリア（露領）	北氷洋	三〇、〇〇〇
樺太（日本露西亜）	太平洋	二九、一〇〇
ハイチ（独立）	大西洋	二八、二〇〇
タスマニア（英領）	太平洋	二六、二一五
錫蘭（同）	印度洋	二五、四〇〇

世界大都会人口

（千九百二十六年発行ステーツマン年鑑に依る）

都会	国名	人口
倫敦	英吉利	七、六六五、八八三
紐育	合衆国	五、六二〇、〇四八
伯林	独逸	三、九三一、〇七一
巴里	仏蘭西	二、九〇六、四七二
市俄古	合衆国	二、七〇一、七〇五
ブエノス・アイレス	亜爾然丁	二、三二〇、四四一
大阪	日本	二、一一四、八〇四
東京	日本	一、九九五、五六七
維也納	墺地利	一、八六六、一四七
フイラデルヒヤ	合衆国	一、八二三、七七九
漢口	支那	一、六二六、七〇〇
莫斯科	露西亜	一、五一一、〇四五
上海	支那	一、五〇〇、〇〇〇
リオデジヤネロ	伯西児	一、四四二、〇〇〇
北京	支那	一、三〇〇、〇〇〇
孟買	印度	一、一七五、九一四
カルカツタ	印度	一、一三三、二四六
レニングラード	露西亜	一、〇六七、三二八
ハンブルグ	独逸	一、〇五三、九八三
グラスゴー	英吉利	一、〇三四、一七四
シドニー	ニユーサウスウエールス	一、〇一二、〇七〇
デトロイト	合衆国	九九三、六七八
ワルソー	波蘭	九三六、七一三
ブダペスト	匈牙利	九二八、九九六
バーミンガム	英吉利	九一九、四四四
モントリール	加奈陀	九〇七、五〇〇
広東	支那	九〇〇、〇〇〇
君士坦丁堡	土耳其	八八〇、九九八
ミラノ	伊太利	八五二、九二二

世界重要地時差

（東京を正午とす）

（地名）	（時刻）
台北（日本）	前一一
京城（日本）	正午
北京（支那）	前一〇・四二
青島（支那）	前一一
上海（支那）	同上
マニラ（米領）	同上
新嘉坡（英領）	前一〇
カルカツタ（印度）	前八・三〇
亜丁（英領）	前六時
君士坦丁堡（土耳其）	同上
雅典（希臘）	前四・三五
羅馬（伊太利）	前四時
マルセイユ（仏蘭西）	前三時
マドリツド（西班牙）	同上
リスボン（葡萄牙）	同上
巴里（仏蘭西）	同上
倫敦（英国）	前三時
ブラツセルス（白耳義）	同上
アムステルダム（和蘭）	前三・二〇
コーペンハーゲン（丁抹）	前四時
伯林（独逸）	前四時
ペルン（瑞西）	同上
維也納（墺蘭）	同上
ストツクホルム（瑞典）	同上
レニングラード（露国）	前五・〇一
費府（米国）	後十時
オツタワ（加奈太）	同上
華盛頓（米国）	後十時
紐育（同）	同上
シカゴ（同）	後九時
桑港（同）	後七時
メキシコ（墨国）	後八・二四
パナマ（中米）	後十時
リーマ（秘露）	同上
コルトバ（亜爾然丁）	後一〇・四七
ホノルル（布哇）	後四・三〇
メルボルン（濠州）	後一時
シドニー（同）	同上

世界の高楼

名称	国名	高さ（呎）
エツフエル塔	仏蘭西	一〇〇〇
ウール・ウオース・メトロポリタン	合衆国	七九二
ライフ	合衆国	七〇〇
シンガー	合衆国	六一二
紐育市庁	合衆国	五六〇
旅行保険会社	合衆国	五五五
ワシントン記念塔	合衆国	五五〇
銀行信託会社	合衆国	五三九
費府公会堂	合衆国	五三七
ピラミツド	埃　及	四五〇
サリスプリー寺院	英吉利	四〇四
セントポールス寺院	英吉利	三六五

世界の大銅像

五十尺以上のものは左の如し。

像の名称（所在地）	高さ（尺）
自由の像（亜米利加紐育ベトローフ島）	一五一・〇
日神の像（希臘ロード港口）	一〇五・〇
ゼルマン統一記念像（日耳曼チユートベルグ）	九〇・〇
セントチヤーレスボーロヌオ像（伊太利マツジオル湖畔）	七六・〇
女神の像（仏国巴里）	五五・〇
銅像（独逸巴威耳ミユーニツク）	五四・〇
奈良の大仏（日本大和奈良）	五三・五

自由の大像は支那万里の長城、伊太利の「サンペートル」寺院等と並び称せらるゝ世界壮観の一にして、像の頭上には優に四十人、右手に捧げたる灯器の中には十五人を安座せしむることを得ると云ふ。日神の像は古代世界七不思議の一つに算へられ、今を去ること二千二百十年前に建てられたるものなれども、建設後二十六年目に地震の為め海中に揺り倒されたり。

世界の大鐘

世界第一の大鐘は露国莫斯科の鐘なれども破損せしものなれば現在完備の大鐘は我大阪四天王寺聖徳皇太子頌徳鐘を以て第一とすべし。

名称（国名）	重量（貫）
莫斯科鐘（露西亜）	五二、二五四
聖徳皇太子頌徳鐘（日本）	四二、〇〇〇
京都智恩院梵鐘（同）	二〇、〇〇〇
莫斯科「セント、イヴ、アンツ」寺梵鐘（露西亜）	一五、四六二
京都大仏梵鐘（日本）	一二、〇〇〇
奈良大仏梵鐘（同）	一〇、〇〇〇
維也納鐘（墺地利）	四、八六三
ボヘミヤ「オルムツ」鐘（同）	四、八三八
ローウエン鐘（仏蘭西）	四、八三八
倫敦ビツグベン鐘（英吉利）	三、六七一
モントリール鐘（加奈太）	三、四五五
紐育市役所鐘（合衆国）	二、六九七
紐育市卅三丁目火事半鐘（同）	二、六一四
羅馬「セント、ピーター」寺梵鐘（伊太利）	二、二五〇
オツクスフオルド「グレート、トム」鐘（英吉利）	二、一七七

各国気温比較

（年中平均気温）

カルカツタ	七十八度一分
リオデジヤネロ市（ブラジル）	

	七十二度九分
ガイロ市（埃及）	六十八度七分
リスボン	六十度一分
羅馬	五十九度五分
上海	五十九度二分
東京市	五十六度八分
桑港	五十四度九分
華盛頓	五十四度七分
紐育	五十二度三分
巴里	五十度二分
倫敦	四十九度五分
伯林	四十六度九分
浦塩	四十度三分

更に避暑納涼の季たる盛夏八月の気温を比較すれば、（過去十年間平均）

東京　七十八度
カルカッタ　八十二度三分
マニラ　八十一度五分
欧洲北部及び中部地方のモスコー、ロンドン、ベルリン、パリー　六十度より六十五度の間　北海道の気温と同一
紐育　華盛頓　七十度より七十五度の間東京市より低く我国中部地方の気温と同一
北極地方　ヤコブスハーヴエン　四十三度五分　ノヴアヤゼムリヤ　三十七度四分

外国航路浬程（汽船直航路）（十四年七月水路部調査）

	浬
横浜より	
香港	一、五八五
柴棍	二、四一五
新嘉坡	二、九〇五
錫蘭（コロンボ）	四、四七二
孟買	五、三四〇
亜丁	六、五三二
蘇士	七、八三二
ポートセツト	七、九一九
ナープル	九、〇二七
馬耳塞	九、四三一
倫敦	一一、一五三
アントワープ	一一、一八五
布哇（ホノルル）	三、三九四
シヤートル	四、二五九
晩香坡	四、二六〇
桑港	四、五三一
紐育（巴奈馬経由）	九、六九六
メルボルン	四、九五六
浦塩斯徳（津軽海峡経由）	九二七
敦賀―浦塩斯徳	四八八
函館―浦塩斯徳	四三二
長崎より	
上海	四五九
芝罘	五四三
天津	七六〇
大連	五七七
旅順	五八三
基隆―厦門	二二六
安平―厦門	一四七

世界の郵便局（逓信省調査）

国名	一局当面積	一局当人口
英国	〇・七四方里	二、〇八〇
仏国	二・二二方里	二、四五九
独逸	〇・八九方里	一、七三八
伊国	一・七一方里	三、五九二
日本	二・八四方里	六、八六〇

表中郵便局の設置は英国最も発達し、我が国は最下位なり、今我が国の郵便局を英国同様の状況に達せしむるには、二万五千九十三局の増置を要し、従て人口の増加を考

處に入れずして年々二百五十局増置するも今後尚一百年を要す。

欧亜間郵便逓送日数
（西比利亜鉄道経由東京発主要国首府着）

◎欧羅巴

イギリス	十六日
フランス	十六日
ドイツ	十五日
オーストリー	十五日
イタリー	十六日
スイス	十六日
スウエーデン	十六日
ポーランド	十四日
ソヴイエト	十三日

◎亜細亜　亜弗利加

アジアトルコ	十九日
シリヤ	二十二日
ペルシヤ	二十五日
エヂプト	二十一日
トリポリ	二十一日
チユニス	二十日
アルジエリー	二十日
モロツコ	二十日
南亜聯邦	三十五日

◎南　米

ブラジル	三十三日
アルゼンチイン	三十七日
チ　リ	三十九日
ウルグアイ	三十七日
ハラグアイ	四十一日

各国皇室費
（日本貨幣に換算千円以下略）

英吉利	五百九十二万円
伊太利	五百八十二万円
日　本	四百五十万円
西班牙	二百七十万円
白耳義	百二十七万円
羅馬尼	九十七万円
瑞　典	七十二万円
丁　抹	五十三万円
和　蘭	四十八万円
諾　威	三十七万円

尚戦前独帝は七百五十二万円、墺帝は九百十九万円、露帝は三千九百五万円の皇室費を有せり。

基督教国の聖日
（千九百二十八年）

主顕節　一月六日
基督の出現を祝する祭。

セプトーゲスマ・サンデー　二月五日
四旬斎前の第三の日曜日。

聖灰日　二月二十二日
四旬斎の初日にして、此日羅馬教にて悔悟者の頭上に灰を撒きかけしより此名あり。

四旬斎
聖灰日より復活祭の前日まで、基督が曠野にありしを記念して、此四十日間を精進するを云ふ。

四旬斎第一日曜日　二月二十六日

棕櫚主日　四月一日
復活祭前の日曜日にして、基督がゼルサレムに入りし日、棕櫚の葉を街路に撒きて祝せしより此名あり。

受苦日　四月六日
復活祭前の金曜日にして基督磔刑記念日。

復活祭　四月八日
基督の復活を記念する祭礼にして、

三月二十一日以後の満月に次ぐ第一日曜日に行ふ。

臨時祈禱日　五月十三日

基督昇天節前三日間の聖徒の祈祷日。

昇天節　五月十七日

復活祭より四十日目に当る日。

聖霊降臨祭　五月二十七日

トリニチー・サンデー　六月三日

基督復活の日より第八次の日曜日。

サンデー・アフター・トリニチー　六月二十五日

ファスト・サンデー・イン・アデント　十二月二日

降臨節中の第一日曜日。

クリスマス・デー　十二月廿五日

基督降誕祭の称。基督降誕祭の前晩をクリスマス・エブと云ひ、クリスマス当日の贈物をクリスマス・プレゼントと云ふ。

英国祝祭日

聖パトリツク祭　三月十七日

聖ジヨージ祭　四月二十三日

ジヨージ第五世陛下即位日　五月六日

マリー女皇誕生日　五月二十六日

南阿聯合記念日　五月三十一日

ジヨージ第五世陛下誕生日　六月三日

ウエールス太子誕生日　六月二十三日

ドミニオン・デー　七月一日

休戦記念日　十一月十一日

聖アンドリー祭　十一月三十日

列国現状

英吉利

立憲君主国

元首　ジヨージ第五世

千八百六十五年六月三日誕生

千九百十年五月六日即位

面積九四、二八四平方哩

人口四四、一七三、七〇四人

首府　倫敦（人口七、六六五、八八三）

政治

（行政権）は名義上皇帝之れを有するも、事実に於ては内閣にあり。（立法権）は議会之れを行ふ。議会は上下両院より成り、会期は通常二月中旬より八月中旬に至る。上院議員は英帝国の貴族にして其数七百二十六名なり。下院議員は人口七万人に付一人の割合を以て選出され、定員六百十五名、年齢満二十一歳以上の男子三十歳以上の女子は是れが選挙権を有す。上院議員の任期は一代選挙に依る者、官職に依る者、其他区々にして一定せざるも下院議員の任期は総べて五年とす。

国防

（陸軍）は志願兵制にして正規軍、印度守備軍、植民軍の三種に分れ、千九百二十五年三月に於ける総兵員は卅五万九千九百卅八人なり。（海軍）千九百廿六年末に於ける海軍力は左の如し。

（艦種）	（隻数）
戦艦巡洋戦艦	二二
巡洋艦	四九
駆逐艦	一七五
航空母艦	七
潜水艦	五九

（空軍）空軍は帝国空軍、予備軍、地方軍の三部より編成され、其中帝国空軍は一隊十二機、三十二個大隊より成

る。尚同国に於ては熱心空軍の拡張を企て千九百二十六年八月の調査に依れば飛行機千五十三台、人員三万二千六百五十六人を有し、予算は千五百五十一万三千十磅を計上せり。

財政（一九二六年）

歳入　八一二、〇六一、六五八磅

歳出　八二六、〇九九、七七八磅

貿易（一九二五年）

輸入　一、三二二、八五八、一六七磅

輸出　九二七、四九七、三七七磅

仏蘭西

政体　共和制

大統領
ガストン・ヅーメルグ

千八百六十三年八月一日誕生

千九百二十四年六月十三日就任

年俸四〇、〇〇〇磅

面積二一二、六五九平方哩

人口三九、四〇二、七三九人

首府　巴里（人口二、九〇六、四七二）

政治

（行政権）は大統領及び内閣にあり、大統領は議会に於て絶体多数を以て選出され、其任期は七ケ年なり。（立法権）は議会に存す、議会は上下二院制にして会期は通常五個月なり。上院議員は三百十四名にして内三分の一は三年毎に改選され、其任期は九年とす。下院議員は定員六百十名にして其任期は四年。年齢二十一歳以上の男子は皆選挙権を有し、婦人参政権は千九百二十二年下院を通過せるも上院に於て否決さる。

国防

（陸軍）は徴兵制及び志願兵制を併用す、千九百二十六年に於ける陸軍予算は四十二億九千六百四十万法にして、総兵員は殖民地を合算して、六十四万人なり（海軍）は一部は徴兵、一部は義勇兵に依つて組織さる。千九百二十六年に於ける海軍予算は十四億二千三百十万法にして左の海軍力を有せり。

（艦種）	（隻数）
第一級戦艦	六
第二級戦艦	三
甲装巡洋艦	六
巡洋艦	七
駆逐艦	六〇
潜水艦	四二
通報艦	四六
水雷艇	一二
飛行機	九八
飛行船	二〇

財政（一九二六年予算）

歳入　三七、四九八、七三九、四六八法

歳出　三七、三三八、三八九、二〇二法

貿易（一九二五年）

輸入　四三、九八〇、五〇六、〇〇〇法

輸出　四五、四一三、五五五、〇〇〇法

独逸

政体　共和制

大統領
フオン・ヒンデンブルグ

一八四七年十月二日誕生

一九二五年五月十二日就任

面積一八二、二〇〇平方哩

人口六二、五六八、七五三人

首府　伯林（人口三、九三二、〇七一）

政治

（行政権）は大統領及び帝国政府にあり。大統領の任期は七ケ年にして、二十五歳以上の独逸人は何人も是れが選挙権を有す。（立法権）は国会にあり、国会議員は定員四百二十三名にして任期は四ケ年、満二十歳以上の男女は皆選挙権を有す。国会立法権を行使せざる場合は之れを聯邦に委せらる。

国防

（陸軍）はヴエルサイユ条約に依り千九百二十年三月三十一日以後は歩兵七師団、騎兵三師団、総兵員十万人以下に限定せられ、千九百二十四年に於ける陸軍予算は三億五千七十九万六千四百四十五金馬克なり。（海軍）は全兵員一万五千人以内に限定され、且つ潜水艦及び飛行機の建造を禁ぜらる。千九百二十六年一月末に於ける独逸の有する艦艇は左の如し。

（艦種）	（隻数）
戦艦	八
巡洋艦	九
通報艦	三
駆逐艦	一六
水雷艇	一六

財政（一九二五年）

歳入　七、一七八、二七一、七〇五馬克
歳出　七、六四一、六〇二、〇九六馬克

貿易（一九二五年）

輸入　八、九九九、九八九、〇〇〇馬克
輸出　六、六〇三、三二一、〇〇〇馬克

伊太利

立憲君主国

元首　ヴイクトル・エマヌエル第三世
一八六九年十一月十一日誕生
一九〇〇年七月廿九日即位
面積　一一九、六四二平方哩
人口　四二、一一五、六〇六人
首府　羅馬（人口七四八、〇六〇）

政治

（行政権）は皇帝及び内閣に（立法権）は皇帝及び議会に存す。議会は上下両院より成り、下院議員は五ケ年毎に改選せらる。上院は二十一歳以上の皇族及び四十歳以上の皇帝選任の議員を以て組織され、其数は不定なるも千九百二十四年に於ける総員は三百九十一名なり。下院議員は人口七万一千に付一人の割合を以て選出され定員五百三十五名、選挙権は男女を問はず二十一歳以上の者に附与せらる。

国防

（陸軍）は強制且つ一般徴募の制にして、千九百二十五年に於ける現役兵員将校以下三十二万六千人なり。（海軍）の平時兵員は四万五千人にして千九百二十五年に於て戦闘艦以下左記の艦艇を有せり。

（艦種）	（隻数）
戦闘艦	五
軽巡洋艦	一〇
甲装巡洋艦	三
駆逐艦	六一
潜水艦	四二
海防艦	二
水雷艇	六四

（空軍）千九百二十五年六月に於ける空軍は八十九大隊にして、飛行機約千三百台を有し、尚同国政府は之れを基礎として五年内に百八十二大隊人員三万一千五百六十六人に増加の計画を有す。

財政（一九二六年予算）
歳入　二〇、八九七、七〇〇、〇〇〇リラ
歳出　二〇、七二七、八〇〇、〇〇〇リラ

貿易（一九二五年）
輸入　二六、一五七、四三七、一八六リラ
輸出　一八、二六五、四二七、一三五リラ

合衆国

政体　共和制

大統領
カルヴィンクーリツヂ

千八百七十二年七月四日誕生
千九百二十四年十一月再選就任
年俸七五、〇〇〇弗
旅行手当二五、〇〇〇弗
面積三、七三八、三七一平方哩
人口一一七、八二三、一六五人
首府　華盛頓（人口　五二八、〇〇〇）

政治
（行政権）は大統領にあり、大統領の任期は四ケ年にして、各州より選挙委員を選出し、之れに大統領を選挙せしむ。（立法権）は上下両院に存す。上院議員は九十六名にして其任期は六ケ年とす。下院議員は二年毎に公民により選出され、定員四百三十五名、選挙権は大体男女を問はず二十一歳以上の者に附与せらる。

国防
（陸軍）は正規軍、予備軍、護国軍の三種に分れ、其中千九百二十六年に於ける正規軍の兵員は十三万六千二百八十六人なり、予備軍は将校団と兵団とより成り、護国軍は聯邦政府の補助を受けて組織さる。（海軍）千九百廿六年に於ける兵員は将校以下九万四千九百九十六人にして就役中の艦艇数を示せば左の如し。

（艦種）	（隻数）
戦艦	一八
巡洋艦	一一
軽巡洋艦	二一
駆逐艦	二六七
潜水艦	九六
砲艦	一二
掃海船	四四
飛行機	二三四

財政（一九二六年）
歳入　三、九六二、七五五、六九〇弗
歳出　三、五八四、九八七、三一三弗

貿易（一九二六年）
輸入　四、四六六、六一三、八二一弗
輸出　四、七五四、〇五七、九九一弗

露西亜

政体　共和制

国民委員会議長
アレキシス・ルイコフ

千八百八十五年誕生
千九百二十四年二月三日就任
面積八、一八七、二五三平方哩
人口一四一、四〇〇、〇〇〇人
首府　莫斯科（人口一、五一一、〇四五）

政治
（行政権）は国民委員会議に（立法権）は聯盟国ソヴイエット大会に存す。大会は毎年一回中央執行委員会に依りて召集され、千九百二十一年に於ける委員の総数は二千二百十五名なり。ソヴイエット大会閉会中は中央執行委員会主権を執る。中央執行委員会は聯盟国ソヴイエット大会より選出したる三百七十一人の委員より組織さる。

国　防

（陸軍）は十六軍団にして、内七軍団は労働軍九軍団は作戦軍とす、此外労働予備軍を有し、千九百二十六年に於ける総兵員は約六十五万四千人なり。

（海軍）旧材料を整理して復興に努め居れるも遂行容易ならず、最近調査による艦艇を挙ぐれば左の如し。

（艦種）	（隻数）
戦闘艦	二
巡洋艦	四
駆逐艦	一五
潜水艦	一二
砲　艦	二
水雷艇	三

其他水雷敷設艦、掃海船数不明

財　政（一九二五年）

歳入	三、七七八、六三六、八九二留
歳出	三、七七八、六三六、八九二留

貿　易（一九二四年）

輸入	三五六、〇九五、〇〇〇留
輸出	三二〇、一一四、〇〇〇留

印度人の愛憎物

印度人の愛憎物は多く宗教上から出発し、従て好悪の観念非常に強い為め本邦対印度仕向品の商標記号等を定めるについては先づ愛憎物の一般を知る必要がある。

印度教徒は往昔から猿と牝牛とを愛敬し、神話、伝説等も多いから玩具とか意匠とかに使用するに適当である。又印度ならびにセイロン島で愛敬さるゝ動物は象で、是れは煙草やマツチの商標となり、或は飾物、織物等に用ひられてゐる。羊は回教徒の最も喜ぶ所で印度及び亜弗利加方面には是等の商標を附するものは頗る多い。

印度人の嫌ひな者は我が国では瑞鳥として愛好する鶴で是れは偽君子として軽蔑する。蛇は毒蛇の多い関係上猛虎より畏怖されてゐるが、是れは憎むことなしに神体として祭つてゐるものが多い。回教徒は猿や犬を嫌悪する。

樹木のなかで好まれてゐるのは、無花果、白檀樹、椰子樹などであるが、又我が国から主として輸出される樟脳も焼薫用として需用が多い。メソポタミヤ方面はデート樹は果実が生活必需品たる関係上土人の愛好殊に深いから商品の意匠には最もふさはしい。

印度の奥地のアグラに在るタジマハルは世界有数の古代宮殿であるが、此の商標はローマンテイツクな点で印度人に好評である。又ヒマラヤは霊岳として尊崇厚い為め独逸人の鉛筆にヒマラヤ印を附して売つてるのもある。

印度教徒は拝火教徒であるが殊にパーシー族は火を神聖のものとして火葬は決して行はない。水を大切にすることは想像以上で絵にも水壷を持つた婦人の群り居る図はよく見られるのであるが、水に因んだ意匠殊に噴水の意匠などは土人に好かれさうである。

支那の質屋

我が国質屋の制度は大体支那から学んだのであるが流石に支那は本場の地にして如何なる辺鄙の地でも二三ない処はない。其発達は清朝初期時代より資金の多寡融通力の大小に依り一流の質屋を「典」二流を「当」三流を「質」四流を「代当」と称する。右の中「当」は一般より普通の店として見られ又質屋の代名詞にもなつてゐる、同業組合は到る処に組織され重要都市の組合は「中華典業青年聯合会」地方の小さい同業組合は「典業公所」と呼ぶ。

償還期限　地方では四箇月乃至八箇月大都会では十箇月乃至十二箇月である。元清朝時代には国情平安であつた為め、一年乃至二十箇月の長期に及んだが現在の共和国になつてからは兵乱相踵げると、流行の変潮迅速で、自然父子相伝の衣類などは顧られぬやうになつたので、期限も漸次短期になり十二ケ月を超えないのが普通である。

入　質　質草を案じて評価し、是れが済むと引換へに金子を渡すが日本の質屋の如き懸引はしない。質札の記入文字は質店独特の文字を以て記入する為め偽造は至難で紛失の場合は当時の模様を聞き訊した上僅かな手数料で再交附するこれを「桂質表」と称する。

利　息　一ケ月勘定で端日数は一ケ月に見做される。但し償還の場合には三日間の猶予があつて最後に三日の端数があつても切捨てて一ケ月に勘定しない。期限が到来しても受質しない場合は質屋は自由処分権を得るが利息だけ支払へば質札を更新する事は我が国質屋の習慣と同一である。

輸出漆器

漆は我が国及び支那、仏蘭西領、印度の特産物であるが、漆器の精巧美麗なる事は本邦に及ぶ国なく、古くから特産物として外国人の間に愛用されてゐる。

主産地は石川県を第一とし和歌山、神奈川、福島、福岡、京都、新潟、愛知、富山の諸県であるが、輸出量は横浜を最多とし、静岡、小田原、会津、若松、輪島等の順位である。

就中横浜産の漆器は芝山と称し、普通仕上げの上に更に象牙、骨、又は青貝を篏入し、巧に山水、花鳥、人物等の浮彫を現はした衝立、額面等到底他の模倣を許さない異彩を放ち外人の需要は逐年多い。静岡のはカセール模様と称して同県工業試験場の研究にかかる一種特別の彩色模様を施したもので、これも相当外人間の好評を博してゐる。

漆器の輸出は伊豆下田に外船来航当時、箱根の茗荷屋なるものが是れを試売したのが初めてで、其の後漸次発達したのであるが、現今主たる輸出先は米、英、仏、独、和蘭、香港、アルゼンチンなどである。輸出額は時に消長あり、殊に大正十二年には大震災の為め横浜地方工場は全部焼失の為め大打撃を蒙つたが、其の後著々頽勢を挽回に努力してゐる。しかし漆器の輸出は歴史が古いにかゝはらず製産額に比して輸出額は甚だ振はない。

	(生産額) 単位千円	(輸出額) 単位千円
大正一一	二四、九九四	一、三四四
〃 一二	二七、七五四	一、二九〇
〃 一三	三〇、〇九六	一、三四〇

元来我が国の漆器は其の質良好精巧なるものは数百年を経過するも変化する事がない。然るに近来漆液の産額不足の為め外国漆を使用し或は漆液に汚物を混じ且つ工程を省いて外観の美を競ふ等粗製濫造するやうに

なつた

輸出縫針

我が国縫針の製産地は広島県下及び富山県氷見兵庫県浜坂で、日本三製産地として有名であるが、右のうち広島県は全産額の約八九割を占めてゐる。

縫針の輸出は時に消長はないでもないが、兎に角逐年輸出額を増進して大正十四年には九十一万円に上り、其の数は二十億本と云ふ驚くべき数を示してゐる。

輸出先の最大需要国は支那大陸であるが、欧洲戦前までは独逸、白耳義、英国等が供給してゐた。然るに戦争進展と共に、前記諸国が輸出不能となつたので、本邦品が急速に輸出さるゝことになり、一時粗製濫造の為め大いに声価を減じたが、其の全盛期には年額五百万円に上つたといはれてゐる。

支那に於ける用途は衣服、裁縫用であることは無論であるが、刺繍其の他家庭にて女子の製靴用などに使用される。用途に応じて木綿、絹物、刺繍用の三種に分たれ、又長短及び太さの如何により、一号から十二号にいたる十二種と、特一、二、三、特七の四種と十六種類ある。

競争品は独、白、英、和蘭等であるが独逸品は戦後粗製濫造の為め市価〔ママ〕の信用を失ひ、一方我が国品は其の後鋭意改良地盤の奪回に努めてゐる。しかし未だ使用中糸が切れ易く、且つ磨き方不足と、包装用紙、銀紙の不良等の為め短日にして錆を生ずる欠点がある。

広島県に於ける製針業の起源は凡て二百年前長崎の木屋治左衛門なる者が、広島市外に往来して浅野家の足軽等に製法を教へたのに創まり欧洲戦前迄は内地向縫針のみ製造してゐたのであるが、戦中から此方輸出するやうになつたのである。

輸出額　（大蔵省貿易統計年表）

大正一〇	四二六千円
同　一一	四六九千円
同　一二	六一四千円
同　一三	九一一千円

世界の金生産

貴金属の随一として世に貴重せられ、又文明国に本位貨幣として採用されつゝある世界の金は採掘以来今日に到る迄一体幾許生産されたか、是れは何人も知らうとする興味ある問題であるが、横浜正金銀行の調査に依る千九百二十五年末迄に於ける世界の産出額は左の如くである。

トランスバール	八億四千三百万磅	一八八四年以降
ローデシヤ	六千百万磅	一八九八年同
西アフリカ	二千八百万磅	一八八〇年同
濠　洲	七億五百万磅	一八五一年同
カナダ	一億五百万磅	一八八〇年同
英領印度	六千七百万磅	一八八〇年同
イギリス帝国合計	十八億九百万磅	
北アメリカ	八億七千五百万磅	一八四七年以降
ロシア	四億六千三百万磅	一六〇〇年同
メキシコ	九千七百万磅	一八七七年同
其　他	七千万磅	
総　計	三十九億四千四百万磅	一六〇〇年同

各国個々の産金額に就ては年に依つてかなり増減はあるが、全体として見る時は大戦開始前迄は年を追うて順調に増加を続け、一八五四年より一八九一年までの三十七年間は二千万磅から三千万磅の年産額を続け、一八九〇年以降南阿のボーア戦争と欧羅巴戦初期の一箇年を除けば、年々の産出増加は殊にめざましく、一九一五年には九千七百十一万四千磅の最高記録を作った。しかし同年以後は著しく減退を見せ、一九二二年には六千六百七十二万三千磅となつたが、其の後又著々産出額を恢復しつゝあつて、是等金産国地方に於ける将来の産出量如何は判定至難ではあるが、一面又興味ある問題である。

本邦の金産額

大正十三年	二、〇二六、七四三匁
	一〇、五九九、二六二円
大正十二年	二、〇五〇、九七一匁
	一〇、二〇九、〇六八円
大正十一年	二、〇〇七、一五一匁
	一〇、〇一二、六六〇円

年産百万円以上の鉱山（大正十三年）

日　立（茨城）	二百三十六万一千円
佐賀関（大分）	二百六十二万七千円
串木野（鹿児島）	百三十九万三千円
鯛　生（大分）	百六十万七千円

世界の石油産出量（一九二六年）

合衆国	六八二、五〇〇千石
メキシコ	七九、二〇〇千石
ロシヤ	五一、七〇〇千石
ペルシヤ	三〇、八〇〇千石
ヴエネツエラ	三一、二四〇千石
和蘭領印度	一八、八三二千石
ルーマニア	一九、八〇〇千石
ペルー	九、五〇四千石
英領印度	六、三三六千石
アルゼンチン	六、一六〇千石
ポーランド	五、〇一六千石
コロンビヤ	四、七五二千石
トリニダート	四、二二四千石
サラワツク	三、八七二千石
日本	一、六〇〇千石
合計	九五七、五〇〇千石

各国共産出量は年に依りて増減はあるが、大体全世界の産油の七割余は亜米利加二割余は英吉利に属し、我が国では海軍ばかりでも年々三十万噸（我が国一箇年の産出原油量よりも多い）を輸入する現状で微少云ふに足らない。

石油の一般に使用されるやうになつたのは欧米でも近々六十年以来の事で、むかしは稀に灯火用として市場に出したものもあつたが、煤煙甚しい為め顧る者がなかつたのである、我が国では天智天皇の朝越後から燃水を献じたのが発見の始めてで其の後徳川氏の初めに越後で油井を掘鑿せる者があつたが、広く灯火に用ゐらるゝに到らなかつた。明治五年政府で米人に全国の石油地を調査せしめ、遠江相良町及越後尼瀬町附近で掘鑿を試みて以来漸次発展今日の盛大を来したのである。

鉄道省廻遊乗車船券

注意　本表中富士五湖巡り以下の廻遊券は東京駅構内ツウリストビウロー及東京三越、松屋両呉服店、横浜及名古屋駅内同所出張所にて発売す。通用期間二十一日間

江ノ島鎌倉廻遊乗車券（発売毎日）

より江の島鎌倉廻遊　三等運賃（通用三日間）

東京	一・九〇
新橋	一・八六
品川	一・七〇
横浜	一・〇〇
桜木町	一・〇六
万世橋	一・九六
渋谷	一・九〇
新宿	二・〇〇

径路（1）最初藤沢に至り同所より電鉄線に依り帰著（2）前記と反対の径路に依る。途中下車、本乗車券所持者は鵠沼、片瀬、腰越、七里浜、大境、稲村ケ崎、極楽寺、長谷海岸通りに下車するを得。

厳島錦帯橋遊覧往復乗車船券

より厳島岩国往復　三等運賃（岩国電車の電車賃を含む）

京都	一〇・一六	通用七日
大阪	九・四〇	
三宮	八・八六	
神戸	八・八四	
兵庫	八・八〇	
姫路	七・七八	通用五日
岡山	五・九〇	通用四日
尾ノ道	四・〇六	通用三日
広島	一・六八	
横川	一・五八	
己斐	一・五四	
呉	二・五四	
三田尻	三・八二	
小郡	四・二八	
下関	五・八八	通用五日

尾道呉間の分は五月一日より十一月末日迄十二月二十五日より翌年一月十日迄毎日、其他の期間は毎土曜、日曜、大祭、祝日及び其前日（但し四月を除く）其他の駅は毎土曜、日曜、大祭、祝日及び其前日並に十二月二十五日より翌年一月十日迄毎日

厳島巡航汽船

厳島町桟橋発―杉浦―青海苔浦―須屋浦―厳島桟橋着

汽船運賃　三等五十銭

◎四月上旬より十一月下旬迄毎日曜及祝祭日に限り発売

寒霞渓行汽船便

宇野内海間

宇野発　前六・五〇　内海着　前九・〇〇

内海発　後三・〇〇　宇野着　後五・一〇

高松内海間

高松発　前八・〇〇　内海着　前九・五〇

内海発　後四・三〇　高松着　後六・二〇

◎毎年四月三日より十一月二十三日間の日曜祝祭日に限り運航

富士五湖巡り

遊覧地／山中湖　河口湖　西湖　精進湖　本栖湖

東京―御殿場	鉄道（三等）	一・五三
御殿場―富士吉田	甲駿自動車	二・一五
富士吉田―船津	自動車（馬鉄・一三）	〇・二五
河口湖渡船（船津長浜）	渡船	〇・四〇
西湖渡船（西湖根場）	渡船	〇・三〇
根場―赤池	自動車（馬鉄・三五）	〇・四五
赤池―精進	精進湖渡船	〇・一五
甲府―飯田町	鉄道	一・七一
	計	六・九四

宿泊地旅館及宿泊料、食事料

御殿場／富士屋、松屋、田口屋	三・〇〇	一・〇〇
吉田／望岳館刑部、芙蓉倶楽部、芙蓉閣ホテル、杉林旅館	三・〇〇	一・〇〇
船津／船津ホテル　河口湖ホテル	三・〇〇	一・〇〇
精進／池田屋、山田屋、富士屋、東照館	三・〇〇	一・二〇

精進ホテル

宿六円、朝一・五〇　昼二・〇〇　夕二・五〇

甲府／万屋、古名屋、談露館（万屋
　二・五〇）　三・〇〇　一・二〇

富士川下り身延詣

遊覧地／甲府　富士川　下部温泉
　身延
飯田町—甲府　鉄道（三等）　一・七一
甲府—鰍沢　山梨自動車　〇・八五
鰍沢—身延　渡船（飛行艇二・三五）
　一・四四
身延駅—身延山　自動車　〇・三五
身延山—身延駅　自動車　〇・三五
身延—東京　鉄道　三・五六
　計　八・二六
宿泊地旅館及宿泊料食事料
甲府／古名屋、談露館、万屋（古名
　屋宿二円五十銭）　三・〇〇　一・二〇
鰍沢／粉奈屋、万屋　三・〇〇　一・〇〇
身延／田中屋、玉屋　三・〇〇　一・〇〇

筑波山巡り

遊覧地／筑波山
上野—筑波　鉄道（三等）　一・四〇
筑波駅—筑波町　自動車　〇・四五
筑波町—山頂　ケーブル　〇・三五
山頂—筑波町　ケーブル　〇・三五
筑波町—筑波駅　自動車　〇・四五
筑波—上野間　汽車　一・四〇
　計　一・四〇
宿泊地
土浦／旅館　本郷館　亀城館
　宿泊　二・五〇　食事　一・〇〇
筑波／江戸屋
　宿泊　三・〇〇　食事　一・五〇

香取鹿島廻り

遊覧地／成田　佐原　香取　潮来
　鹿島
上野両国橋—佐原　鉄道　一・二七
佐原—香取　北総自動車　〇・三五
香取—佐原　自動車　〇・三五
佐原—鹿島　汽船　〇・三五
鹿島—佐原　汽船　〇・三五
佐原—上野両国橋　鉄道　一・二七
　計　三・九四
宿泊地
八幡宿／旅館　東屋　成田大野屋
　吉田屋
　以上宿泊　各三・〇〇　食事　一・二〇
佐原／山本屋　金田屋　木内
　宿泊　三・五〇　食事　一・三〇

外房廻り

遊覧地／北条、館山、鴨川、清澄山、
　小湊、鯛ノ浦、誕生寺、勝浦
両国橋—安房鴨川　鉄道（三等）二・〇七
安房鴨川—小湊　三日月自動車〇・九〇
小湊—勝浦　自動車　一・一〇
勝浦—両国橋　鉄道　一・四四
　計　五・五一
宿泊地旅館及び宿泊料食事料
木更津／鳥飼、宝屋　四・〇〇　一・五〇
佐貫町／菊泉　三・〇〇　一・二〇
那古船形／相川　三・〇〇　一・二〇
安房北条／幸田、木村屋、吉野庵
　四・〇〇　一・五〇
　紋屋　三・〇〇　一・二〇
安房鴨川／吉田屋、相模屋
　四・〇〇　一・五〇
天津／油屋、蓬莱屋　三・〇〇　一・二〇
小湊／小湊ホテル、清海屋
　三・〇〇　一・二〇
勝浦／一文字屋、勝浦館　三・五〇　一・三〇
大原／竹屋、翠松館　三・〇〇　一・二〇
上総一ノ宮／青松館、一ノ宮倶楽部
　三・〇〇　一・二〇

富士登山の栞

大宮口　（表口）頂上迄距離四里二
十三町十間東海道線、富士駅にて富士

身延鉄道に転乗、大宮駅下車。この口は裾野の景色最も良く、且つ四合目から駿河湾一帯の風光が見られるばかりでなく、登山路の改修が行届いてゐるから登るに苦みはない。

須山口　（南口）頂上迄七里、裾野駅で下車馬車で往く事が出来る。昔は繁昌した登山口であつたが御殿場口が出来てから登山者尠く今では荒涼たる有様となつてしまつた。

御殿場口　（東裏口）頂上迄五里六町二十五間東海道線御殿場駅下車、太郎坊迄馬車、五合目迄乗馬の便がある、下山には一合目迄は砂走りであるからして僅か一時間二十分で駆け下りる事が出来る。

須走口　（裏口）頂上迄五里六町廿五間。八合目迄馬車の便がある。須走りは砂走りの意で下山の砂走りは此口も非常に壮快である。

吉田口　（北口）頂上迄四里二十三町十間、登るには一番楽で、下駄穿で差支ない位である。中央線大月駅で下車、吉田迄電車の便がある、五合目以上は樹木がなく山中湖、河口湖を見下す風景は頗るよい。

登山費用　各口多少の相違はあるが最も登山者多き吉田口富士改良組合の定むる所は左の如くである。

宿泊料
特等一泊　五円　一等　四円
二等　　三円　三等　二円
中食料
一等　一円廿銭　二等　一円
三等　七十五銭
山室休泊料　八合目富士ホテル
一泊　二円二十銭
半泊　一円五十銭
（山内）一泊　一円五十銭
半泊　一円
中食料五十五銭中食座料十五銭　茶代五銭　中道仗二十銭　焼印料三銭　スタンプ二銭

日本アルプス

日本アルプスの名は今から五十年前英人ウイリアム・ガウランド氏が始めて命名せられたもので、最初は単に飛騨山脈の北半を含むに過ぎなかつたが今は範囲拡大して駿河、甲斐、信濃、飛騨、越中、越後の境上に亘り、本州中部に蟠る大山脈を指すやうになつた。仮りに北、中央、南の三部に分たれる。

北アルプスは地理学者の所謂飛騨山脈で、御嶽、槍ケ嶽、穂高岳等一万尺以上の高山及び又殆んど其の高度に近き高山百座を有する。中央アルプスは信州駒ケ岳を盟主とする木曽山脈で絶頂は本岳と称し、高さは二千九百五十六米突ある。南アルプスは即ち赤石山系で、北岳、間岳、赤石岳を始めとして一万尺以上の高峰七座を有し、鬱蒼たる森林山の半腹を掩うて凄気そゞろに人の身に迫るものがある。

近年登山の趣味は漸く富士を離れて日本アルプスに移り、大正十四年富士の登山者数六万二千人に対し、日本アルプスは十四万六千人に及んだ。今比較的登攀容易で、素人登山家に喜ばる日本アルプス中白馬岳の登山計画を示せば左の如くである。

登山口。中央線松本駅より信濃鉄道により、信州北条村四ツ家より、越後方面よりは北陸線糸魚川駅より大所村に入り、蓮華温泉を経て、越中よりは北陸線三日市駅より黒部鉄道により黒部川を遡り祖母谷温泉を経て登られる。

◎四ツ家を発足点としての登山計画

（経過地）　（発足地）（日数）

一　白馬岳（二、九三三米）　四ツ家　二日
午前七時頃四ツ家を出発すれば午後四時頃頂上の小屋に達す、棟数二つ、他に炊事小屋一棟あつて約六十人を収容される。小屋番が居て宿泊食事の世話をする。経路には一里に近き大雪渓あり。氷河の擦痕ある大岩あり、お花畠あり高山蝶舞ひ、雷鳥飛ぶ。

二　白馬岳、鑓、杓子　四ツ家　二日

三　不帰縦走（大里八方山）同　三日

四　白馬、鑓、杓子、鑓温泉　同　二日

五　白馬、小蓮華、乗鞍大池
　北陸森上を経て四ツ家　二日

六　白馬、蓮華温泉、大所
　北陸線糸魚川　三日

七　白馬、不帰、祖母谷温泉、黒部
　同泊三日市　三乃至四日

八　白馬、立山　同富山　六乃至七日

九　白馬、立山、針ノ木
　信濃大町　七乃至八日

十　鹿島槍縦走　信濃大町　五乃至六日

登山せんとする者は北城村四ツ家、或は二ノ股小林区署出張所に国有林入林届を差出さざるべからず、白馬のみを目的とする人は昨今至る所に小屋の設備ありて特別の準備を要せぬやうになつたが、山中は天候激変し易きに付き冬シヤツ又は、下着一枚、参謀本部五万分の一地図、磁石、金剛杖、油紙、著莫蓙、鉄カンジキ等の用意が大切である。登山経験なくして白馬岳頂上より他に縦走せんとする人は案内者を出発前日迄に雇ふを可とす。案内人は日当一日、二円、大黒方面縦走の場合は二円五十銭。

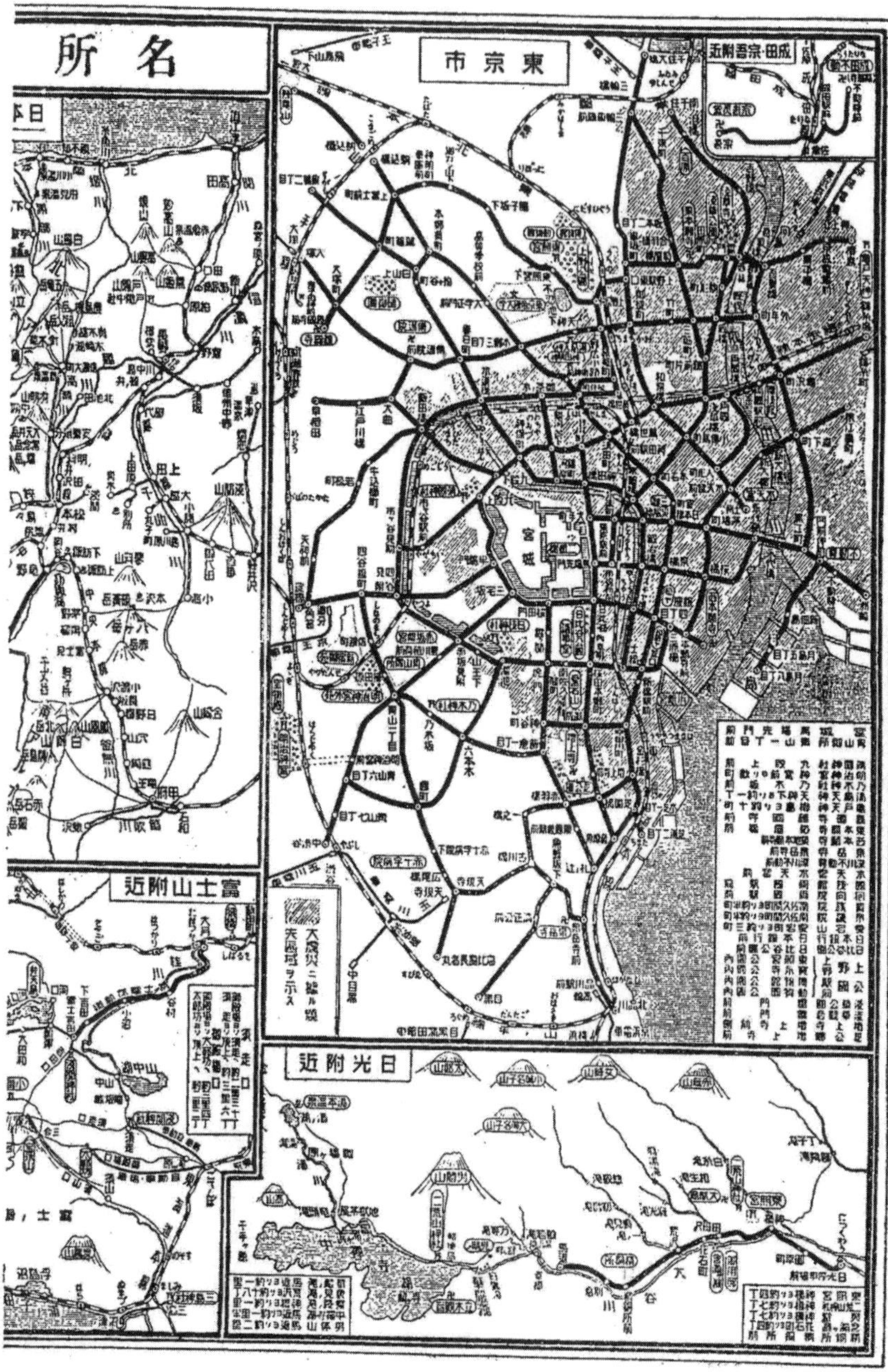
名所
東京市
成田・宗吾附近
富士山附近
日光附近
宮城

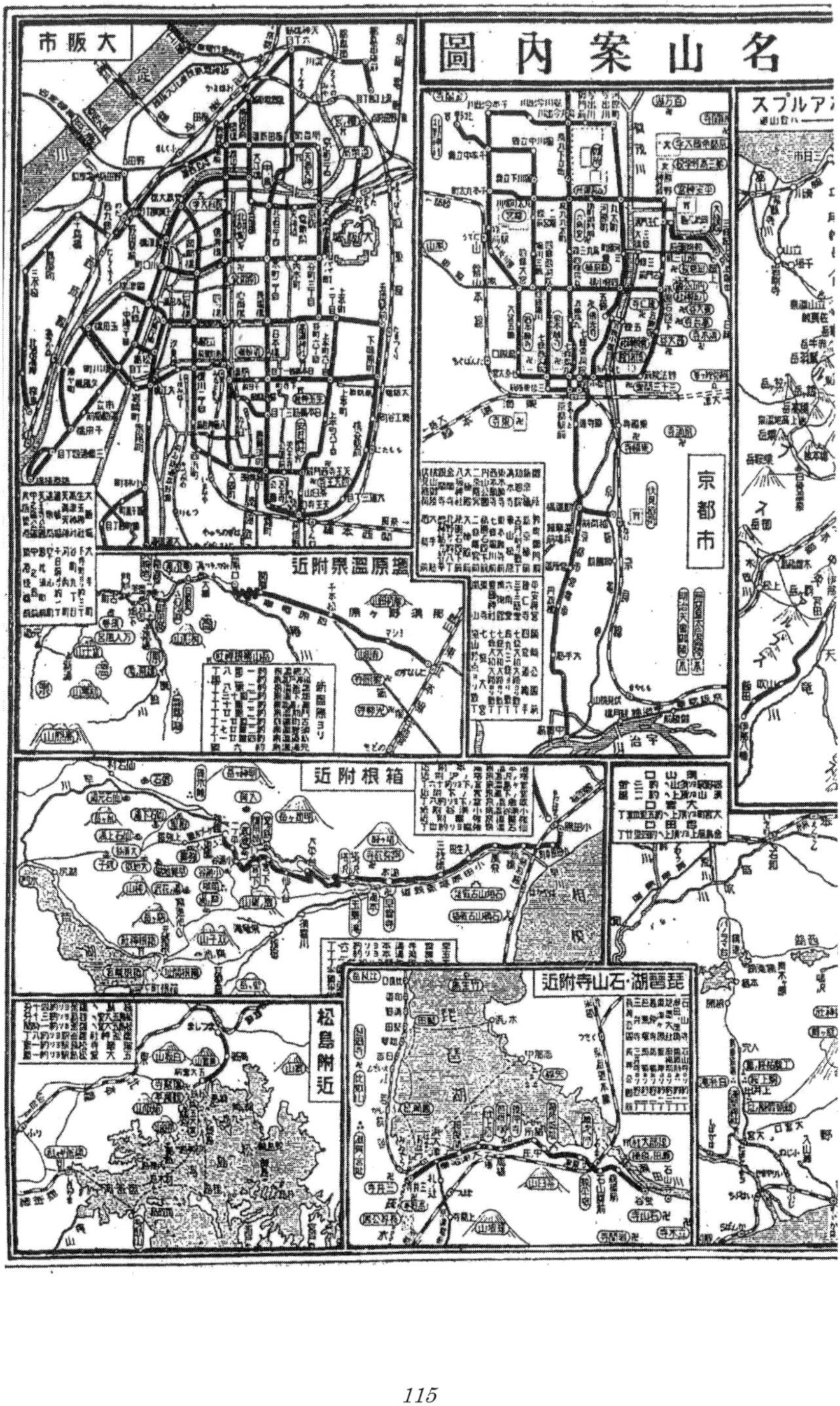

名山案內圖
大阪市
京都市
塩原温泉附近
箱根附近
琵琶湖・石山寺附近
松島附近

著名温泉一覧

(温泉名)	(所在)	(特効)
湯本温泉	(神奈川)	脳病、婦人病、皮膚病
小湧谷温泉	(神奈川)	脳病、婦人病、皮膚病
芦の湯温泉	(神奈川)	皮膚病、リウマチス、婦人病
強羅温泉	(神奈川)	皮膚病、リウマチス、婦人病
湯河原温泉	(神奈川)	関節病、打撲、痔疾
伊豆山温泉	(静岡)	脳病
熱海温泉	(静岡)	神経痛、皮膚病、痛風
伊東温泉	(静岡)	脳病、胃病
修善寺温泉	(静岡)	神経痛、消化器病
有馬温泉	(兵庫)	胃腸病、神経痛、婦人病
宝塚鉱線	(兵庫)	胃腸病、神経痛、婦人病
塩山鉱泉	(山梨)	花柳病、痔疾、皮膚病
浅間温泉	(長野)	皮膚病、呼吸病、胃腸病
菰野温泉	(三重)	胃腸病、肝臓病、泌尿病
湯崎温泉	(和歌山)	咽喉、胃腸の粘膜病
芦原温泉	(福井)	神経系統病、胃腸病、皮膚病
山中温泉	(石川)	脚気、消化器病、腎臓炎
道後温泉	(愛媛)	胃腸病、リウマチス、皮膚病
城崎温泉	(兵庫)	リウマチス、神経痛、胃弱
東郷温泉	(鳥取)	リウマチス、神経痛、胃弱
武蔵温泉	(福岡)	婦人病、皮膚病、リウマチス
霧島温泉	(鹿児島)	痛風、梅毒、婦人病
別府温泉　鉄輪	(大分)	神経痛、腺病、リウマチス
別府温泉　浜脇	(大分)	神経系統、リウマチス
別府温泉　観海寺	(大分)	痛風、貧血症、婦人病
武雄温泉	(佐賀)	消化器病、呼吸器病
伊香保温泉	(群馬)	貧血病、婦人病、消化器病
日光湯元温泉	(栃木)	胃腸病、皮膚病、リウマチス
塩原温泉	(栃木)	リウマチス、婦人病、貧血症
那須温泉	(栃木)	脳病、脚気、眼病
飯坂温泉	(福島)	神経痛、脚気、リウマチス
浅虫温泉	(青森)	神経痛、胃腸病
草津温泉	(群馬)	梅毒、皮膚病、外傷
東山温泉	(福島)	リウマチス、神経痛
大鰐温泉	(青森)	痛風、貧血病
赤湯温泉	(宮城)	婦人病、神経諸病

諸観覧施設

(官公私の主なるもの)

東京帝室博物館	(歴史、美術、天産物)	東京市
京都恩賜博物館	(歴史、美術)	京都市
奈良帝室博物館	(歴史、美術)	奈良市
李王職博物館	(歴史、美術)	京城
徴古館	(歴史)	宇治山田市
農業館	(農事)	宇治山田市
遊就館	(軍事、武器)	東京市
海軍参考館	(軍事、海軍武器)	東京市
農商務省商品陳列館	(内外国商品見本)	東京市
特許品陳列所	(特許発明品)	東京市
逓信博物館	(運輸、交通)	東京市
朝鮮総督府博物館	(工芸、美術、産業)	京城
台湾総督府博物館	(自然科学、農事)	台北
上野恩賜公園動物園	(内外国動物)	東京市
東大理学部附属植物園	(内外国植物)	東京市
妙法院竜華蔵	(古文書古器物等)	京都市

府立大阪博物場

（古書画古器物工業製品等）大阪市

久能山東照宮宝物館

（徳川歴代将軍の遺品等）静岡久能村

出雲大社宝物館

（古文書古器物神具等）島根大社町

厳島神社宝物館

（古器物古書画刀剣等）厳島神社

日光宝物館

（徳川将軍累代の宝物什具等）日光山

浅草公園花屋敷

（哺乳類鳥類等）東京市

京都市立記念動物園

（獣類鳥類魚族類）京都市

大阪市立動物園並植物温室

（獣類鳥類及熱帯植物等）大阪市

帝国図書館　東京上野

開館自午前八時　至午後九時

定期閉鎖　館内掃除日毎月一日・歳首一月一日より六日迄・歳末十二月二十八日より三十一日迄・紀元節・天長節・曝書十・十一月中

観覧券

特別　一回分十銭　十回分七十銭

尋常　一回分三銭　十回分二十銭

特許帯出　一年間十円

上野恩賜公園動物園

開館毎日、但し十二月は廿八日迄

観覧料　六歳未満無料・十二歳未満五銭・十二歳以上十銭・三十人以上の団体は金五銭を三銭に、十銭を五銭に減額さる。

東京帝室博物館

十二月廿五日より翌年一月四日迄閉館、其他毎日開館

観覧料　六歳未満無料・十二歳未満五銭・十二歳以上十銭・二十人以上の団体は金五銭を三銭に十銭を五銭に減額さる。

囲碁由来

囲碁は素と奕と云ひ、又棋と云ひしなり、後象戯を象棋といふに到りて碁の字を以て区別せしなりと云ふ。支那の創製なり、吉備公始めて齎らし還へれりとの説あるも其の以前より伝はりしこと明かなり、名手として世に聞えしは後土御門院の御宇に寂光寺沙門日海上人あり、上人は聖手として織田豊臣の二氏を経て徳川氏に仕へ碁所預りとなる、本因坊算砂是れなり。爾後門弟中の名手世襲して歴代本因坊と称す。此外当時名門として井上、安井、林の三家あり、本因坊家と共に囲碁の名家として長く幕府の碁職たりしが、明治維新後安井、林の二家は廃絶し、本因坊井上の二家は依然碁界の重鎮として伝統今日に至る。此外明治十三年方円社なるもの起る、村瀬秀甫氏の時運に顧るところあり、本因坊を初め三家の門弟を糾合して組織せし当時の協同団体なり。爾来年を経大正十三年時世に鑑みる処あり、坊社共之を解散、合同して日本棋院新に生れ、略々碁界の統一を形成せり。

段位　技倆を初段より九段に至る九階級に分つ九段を名人、八段を準名人又は半名人、七段を上手、六段を上手並、五段を高段と称し、尚五段以上の階級総称をも高段と云ふ、四段以下初段迄は別に名称なきも巧手と呼ぶ事あり。其品位の差は僅に半子にして、初段は三段に先、五段に二子、七段に三子の割となり、七段即ち上手への手合を以て段位の標準とし、従来は免状面に必記せられしも今は然らず。又十三年成立せる日本棋院は初段以上の手

合割を改正して之を細密にせる外段以下に九級の制を設けたり。

現代高段碁客（昭和二年六月末現在）

九段　本因坊秀哉（二十一世）
八段　中川亀三郎
七段　広瀬平治郎　岩佐銈　雁金準一　鈴木為次郎　瀬越憲作　野沢竹朝　恵下田仙次郎（十六世井上家継承）
六段　稲垣兼太郎　田村嘉平　高部道平　加藤信　宮坂寀二　岩本薫　久保松勝喜代　小野田千代太郎
五段　木村広造　井上孝平　喜多文子　和久井太三郎　光原伊太郎　都谷森逸郎　福田正義　大縄久雄　林有太郎

将棋の栞

段　位　技倆を初段より九段に至る九階級に分つ、九段を名人、八段を準名人又は半名人、七段を上手、六段を上手間手合、五段を上手並となし、以上を総称して高段と云ふ、四段を強片馬、三段を並片馬と云ひ、二段、初段には別に名称なきも段位手直りと呼ぶ事あり。

棋子格位　棋子の位附けは飛車六段、角行四段、香車二段なり、故に九段に対する手合は、八段の人なれば香車落一番、平手先番一番と交ぜて指す、七段は香車落、六段は香車落一番、角行一番の交ぜ、五段は角行落、四段は飛車角行の交ぜ、三段は飛車落、二段は飛車落と飛車香車二枚と交ぜ、初段は飛車香車落ちにて指すなり。

昇段規定　（東京将棋聯盟会）勝負に対する得点の計算は複雑なるも、要は毎年四月及十月より始まる六ケ月を一期として東京各新聞の棋戦勝負を計算し満半ケ年の指数の七割五分以上を勝つたる者は昇段を認めらる。但し其指数各棋士の平均指数に達せざる者は此限りにあらず。名人の推薦は別に之を定め、又斯道に功労ある棋士の引退したる時は特に昇段を許す場合あり。段位は凡べて超級の昇進を許さゞるものとす。

指方心得　同じ手三度に及ぶ時は之を千日手と唱へて仕掛けたる方より止るを大法とす。（最近にては双方互に他の手を指すことを肯んぜざるときは無勝負とする事に規定せらる）王は早くかたつくべし。王の脇に金銀離るべからず。金銀歩の頭に上ることは成るたけ見合はすべし。金は進む事早く退く事遅し。桂の飛び見合はせ肝要なり、遅き時は勝ち早き時は損となるべし。持駒すぐに当るやうに打つは常なり。香車は端の仕掛け肝要なり。相手の歩切れを考ふる事。歩二つより大切にすべき事。飛角の捨て場所大切なり。駒離れざるやう進むべし。竜馬は手前にて竜王は敵地にて使ふ事宜し。王一手前に逃げ置く事名手なり。総じて五筋或は端に手ある事多し。銀は千鳥に使ひ金は直ぐ横に使ふべし。

現代高段棋客（昭和二年六月末現在）

九段　関根金次郎　坂田三吉
八段　土居市太郎　小菅剣之助　竹内丑松　金易二郎　飯塚力蔵　大崎熊雄　花田長太郎　木見金次郎　木村義雄
七段　勝浦松之助　溝呂木光治　藤内源三郎　谷頭喜祐　早川隆教　矢野逸郎
六段　加藤柳江　斎藤金太郎　石原丈右　宮松関三郎　村上由之助

時田慶三郎　山本樟郎　貴田文太郎　石井秀吉　神田辰之助　豊島太郎吉　岡村豊太郎　森永竜　勝山庄次郎　飯塚勘一郎　飯沢重行　金子金五郎　小泉兼吉

五段

寺田梅吉　千頭熊太郎　魚野弥三郎　後藤勇吉　高橋虎吉　高橋其木　高浜禎　津田幾次郎　平野信助　堀内宗善　一色兼太郎　辻繁之助　高浜作蔵　杉野岩太郎　針金松琴　宝来重吉　谷口豊吉　渡辺東一　木下秀歩　真野楠水　萩原淳　木下今朝太郎　田原鶴之助　山北孫三郎　藤内金吾　岡田次郎　池田卯八　菊川彦太郎

相撲の話

力士の階級　大関、関脇、小結、前頭、二段目、三段目、序の口に別る、大関を最高位とし序の口を最下位とす、横綱は元来大関の技量卓出せる者に与ふる称号なれども現今にては一種の階級の如く見做さる、此外番附面に記載せられざるも本中、間中、前力士の階級あり始めて力士を志願したる者先づ前力士となり以上の階級を経て始めて番附面に載せらるゝものとす大関、関脇、小結を総称して三役と云ひ、前頭以上を幕の内と称す、幕下二段目の首部十名を俗に十両取と云ひ此の格及び幕の内を呼んで関取と云ふ、十両取は元給金十両以上を受くるにあらざれば此格に入るを得ざる例なりしが現今は然らず、十両の首位を貧乏の神と云ふ、所謂貧乏籤の義にて不幸幕の内の昇進に洩れたるより生ぜる語なり、外に張出と云ひ番附面欄外に記載さるゝ者あり、正位の者の次席なり。

古事雑記

勧進元　元足利時代に相撲を寄附して神社建立の資を求めたるより起れる名なり、営利的には当らざる名なれども今尚古例を踏襲して相撲の興行元を指して勧進元と称するなり。

東西の事　力士を東西に分けたるは相撲行司の祖志賀清林の創始にて其の生国近江より東に出でたる力士を東の方と称し、西の方に出でたるを西の方と呼びしが慣例となれるなり。

横綱授与　横綱の免許は吉田追風より授与するを古例とす、吉田家は遠祖を豊後守家継と称し、十四代志賀氏より相撲の古実典故を受けたる者なり、後鳥羽天皇の朝相撲行司官に任ぜられ名を追風と賜はる、以後吉田家は代々追風を名乗り、相撲道の権威者として長く斯界に認められ以て今日に至る、当代の追風は其二十三代目に当り熊本に住す。

横綱免許の力士

初代　明石志賀之助
二　源氏山綱五郎
三　丸山権太左衛門
四　谷風梶之助
五　小野川喜三郎
六　阿武松緑之助
七　稲妻大五郎
八　不知火諾右衛門
九　秀の山雷五郎
一〇　雲竜久吉
一一　不知火光右衛門
一二　陣幕久五郎
一三　鬼面山谷五郎
一四　境川浪右衛門
一五　梅ケ谷藤太郎

一六　西の海嘉次郎
一七　小錦八十吉
一八　大砲万右衛門
一九　常陸山谷右衛門
二〇　梅ケ谷藤太郎
二一　太刀山峰右衛門
二二　鳳谷五郎
二三　西の海嘉次郎
二四　大錦卯一郎
二五　栃木山守也
二六　源氏山大五郎
二七　常の花寛市
二八　宮城山福松

狩猟

狩猟免状　甲乙二種に分る、甲種免状は銃器を使用せずして狩猟を為す者に下附し、乙種免状は銃器を使用して狩猟を為す者に下附す、免許税は甲乙二種共次の区別に従ひ収入印紙を以て是れを納むべし。

一等　所得税二百円以上を納むる者又は其家族　五十円
二等　所得税を納むる者又は其家族　三十円
三等　一等及二等以外の者　十五円

免状の有効期間は十月十五日より翌年四月十五日迄なり（北海道は九月）、免状の使用は本人に限る、又狩猟の際には必ず携帯すべし。

猟　区　狩猟鳥獣其他の鳥獣を保護繁殖せしむる目的を以て各地に猟区を設く、国府県又は地方自治団体の主管大臣より認可を受けて設定する所にして、一定の地域を定め、人員を限り、定まれる日を以て狩猟を許し、入場者よりは入場料を徴収す。開猟日に於ける入場料は一人一日二円以内を通例とするも、猟区に依りては蕃殖鳥獣の種類多寡其他種々の理由によりて高額を徴せらる。埼玉県下の御猟場跡の猟区は雁・鴨・雉の数多き為め入場料五円乃至七円を徴収し、京都府雲ケ畑御猟地跡には猪・鹿等棲息する為め二日間に二十五円を徴収する規定なり。

禁猟地　御猟場・禁猟区・公道・公園・社寺・境内・墓地にては狩猟を為す事を得ず欄・柵・囲障若は作物植付ある他人の所有地に於ては所有者又は占有者他人の共同狩猟地に於ては免許を受けたる者の承認を得るに非れば狩猟を為すを得ざる規定にして、日出前、日没後又は市街、人家稠密の場所、衆人群集の場所に於ては銃丸の達すべき虞ある建物、船舶若は汽車に向て銃猟を為す事を禁ぜらる。

狩猟免許の鳥獣
鋸嘴鴨《あいさ》。花鶏《あとり》。信天翁《あはうとり》。蒼鷺《あをさぎ》。蒿雀《あをじ》。鵤《いかる》。交喙《いすか》。鵜《う》。鷽《うそ》。鶉《うづら》。橿鳥《かけす》。（瑠璃橿鳥を除く）頭鳥《かしらだか》。河原鶸《かはらひわ》。鴨《かも》。鴉《からす》。（星鴉を除く）雁《がん》。雉《きぢ》。秧鶏《くひな》。熊鷹《くまたか》。黒鵐《くろじ》。五位鷺《ゐさぎ》。鷸《しぎ》。蝋嘴《しめ》。白腹《しろはら》。雀《すゞめ》。大膳《だいぜん》。千鳥《ちどり》。鶫《つぐみ》。（虎鶫及黒鶫を除く）入内雀《にふないすゞめ》。野鵐《のじこ》。鳩《はと》。隼《はやぶさ》。鷭《ばん》。鵯《ひよどり》。金翅雀《ひは》。頬白《ほゝじろ》。猿子《ましこ》。眉茶鶲《まみちやしない》。鶚《みさご》。深《み》山頬白《やまほゝじろ》。胸黒《むなぐろ》。鸐雉《やまどり》。松鶏《えぞやまどり》。

右の内きぢ、やまどりの狩猟期間は十一月一日より翌年二月末日迄

獣類各種（鈴鹿《かもしか》、牝鹿《めじか》、奄美《あまみ》の黒兎を除く）

但し猯《あなぐま》。鼬《いたち》。獺《かはをそ》。狐《きつね》。牡鹿《をしか》。狸《たぬき》。貂《てん》。鼯鼠《むさゝび》。栗鼠《りす》の狩猟期間は十二月一日より翌年二月迄とす。

釣魚の季節

鯉　初冬より菜の花の散るまでを季

とすれども遊楽釣には春の彼岸より始む、桃の花咲けば鯉の口明くとは是れなり。年中餌つけども八十八夜前後と夏の土用明きてより二三ケ月間特に好し。餌はさつまいも。

鮒　春釣は彼岸後より四月一ぱい、冬釣は十月より翌年二月迄、従順なる貪食魚にて年中餌つくと釣場多くして手軽に釣り得るとの為め釣家に親しまる。餌はみゝじ。

手長蝦　梅雨中、曇天又は小雨の日餌つきよし。川つゞきの入江、又は池などの水藻の間、材木漬置場など場所としてよし。餌はみみず。

せいご　鱸の幼名にて巨口活発食込み好き魚なれば釣りて面白し、期間は五月より十月中旬まで、餌は糸女。

鱸　五月の乗込みより十月中旬の下り迄を季とす、夏土用迄は日中に釣れ土用後は日夜ともに上れども、夜釣特によし。夜は浅処にて釣れ、日中は深みにて釣れども水の高低によりて一概に言ひがたし。餌は糸女、ごかい、袋磯女。

鰻　は貪食の魚なり、五六月より十月一杯餌つく、五六月頃には穴釣、七月中旬より暑き晩ならば夜釣にかゝる。秋の下り鰻となれば一雨あつて水の霞みかけたる毎に意外の大釣あり、餌は沙蚕（ごかい）。

鯰　五六月より釣に上り十月一杯餌つく、最初は日中にても餌つけども、七月後は夜釣なり。暗夜と水の霞みし時特に好し、餌はごかい、ばち、みゝじ、蛙。

沙魚　数多く挙ると釣るに六ケしからざるとにて遊釣家に好まる。川にて餌につくは九月より十月中旬まで殊に好し。餌は沙蚕。

たなご　年中餌つけども冬季十一月より二月一杯を季とす、河岸の古杭、しがらみ等の水垢多くつきたる辺を釣場とす、餌は糸女、米の虫。

鱚　敏捷狡猾の魚にて四月下旬より七月中旬まで釣に上る、夜の二時頃出船し明け方より釣るを普通とす、稍々熟錬を要すれども、川魚の中りとは又格別、手応へ快し。餌は磯女。

小黒鯛　多力貪食の魚にて常に潮荒き間に棲み、六七八三ケ月間釣に上る、釣には大潮の日を好しとす、餌はえび、土用後小蟹。

ぼら　群游性の水面魚なり、夏の土用より来春迄釣り続くる者有れども、秋彼岸頃はぜの沖釣り始まればそれに移る者多し、十一月中頃殊にばち餌にて釣るを盛りとす、餌はばち又は沙蚕。

はぜ　沖にて釣り得れども十月下旬頃涼気催すに従ひて釣り始め翌年一月釣るを法とす。十二月一月頃は深みに集団する故に日和さへ好くば巧者不巧者無く面白く食ふなり、餌は沙蚕。

書籍寸法

用紙に四六判と菊判との二種あり、四六判の書籍は全紙を三十二折（一枚が六十四頁となる）幅四寸長さ六寸、菊判は全紙十六折（三十二頁）となし、幅五寸二分、縦七寸二分なり、菊判の名称は菊花の十六弁なる所より出づ、両書共其倍数に応じて四六倍判四六四倍、菊倍判菊四倍と称し、反対に小なるを四六半截、菊半截と呼ぶ、三六判は四六判を四十折となし其横幅を截断せるものなり、其他諸種の寸法あるも多くは以上の四六判及び菊判紙を特種の折方をなして製本せるものなり。

活字の大小

ポイント式活字はポイントを単位とせるものにして一ポイントは一吋の七十二分の一なり即ち六ポイントと称すれば一ポイントを六つ寄せたる長さを辺とする四角形にして元仏国にて案出せるものなり。今日新聞紙にては七ポイント七五など諸種の活字を使用さる。

・ポはポイントの略符なり

知つて置べき報酬と賃金

（東京市内）

左表は何れも東京市内の調査なり、地方に依りて夫々差違ある事勿論なれば、たゞ其の標準を示すに過ぎず。

結婚申込（高砂社）

申込手数料　五円　会見席料　一円

成婚手数料　廿五円

結婚式費（日比谷大神宮）

特別一等　七十円　二等　五十円

三等　卅五円

松号　廿五円　竹号　二十円

梅号　十五円

産婆報酬（本郷産婆会所定）

宅診料　二円以上

往診料　初診三円以上

遠方二円以上

再診近方一円以上

妊娠鑑定料　二円以上

分娩処置料　廿円以上

死産証明及其他証明書　一円

看護婦傭入料（東京看護婦聯合組合）

普通病看護日当　一等　二円

二等　一円八十銭

等外甲　一円五十銭

等外乙　一円三十銭

伝染病看護日当　一等　二円五十銭

二等　二円三十銭

等外甲　二円

等外乙　一円八十銭

但し法定伝染病以外と雖も消毒を行ふ病症は伝染病額と同額「コレラ」「ペスト」発疹窒扶斯は各等普通病の倍額とす。

派出婦傭入料（青山婦人協同会）

媬姆兼家事取締婦　一円五十銭より二円迄　高女卒業の学力ある中年以上の婦人

雑用婦　九十銭より一円四十銭迄

（家庭の雑用一切）

病産婦附添婦　一円より一円五十銭迄

裁縫婦　九十銭より一円五十銭迄

接待婦　三円より三円五十銭迄（家庭小宴其他の接待）

高級雑用婦　二円より五円迄（高女卒業以上の学力あり多少外国語を解する婦人前八時より後六時迄）

特別雑用婦　勤務時間　十時間

基本料金　五十銭

毎一時間　十銭増

半日（五時間）八十銭（昼食附）

一日（十時間）一円四十銭（昼食附）

流行性、伝染性を有し消毒を要する病人付添は一割乃至三割増

青山葬儀場使用料　東京市設

第一種　八十円
会葬者二百人以上。使用時間四時間以内。式場、休憩所、全部使用さる。

第二種　四十円
会葬者二百人迄、使用時間三時間式場と、休憩所の一部を使用せしむ。

第三種　二十円
会葬者二百人迄。使用時間二時間以内。式場と休憩所の一小部を使用せしむ。

霊柩自動車は一輌一回基本料金五円　一哩毎ニ五十銭増

遊芸指南料
（師に依り一定せざるも標準を示せば左の如し）

種別	入門料	月謝	出稽古
義太夫	三円	五円	十円
同三絃	—	五円	十円
常磐津	二円	三円	五円
清元	二円	三円	五円
長唄	二円	二円	五円
同三絃	—	一円	—
新内	二円	三円	五円
小唄	三円	五円	十円
歌沢	三円	五円	十円
琵琶	二円	三円	七円
舞踊	三円	三円	五円

挿花茶道盆画盆石造花指南料
稽古日は月六回若しくは毎週一回の稽古にして束脩は凡そ二円位、月謝は二円乃至三円、出稽古は五円、但し師の良否に依りて多少の差違あり、免許料は流儀に依り種々の称ありて一定せざるも、普通初伝三円、中伝五円、其他若干の祝儀を要す、又造花は束脩規定なし、月謝は三円位、免許等の事なし。

職業婦人の収入
（大正十四年東京市社会局調）

経済的独立可能の階級を中の部、以上を上の部、平均六十円以下を下の部とす

種別	月収 最高	月収 最低	月収 平均	人員
〈上の部〉				
医師開業	七〇〇円	二〇〇円	三〇〇円	三〇人
医師非開業	二〇〇円	八〇円	一五〇円	一五〇人
著述家	七〇〇円	二〇〇円	三〇〇円	一〇人
音楽家	五〇〇円	一五〇円	二〇〇円	三〇人
美術家	五〇〇円	一五〇円	二〇〇円	四〇人
女優	七〇〇〇円	一〇〇円	二〇〇円	三〇〇人
活動女優	八〇〇円	一〇〇円	一五〇円	二〇〇人
歯科医開業	六〇〇円	一五〇円	二〇〇円	二〇人
歯科医非開業	一五〇円	六〇円	一二〇円	七〇人
作家	四〇〇円	一〇〇円	一五〇円	五〇人
美容術師	五〇〇円	一〇〇円	一五〇円	三〇人
教育家	三〇〇円	一二〇円	一五〇円	五〇人
髪結	七〇〇円	八〇円	一三〇円	九一八〇人
遊芸師匠	四〇〇円	九〇円	一三〇円	三〇〇人
産婆	五〇〇円	八〇円	一五〇円	四六一七人
自動車運転手	三〇〇円	八〇円	一五〇円	二三人
写真師	二〇〇円	八〇円	一二〇円	一〇人
〈中の部〉				
中等教員	一四二円	七〇円	一〇〇円	八四七人
ガイド	一五〇円	八〇円	一〇〇円	五人
薬剤師	二〇〇円	五〇円	八〇円	五〇人
記者	一五〇円	七〇円	一〇〇円	四〇人
按摩	一五〇円	五〇円	八〇円	一二三〇人
モデル	一五〇円	六〇円	七五円	一三〇人
速記者	一五〇円	七〇円	九〇円	一〇人

探偵	一二〇円	六〇円	八〇円	一五〇人
外交員	一五〇円	五〇円	八〇円	一五〇人
女中（旅館料理店）	三〇〇円	一五円	八〇円	三〇〇人
女給	二〇〇円	二〇円	七〇円	五〇〇〇人
車掌	一一〇円	五〇円	七〇円	一五〇人
官公吏	一〇〇円	六〇円	八〇円	三〇人
小学教師	一〇〇円	四五円	七〇円	一五九八人
〈下の部〉				
タイピスト	一〇〇円	三〇円	五〇円	一七四四人
事務員	七五円	三〇円	三五円	一五〇〇〇人
図書館員	八〇円	四〇円	五〇円	三〇人
製図師	六〇円	三六円	四五円	一七〇人
看護婦	一〇〇円	三六円	五〇円	六五九四人
保姆	一一〇円	三〇円	五〇円	二六一人
伝導師	九〇円	四〇円	六〇円	二〇〇人
製糸教婦	九〇円	四〇円	六〇円	一〇人
交換手	八三円	二〇円	三五円	八五〇〇人
店員	八五円	二〇円	三五円	四五〇〇人
派出婦	四五円	一五円	二七円	一二〇〇人
女中（家庭）	二〇円	一〇円	一五円	三五〇〇〇人
女給（演技場）	五〇円	三〇円	四〇円	一五〇〇人
女工	七〇円	一五円	二六円	五三八一四人

文壇諸家年齢調（昭和三年）

五十八　花袋。秋声。
五十七　藤村。綺堂。碧梧桐。
五十六　鏡花。紅緑。
五十五　小剣。虚子。
五十四　米次郎。如是閑。
五十三　天渓。秋江。柴舟。葵。水穂。薫園。
五十二　晶子。吉蔵。空穂。
五十一　青果。曙夢。
五十　荷風。白鳥。晁。
四十九　喬松。汪洋。
四十八　草平。薫。
四十七　小弥太。未明。敏郎。茂吉。
四十六　三重吉。雨情。長江。実篤。
四十五　雨雀。御風。直哉。夕暮。能成。八千代。
四十四　伸。星湖。嘉六。豊隆。井泉水。
四十三　白秋。秀雄。牧水。介春。作次郎。
四十二　梧平。実三。潤一郎。武羅夫。紘二郎。勇。亀之助。久雄。
四十一　朝鳥。弥生子。資夫。鐘一。善蔵。一夫。幹彦。有三。滝太郎。和。士行。弴。
四十　善郎。武雄。柳虹。広一郎。豊彦。
三十九　蝶介。寛。万太郎。喬二。宗悦。犀星。真澄。繁俊。梢風。修。英一。
三十八　三郎。精二。純。与志雄。祀一。砕花。
三十七　浩二。正雄。於菟吉。源吉。和郎。
三十六　春夫。新三郎。大学。民樹。
三十五　春月。修太郎。初之輔。八十。茂索。黒石。辰雄。荘八。浩三。房雄。
三十四　吉二。信子。政二郎。秀吉。
三十三　孝作。鉄兵。貞雄。嘉樹。
三十二　延造。
三十一　利一。健。
三十　康成。経一。与一。義三郎。士郎。
　　　東光。
　　　百合子。

祝祭日の解

四方拝　一月一日。早旦歳旦祭を行ふに先立ち天皇神嘉殿の南庭に出御天地四方の神祇並に山陵を拝し給ふ御儀。これ敬神崇祖の大御心に基かせらるゝなり。

元始祭　一月三日。報本反始の義に基き歳首に皇位の元始を祝して三殿に於て（賢所「宝鏡を奉安す」皇霊殿「神武天皇以来御歴代の天皇及追尊天皇、皇后、皇妃、皇親の御霊を奉斎す。」神殿「天神地祇八百万神を奉斎す」）御親祭あらせらるゝ御儀。元始の名は古事記に、「元始の綿邈《めんよう》たる先聖に頼りて神を産み人をたまひし世を察《あきら》かにす」と云ふに出づ。

新年宴会　一月五日。陛下豊明殿に出御、宮中席次第一階第二階及び第三階の内高等官二等、功二級、錦鶏間祗候、勅任待遇、勲一等雇外国人、外国使臣に陪宴を賜ひ、伯子男爵及有位華族、宮内勅任官、同待遇、奏任官、同待遇に酒饌を賜はる。

紀元節　二月十一日。神武天皇橿原宮に即位せられたる日にして、陰暦の正月元日に相当す。明治六年従来の五節を廃し、この日を紀元節と称し、同年改暦の後、二月十一日を以て行はせらるゝ事に定む。

地久節　三月六日。皇后陛下御誕辰の佳節。此の日宮内官吏の拝賀を受けさせられ、酒饌を賜はる。各女学校は祝意を表して休業す。

春季皇霊祭　春分日。皇霊殿に於て歴代の天皇を始め、追尊天皇、皇后、皇妃、皇親を御親祭あらせらる。この日また神殿を御親祭あらせらる。

神武天皇祭　四月三日。この日は神武天皇崩御の日なるを以て御追孝の為皇霊殿に於て御親祭あらせられ、又当日畝傍山東北陵には勅使をして奉幣せしめらる。

天長節　四月二十九日。今上陛下御降誕の佳節を奉祝する日なり。此の日観兵式を挙行せられ、各国使臣並に文武百官、華族の拝賀を受けさせられ、豊明殿に於て御祝宴を催さる。

秋季皇霊祭　秋分日。次第春季皇霊祭に同じ、神殿祭また同じ。

神嘗祭　十月十七日。諸神に先ちて新穀を天照大御神に供へ奉る御儀にして神宮並に賢所に於て行はせらる。神宮にては十六日豊受大神宮を、十七日皇大神宮を祭らしめ給ひ、勅使参向して奉幣す。賢所は十七日御親祭あらせられ、之に先ちて神宮を御遥拝あらせらる。

明治節　十一月三日。明治天皇の御偉徳を仰ぎ奉り、明治の昭代を永く記念せんが為め、祝日なり。詔書に「朕カ皇祖考明治天皇盛徳大業夙ニ曠古ノ隆運ヲ啓カセタマヘリ茲ニ十一月三日ヲ以テ明治節ト定メ臣民ト共ニ永ク天皇ノ遺徳ヲ仰キ明治ノ昭代ヲ追憶スル所アラムトス」とあり。

新嘗祭　十一月二十三日。当年の新穀を以て皇祖天照大御神を始め奉り天神地祇を天皇御親ら請饗し給ひ、御親らも之を聞食す御儀。先づ二十三日夕の儀、後に二十四日暁の儀あり。又当日神宮には勅使をして奉幣せしめ給ひ、官国幣社にも奉幣せしめ給ふ

大正天皇祭　十二月二十五日。大正天皇崩御の日なるを以て、皇霊殿に於て御親祭あらせられ、多摩陵に勅使をして奉幣せしむ。

紀元節・天長節を祝日と定む

（明治六年太政官布告）
今般改暦に付人日・上巳・端午・七夕・重陽の五節を廃し、紀元節・天長節の両節を以て自今祝日と被定候事。

大祭小祭

大祭とは天皇皇族及官僚を率ゐて、御親ら御祭典を行はせ給ふを云ひ、小祭とは天皇、皇族及官僚を率ゐて御親ら御拝遊ばさるゝを云ふ。皇室祭祀令に載せられたる大祭小祭は左の如し。

大　祭

元始祭。紀元節祭。春季皇霊祭。春季神殿祭（春分日）。神武天皇祭。秋季皇霊祭。秋季神殿祭。（秋分日）神嘗祭。新嘗祭。大正天皇祭（以上恒例の大祭）先帝以前三代の式年祭。先后の式年祭皇妣たる皇后の式年祭（以上崩御日に相当する日）

小　祭

歳旦祭（一月一日）。孝明天皇例祭（一月三十日）。祈年祭（二月十七日）。仁孝天皇例祭（二月二十一日）。天長節祭（四月廿九日）。明治天皇祭（七月卅日）。賢所御神楽（十二月中旬）。（以上恒例の小祭）皇妣たる皇后の例祭。綏靖天皇以下先帝以前四代に至る歴代天皇の式年祭（以上崩御日に相当する日）

家庭儀式

着帯祝　妊娠五ケ月目に帯を締める式、是れを岩田帯とも云ふ、多く戌の日を選びて行ふ。

七夜の祝　小児生れて七日目の祝、此日始めて名を命る。

宮　参　男子は生後三十二日目、女子は三十三日目に土産神に詣でる式、但し西京地方にては百日目に行ふ所あり、宮中皇子の御誕生は五十日目に行はせらる。

喰初祝　生後百二十日目に米飯魚肉を食せしむる祝。

初誕生　子女生れて満一年の誕生日に行ふ祝。

初節供　生後初めての節供にて、女子ならば三月三日の雛祭。男子ならば五月五日の端午を祝ふを云ふ。但し産後廿一日を過ぎざる時は翌年行ふの慣例なり。

七五三祝　男女共三歳を髪置、男児五歳を袴着女児七歳を帯解の祝ひとして何れも十一月十五日土産神に参詣するなり。

就学祝　子女が満六歳に及びて初て小学校に入る時行ふ祝昔初て其子七歳に及びて手習の師に就く時、将来の幸福発達を祈りて祝ひると同趣意なれば是れを行ふ事当然なるべし。

還暦の祝　本赴返りの祝とも云ふ、男女六十一歳の誕生日に行ふ。

古稀の祝　七十歳の誕生日に紅白の餅を作りて知己に配る。

喜の字祝　七十七歳の誕生日に行ふ、七十七の三字を合すれば、草書の喜の字に似たるよりしかいふ、此祝には餅并びに扇子又は袱紗に喜の一字を書して配りなどす。

八十の祝　餅など配る事喜の字祝に同じ。

米の字祝　八十八歳の誕生日に行ふ、八十八の三字を重ぬれば米の字なるが故にしか云ふなり。

参考懐石の献立

○春の部

◎その例　一

向附　鮒糸づくり　寒ちさ　煮酒かける
椀盛　干鱈　牛蒡大輪切　もやし三つ葉
吸物　水ぜん寺　海苔
汁　合せみそ　小蕪葉つき　二つ
引肴　かれい塩やき　香の物細根大根
八寸　鮑の塩やき　蕗のたう　甘煮
草〔ママ〕子　夜の梅

◎その例　二

向附　鮭　わさび　みかん酢
椀盛　鴨　巻ゆば　せり
吸物　筍の小口切二つ
汁　岡崎みそ　うど　笹ふき
引肴　鯛むし焼　香の物　天王寺かぶ
八寸　からすみ　茄子の初夢つけ
菓子　若菜きんとう

○夏の部

◎その例　一

向附　鯉うすづくり　よめ菜をゆで二杯酢
椀盛　たけの子　さや豌豆　白うを
吸物　松露
汁　赤みそ　割根芋
引肴　鰺塩焼　たで酢
八寸　小鮎　つけ焼　海苔
菓子　蒸羊かん

◎その例　二

向附　鮎塩焼　たで酢
椀盛　鮑　夏かぶ　岩たけ
吸物　海苔
汁　合せみそ　わかめ
引肴　鰹　香の物　牛蒡一夜づけ
八寸　鯛せんべい　小茄子　甘煮
菓子　水羊かん

○秋の部

◎その例　一

向附　鯖細づくり　三杯酢　針生姜を添
椀盛　新いも　鮑　薄くず
吸物　貝の柱
汁　八丁味噌　冬瓜
引肴　鮎てり焼　とまとをそへる
八寸　海老煎餅　くるみ飴煎
菓子　上り羊かん

◎その例　二

向附　はものてり焼
椀盛　鳥の団子　いもがら　新まめ
吸物　小うめ
汁　半みそ　ほし大根
引肴　鮎ぎよてん　新生姜
八寸　からすみ
菓子　そば饅ぢう

○冬の部

◎その例　一

向付　鯛てつか煮　焼松たけをそへる
椀盛　鴨のたゝき　榎たけ　銀杏
吸物　海苔
汁　白みそ　鯨こま〳〵
引肴　鰕鬼がら　百合根　香の物大根
八寸　大徳寺納豆
菓子　蜂屋柿

◎その例　二

向付　海老のてんぷら　卸し大根
椀盛　そば豆腐　にしきおろし
吸物　きんこ　もやし独活
汁　半みそ　豆腐
引肴　やき鳥　栗甘煮　香の物かぶ
八寸　白魚てり焼
菓子　蒸羊かん

家庭常備薬

1　重曹＝消化不良、急性胃腸カタル其他一般胃腸病に特効あり、一回の量一瓦（匙一杯）なり又た咽頭、気管支カタル等に吸入用として用ふ、薬用の外煮沸用として料理にも使ふ。

2　瀉利塩＝下剤なり、便秘、脚気の薬小児虫下しに宜し一回の量十五瓦小児は五瓦乃至八瓦

3　ひまし油＝不消化物、腐敗物等を食し、急性腸カタル、腹痛を起したる場合に排泄用として効あり、一回の量三十瓦、水若しくは薬に溶かして用ふ。

4　アスピリン＝解熱剤なり、感冒の妙薬、肺炎、肋膜炎等に宜し、一回四乃至〇、八瓦とす

5　亜鉛華＝擦傷、皮疼、あかぎれ、乳首傷其他皮膚の爛れ、湿疹、潰瘍に効あり、撒布剤なるも亜鉛華一、豚脂九の割合にて軟膏に溶し塗る方宜し。

6　明礬＝漬物、腋臭、耳鼻出血に用ひて効あり、粉末のまゝにても或は十倍乃至百倍の水として用ふるも宜し、又た飲料水の消毒、茄子漬の色を好くするに用ふ。

7　硼酸＝眼、耳、鼻、咽頭炎、膣炎、其他瘡口等の洗滌用なるも亦た含嗽に用ふ、普通水五十倍に溶かして用ふ。

8　酒精（アルコール）＝蚤、蚊等に螫された時其他瘡口を消毒し又は蒸気吸入の燃料とす。其他絆創膏、葡萄酒、食塩、ワセリン、揮発油、ナフタリン、脱脂綿、スポイト等は必ず備へ置くべし。

素人心得簡易治療法

1　狗に咬れし時＝傷口を圧して血を絞り冷水又は石炭酸にて洗ひ稀塩酸二三滴を点じ布にて捲き医師の手当を受くべし。

2　蜂に螫されし時＝芋がらの汁を塗る、或は乾柿を噛みて塗るもよし。

3　火傷＝少しの火傷なれば塩酸コカイン二瓦水百瓦を混じて塗るべく或は芋を磨りて塗るもよし軽傷には胡麻油を塗りてもよし。

4　挫傷＝冷水にて患部を洗ひ沃度丁幾を塗り石炭酸又は冷水に浸したる布にて繃帯すべし

5　肉類の中毒＝羽毛にて咽頭を摩し吐逆を起さしめ後多量の砂糖水を与ふ又た吐逆甚しき時は氷又は冷水を与ふべし。

6　菌中毒＝羽毛にて吐逆し後単寧又は酢を呑むべし。

7　鼻血の止らぬ時＝明礬に酢を交ぜたるを綿に浸し鼻孔に挿込むか或は鼻孔に吹込む事。

8　歯の痛＝齲歯はケレオソートに酒精を加へ綿に浸してうろへ挿入す或は阿片ヱキス二、蜂蜜二十瓦を水百瓦に溶いて含嗽するもよし。

9　刺を抜くには＝鳳仙花の実を松葉にて焼いて付ける。

10　魚の骨咽に立つし時＝飴切糖《ブッキリアメ》を団子程に丸めて呑むか或は硼砂末を溶かして飲むもよし。

11　眼に異物の入りたる時＝成るべく擦らず眼瞼をかへし脱脂綿又は布を水に湿してとるべし或は紙撚を湿してとるもよし。

汚点除去法

○葡萄酒、果実の汁、珈琲等の汚点は、汚点れたる所を過酸化水素にて充分湿ふし、次に鉛化アンモニアに浸せば暫くにして汚点消ゆ、最後に清水にて能

く洗滌すべし。

○牛乳の汚点は、少くとも汚れたる部分を六時間水に浸し後石鹸にて洗へば大抵消ゆ、若し消えざる時は枸縁油に浸し一時間を経て水にて洗ひ最後に石鹸にて洗へば悉く消ゆるなり。

○インキの汚点は、重蓚酸加里二瓦。蒸溜水八八瓦グリスリン、一〇瓦の混液に三時間計り浸し摩擦したる後温湯にて洗ふ。

○ペンキワニスの汚点は、二クロールヒドリンの酒精溶液を以て洗滌すべし。

○酸類の汚点は、黒色又は褐色に染めし衣類に酸が附きて赤色に変じたる時はアンモニア水か苛性アルカリ液を浸したる布にて其部を擦るべし

○樹脂及茶の汚点は、附きしもの木綿なれば精製テルピン油にて其部を拭ひ吸取紙にて圧搾し熱きアイロンにて乾燥せしめ最後に熱き石鹸水にて洗滌す、汚点の附きしもの絹類なればクロ、フオルムに浸し、其発散後、白色麺粉を散布し吸取紙にて圧搾し熱きアイロンにて乾燥せしむべし、猶汚点消えざる時はクロ、フオルムに卵黄の幾分を混合し使用すれば消散す。

○血液の汚点は、〇、五%の塩水か砂糖溶液或はグリスリーンを以て其汚点を洗へば除去し得べし、又食塩二瓦。

花樹の栽培

花木名	植替季節	手入季節	繁殖法
つゝじ	春、秋、入梅時	秋、入梅時	挿木（入梅）根分（四月）
夾竹桃	春、入梅	冬	挿木（八十八夜）／とり木（入梅）
木芙蓉	植替を嫌ふ	冬	根分（八十八夜）／挿木（秋）
まんさく	春	秋	とり木（春）
水木《とさみづき》	春	秋	根分（秋）
金雀花《ゑにしだ》	春、秋	冬	挿木（春）
金銀木	春	―	挿木、接木
棠　檀	春、秋、入梅	七月	挿木（春）／実生、とり木
落霜紅《うめもどき》	春、秋	―	呼接（春）
くちなし	春、入梅	春	挿木（入梅）／実生
石楠木	四、五月	冬	―
瑞丁香《じんちやうげ》	入梅	三月	挿木（入梅）
紫金牛《やぶこうじ》	春、入梅	―	挿木（入梅）
万　両	入梅	冬	実生（春）
らふばい	早春	三月	切接（春）
連翹《れんぎよう》	秋	六月	挿木（春）
金蝋梅《きんらふばい》	春、秋	春	挿木（春）
にわうめ	春、秋	春	実生、かぶわけ
山茱萸《やまぐみ》	春、秋	春	挿木（春、入梅）
こでまり	春	春	挿木（春）
長春花《ちやうしゆんはな》	春、秋	―	挿木（春、秋）
ぼたん	十月	秋、冬	根分（秋）
芍　薬	秋	冬	根分（秋）
やまぶき	十一月	春	根分（早春）
夏　椿	春、秋	春	挿木（入梅）
むくげ	春、秋、入梅	入梅、土用	挿木（春）
もくれん	春	―	根分、とり木

洋服礼装の心得

通常礼装　上着は黒地フロツクコート。チヨツキは上着と同質の生地、夏期は白を用ふるも宜し、ズボンは竪縞。ネクタイは白の竪結びを主とするも場合に依りては薄色の品良きを用ふるも宜し、カラーは立襟若しくは折襟、帽子はシルクハツト、靴は黒、シヤツ及手袋は白とす、但し葬儀にはズボン、ネクタイ、手袋其他ボタンの類も凡て

黒を用ふべし。

半礼装　昼間の結婚式、歓迎会、茶話会、寺院詣、マチネー又は午後の訪問等には上着は黒地モーニング、チヨツキは上着と同質の生地を宜しとするも場合に依りては変りチヨツキ、夏期は白を用ひても宜し、ズボンは竪縞とす、又カラーは竪襟折襟を主とするもダブルカラーを用ゆるも差支なし、帽子はシルクハツトを最適とす、但し場合に依り中山或は中折帽又夏期はタスカン、麦藁帽を用ふるも宜し、靴は黒、シヤツは白、茶話会等にては縞を用ふるも差支なし。

夜　会　夜間の結婚式、舞踏会、歓迎会等の宴会には燕尾服を着るべし、ネクタイは白の蝶結び、カラーは立襟若しくは折襟、帽子はシルクハツト、靴は黒、シヤツは燕尾服用ワイシヤツ、手袋は白とす。

観劇又は略式の晩餐会には上着にタキシードを着るも差支へなし、此場合には帽子は中山、中折にて宜し、又劇場にてはオペラハツト、リボンの付いたオペラシース、手袋は劇場用白ケープを用ふ。

欧式食卓の心得

座　席　食卓に於ける主人の席は角の卓なれば中央、主婦の席は主人と向き合の中央とす。主賓の男客は主婦の右。女客は主人の右席なり。特に席順の定まれる場合の外は他の客は随意に卓に就くべし。

挨　拶　主客の挨拶は食事が済みデザートコース（果物菓子の出る時）に入てからが宜い。

パ　ン　は手で割つて喰べナイフを使ふは宜しからず、正式のテーブルにてはバタを付くるべからず。

スープ　皿の前のスプーンにて外側に向けて吸ふべし。

アスパラガス　指で摘んで先の方三分の一位を食すべし。

酒　三個のテーブル・グラスの中遠き処にあるはシヤンパン、左はクラレツト、右はセリーなり。自分の飲まない杯は伏せて置くべし。

薬　味　正式のテーブルには薬味の類は用ふべからず、但し食塩は用ひて宜し。

ナプキン　席が定まつたらナプキンを膝の上に拡げて置くべし、洋服のチヨツキや和服の襟に挟むは見苦し。

ナイフとフオーク　正式のテーブルには必ず大小のナイフとフオークがある、其の小さき方は凡て魚料理を喰ふに用ふるものなり。ナイフは右、フオークは左に持ち音を立てずに静かに食すべし、尚ほナイフを用ひずして喰べられるものはフオーク丈にて食すべし。

フインガボール　凡ての食事が済むとフインガボールが各自に廻される、これにて口を嗽ぎ指先を洗ひ膝のナプキンを取つて拭くべし。

花言葉

近来西洋の風伝はりてより、吉凶事に花輪或は花束を進物となし、又婦人の装飾として用ふる事尠からず。而かも花には夫々意味あり、或は情意を表はし或は言語を代表せしむ。弁識なくして紊りに花を贈り、人の意を損ずる事あるべからず。

薔薇の花	幼弱
卯の花	幼年

雁来紅	友情と春
白百合	純粋
黄薔薇・桃色薔薇・桃花	情愛
鳳仙花・水百合	淡白
水仙／照日葵	痴愚
忍　冬	愛着
虎耳・山芹菜	信仰
金雀花	家徳
金盞花	嫉妬
月桂樹	勝利凱旋
橄欖・柘榴	和親平和
黄百合花	虚飾
菫	謙譲謹厚
欝金草	華美
野薔薇	嫉妬
夕　顔	脆弱
梅	貞節
燕子花	音信
柏	豪気
菊	高潔
金盞草	心配
百日紅	雄弁

忌服日数

親族	忌日数	服日数
高祖父	十日	三十日
父　母	五十日	十三月
養父母	三十日	百五十日
嫡　母	十日	三十日
継父母	十日	三十日
夫	三十日	百五十日
妻	二十日	九十日
嫡　子	二十日	九十日
末　子	十日	三十日
養　子	十日	三十日
夫父母	三十日	百五十日
祖父母	三十日	百五十日
曽祖父母	二十日	九十日
伯叔父母	二十日	九十日
兄弟姉妹	二十日	九十日
異父母兄弟	十日	二十日
嫡　孫	十日	二十日
末　孫	三日	七日
曽　孫	三日	七日
玄　孫	三日	七日
従兄弟姉妹	三日	七日
甥　姪	三日	七日

世界の国花

桜は我が国民性を表徴し、薔薇は英国人が花の王と称して推称措かざる如く、世界各国夫々其の国と国民とを代表する花尠からず。今之を示せば左の如し。

日　本	桜
支　那	牡丹
印　度	けし
英吉利	薔薇
蘇格蘭	あざみ
愛耳蘭	しろつめぐさ
仏蘭西	あやめ又は百合
伊太利	雛菊
独　逸	矢車菊
西班牙	橘
希　臘	菫菜
秘　露	ひまはり
波　斯	チユーリツプ
埃　及	蓮
合衆国	山櫨子
墨其哥	さぼてん

東京市内及近郊桜名所樹数

（植物園老樹斎氏調査）

上野公園	二、四〇〇
中川堤	二、一〇〇
小金井	一、八五〇
荒川堤	一、七〇〇
高井戸	一、四〇〇
井の頭	一、四〇〇
江戸川堤	一、四〇〇
向島土手	一、三〇〇
新小金井	一、一〇〇
飛鳥山	八七〇
小岩村	六七〇
植物園	五八〇
芝公園	五七〇
靖国神社	五五〇
清水谷公園三宅坂	五二〇
小石川江戸川端	四五〇
日比谷	四二〇
英国大使館前	三三〇
山王公園	三二〇

右の中向島土手は枕橋より言問附近迄約五百坪関東大震災に焼亡せり。

結婚記念式

西洋にては結婚後左の式年に祝宴を開き、知己は式年の名称に依る品にて記念品を製りて贈る習はしあり、現今にては中に廃れたるものあるも、銀婚金婚の両式は尚盛んに行はる。

一年	綿婚式
二年	紙婚式
三年	革婚式
四年	花実婚式
五年	木婚式
六年	糖婚式
七年	絨婚式
八年	護謨婚式
九年	楊婚式
十年	錫婚式
十一年	銅婚式
十二年	絹婚式
十三年	レース婚式
十四年	牙婚式
十五年	水晶婚式
二十年	陶婚式
二十五年	銀婚式
三十年	真珠婚式
四十年	紅玉婚式
五十年	金婚式
七十五年	金剛石婚式

月の宝石

西洋古来よりの迷信にて、誕生月に於ける左の宝石を指輪其他の装飾品に作り、日常着用すれば多幸なりと言ひ伝ふ。

一月	柘榴石
二月	紫水晶
三月	血玉髄及藍緑玉
四月	金剛石
五月	緑玉
六月	真珠及月長石
七月	紅玉
八月	紅縞瑪瑙及橄欖石
九月	青玉
十月	蛋白石及電気石
十一月	黄玉
十二月	土耳其玉及瑠璃石

各国貨幣の換算

英国

磅《ポンド》（二十志）　九・七六三〇円

志《シリング》（十二片）	○・四八八一円
片《ペンニー》（四ファシング）	○・○四○七円
ファシング	○・○一○二円
弗銀（一ドルラル）	一・一○四○円
香港弗銀一ドルラル	一・一○四○円
米国	
弗《ダラー》（百仙）	二・○○六○円
仙《セント》	○・○二○○円
独逸	
馬克《マーク》	○・四七八○円
布《プェンニヒ》	○・○○四八円
仏、白、瑞西	
法《フラン》（百参）	○・三八七○円
参《サンチーム》	○・○○三八円
伊国	
リラ（百参）	○・三八七○円
参	○・○○三八円
丁抹、瑞典・諾威	
クーロン	○・五三八○円
和蘭	
ギルドル	○・八○六○円
西班牙国	
ペセタ	○・三八七○円
葡萄牙	
ミルリー	二・一六八○円
土耳其	

ピアストル	○・○八八○円
墺匈国	
クローネ	○・四○七○円
露国	
留《ルーブル》（百コペツク）	一・○三二○円
コペツク	○・○一○○円
支那国	
両《リャン》（テール）（十銭）	
上海両	一・五○○○円
天津両	一・五八四○円
漢口両	一・五三七○円
銭《セェン》（メース）（十分）	
フエン上海両	一五二・○円
分（カンタリン）（十厘）	
同両	○・○一五○円
厘《リー》（カツシユ）	○・○○一五円
海関両百両	
上海両	一一一・○四○○円
英領印度	
留比《ルピー》	○・六六二○円
暹羅	
チカル	○・七○七○円
墨其西哥	
弗（百仙）	一・一一一○円
仙	○・○一一二円

新制度量衡表

系	度						面積		
								土地	
メートル法	ミリメートル（メートルの千分の一）	センチメートル（メートルの百分の一）	デシメートル（メートルの十分の一）	メートル	キロメートル（千メートル）	海里（千八百五十二メートル）	平方メートル	アール（百平方メートル）	ヘクタール（百アール）
尺貫法	厘 三・三〇〇〇〇	分 三・三〇〇〇〇	寸 三・三〇〇〇〇	尺 三・三〇〇〇〇	町 九・一六六六七	町 一六・九七六六七	平方尺一〇・八九〇〇〇	歩 三〇・二五〇〇〇	町 一・〇〇八三
ヤードポンド法	インチ 〇・三九三七〇	インチ 〇・三九三七〇	フート 〇・三二八〇八	ヤード 一・〇九三六一	マイル 〇・六二一三七	マイル 一・一五〇七八	平方ヤード 一・一九五九九		

系	量				衡				
		液体瓦斯体粒状物又は粉状物							
メートル法	立方メートル	ミリリットル（リットルの千分の一）	リットル（立方デシメートル）	キロリットル（千リットル）	ミリグラム（キログラムの百万分の一）	グラム（キログラムの千分の一）	キログラム	トン（千キログラム）	宝石類カラット（二百ミリグラム）
尺貫法	立方尺三五・九三七〇〇	勺 〇・〇五五四三	合 五・五四三五二	石 五・五四三五二	毛 〇・二六六六七	分 二・六六六六七	貫 〇・二六六六七	貫 二六六・六六六六七	厘 五・三三三三三
ヤードポンド法	立方ヤード一・三〇七九五		ガロン 〇・二六四一七	ガロン 二六四・一七〇四	グレーン 〇・〇一五四三	グレーン一五・四三二一〇	ポンド 二・二〇四五九	英トン 〇・九八四一九	グレーン 三・〇八六四二

尺	メートル	〇・三〇三〇三
間	メートル	一・八一八一八
町	メートル	一〇九・〇九〇九一
里	キロメートル	三・九二七二七
歩又坪	アール	〇・〇三三〇六
段	アール	九・九一七三六
升	リツトル	一・八〇三九一
貫	キログラム	三・七五〇〇〇
斤	キログラム	〇・六〇〇〇〇
メートル	鯨尺尺	二・六四〇〇〇
鯨尺尺	メートル	〇・三七八七九
インチ	センチメートル	二・五四〇〇〇
フート	デシメートル	三・〇四八〇〇
ヤード	メートル	〇・九一四四〇
マイル	キロメートル	一・六〇九三四
ヲンス	グラム	二八・三五〇〇〇
ポンド	キログラム	〇・四五三六〇
英トン	トン	一・〇一六〇六

メートル法はメートルより上に十進する時はメートルの上にデカ・ヘクト・キロを冠し下に十進する時はデシ・センチ・ミリを冠す、故にキロメートルと言へば千メートルの事にして凡そ我が九町十間に当る。

換算便法

米を間に直すには　一割加へて二で割る
米を尺に直すには　一割加へて三倍する
瓩《キロ》を貫に直すには　二割引いて三で割る
貫を瓩に直すには　四で割つて千五倍する
斤を瓩に直すには　五で割つて三倍する、又は〇・六をかける

メートル法は仏国の制定にして千八百八十九年万国度量衡会議に於て是れを採用せるより世界的となれるものなり、我国に於ても右会議に参加同盟し原器として合金製のメートル尺及びキログラム分銅を受け、従来慣行の度量衡法と併用せる事とせり、従つて彼我の計数比較を簡便ならしむる要あるを以て、明治二十四年該原器を基準として本邦固有の尺貫に多少の改正を行ひ、（一メートルの卅三分の十を一尺とせる如き）二十六年一月より是れを実施せり、されど実際に於ては二者を併用する為め換算に手数を要するのみならず、本邦度量衡法には又各種の系統ありて煩雑尠からざる為め大正十年四月是れが統一を期する目的にて、原器其侭を基本とする新法を制定さる、新法は官公署、学校、大工場は大正十三年七月一日より十ケ年、一般には二十個年以内に実施せらるゝ筈なり。

複利積算表

毎半年ニ利子ヲ元金ニ繰込ミ元金ノ合計ヲ示ス

年次	一年	二年	三年	四年	五年	十年	十五年	二十年	二十五年	三十年	三十五年	四十年	四十五年	五十年
三分	圓 一・〇三〇二	一・〇六一三	一・〇九三四	一・一二六四	一・一六〇五	一・三四六三	一・五六三〇	一・八一四〇	二・一〇五二	二・四四三二	二・八三五四	三・二九〇七	三・八一九一	四・四二一一
四分	圓 一・〇四〇四	一・〇八二四	一・一二六一	一・一七一五	一・二一八八	一・四八五九	一・八一一一	二・二〇七八	二・六九一三	三・二八一八	四・〇〇〇五	四・八七六六	五・九四五六	七・二四七七
四分五厘	圓 一・〇四五五	一・〇九三〇	一・一四三八	一・一九四八	一・二四八一	一・五五九二	一・九四七九	二・四三一〇	三・〇三六七	三・七九三三	四・七三八七	五・九二八八	七・四〇六二	九・二五一六
五分	圓 一・〇五〇六	一・一〇二八	一・一五九六	一・二一八四	一・二八〇〇	一・六三八五	二・〇九三三	二・六八三七	三・四三五四	四・三九七七	五・六二九四	七・二〇六一	九・二二四五	一一・八〇七二
六分	圓 一・〇六〇九	一・一二五五	一・一九四〇	一・二六六七	一・三四三九	一・八〇六一	二・四二七一	三・二六一八	四・三八三六	五・八九一三	七・九一七四	一〇・六四〇三	一四・七二八七	一九・七九四一
七分	圓 一・〇七一二	一・一四七五	一・二二九二	一・三一六八	一・四一〇五	一・九八九七	二・八〇六八	三・九五九二	五・五八四九	七・八七八一	一一・一一二六	一五・六八七七	二二・一三九〇	三一・二一四一
七分三厘	圓 一・〇七四三	一・一五三〇	一・二三八七	一・三三〇八	一・四二九八	二・〇四六二	二・九二八四	四・一九一一	五・九九八二	八・五八四六	一二・二八六七	一七・三八四四	二五・一六六三	三六・〇一五四
八分	圓 一・〇八一六	一・一六九二	一・二六四六	一・三六七六	一・四七九四	二・一八九九	三・二四一七	四・七九八五	七・一〇三〇	一〇・五一四三	一五・五六六四	二三・〇四二二	三四・一〇八〇	五〇・四七四六
一割	圓 一・一〇二五	一・二一五五	一・三四〇〇	一・四七七三	一・六二八七	二・六五三三	四・三二一六	七・〇三六二	一一・四六一二	一八・六六九一	三〇・四〇八一	四九・五三一六	八〇・六八一七	一三〇・二〇六〇

利子早見表

元金	圓 一	二	三	四	五	一〇	二〇	三〇	四〇	五〇	六〇	七〇	八〇	九〇
年二割 一箇年	圓 〇・二〇	〇・四〇	〇・六〇	〇・八〇	一・〇〇	二・〇〇	四・〇〇	六・〇〇	八・〇〇	一〇・〇〇	一二・〇〇	一四・〇〇	一六・〇〇	一八・〇〇
一箇月	圓 〇・〇一六六六	〇・〇三三三三	〇・〇五〇〇〇	〇・〇六六六六	〇・〇八三三三	〇・一六六六六	〇・三三三三三	〇・五〇〇〇〇	〇・六六六六六	〇・八三三三三	一・〇〇〇〇〇	一・一六六六六	一・三三三三三	一・五〇〇〇〇
一日	圓 〇・〇〇〇五五	〇・〇〇一一一	〇・〇〇一六六	〇・〇〇二二二	〇・〇〇二七七	〇・〇〇五五五	〇・〇一一一一	〇・〇一六六六	〇・〇二二二二	〇・〇二七七七	〇・〇三三三三	〇・〇三八八八	〇・〇四四四四	〇・〇五〇〇〇
元金	圓 一〇〇	一五〇	二〇〇	二五〇	三〇〇	三五〇	四〇〇	四五〇	五〇〇	五五〇	六〇〇	七〇〇	八〇〇	九〇〇
年一割五分 一箇年	圓 一五・〇〇	二二・五〇	三〇・〇〇	三七・五〇	四五・〇〇	五二・五〇	六〇・〇〇	六七・五〇	七五・〇〇	八二・五〇	九〇・〇〇	一〇五・〇〇	一二〇・〇〇	一三五・〇〇
一箇月	圓 一・二五〇	一・八七五	二・五〇〇	三・一二五	三・七五〇	四・三七五	五・〇〇〇	五・六二五	六・二五〇	六・八七五	七・五〇〇	八・七五〇	一〇・〇〇〇	一一・二五〇
一日	圓 〇・〇四一六六	〇・〇六二五〇	〇・〇八三三三	〇・一〇四一六	〇・一二五〇〇	〇・一四五八三	〇・一六六六六	〇・一八七五〇	〇・二〇八三三	〇・二二九一六	〇・二五〇〇〇	〇・二九一六六	〇・三三三三三	〇・三七五〇〇
元金	圓 一、〇〇〇	一、一〇〇	一、二〇〇	一、三〇〇	一、四〇〇	一、五〇〇	二、〇〇〇	三、〇〇〇	四、〇〇〇	五、〇〇〇	六、〇〇〇	七、〇〇〇	八、〇〇〇	九、〇〇〇
年一割二分 一箇年	圓 一二〇	一三二	一四四	一五六	一六八	一八〇	二四〇	三六〇	四八〇	六〇〇	七二〇	八四〇	九六〇	一、〇八〇
一箇月	圓 一〇	一一	一二	一三	一四	一五	二〇	三〇	四〇	五〇	六〇	七〇	八〇	九〇
一日	圓 〇・三三三三三	〇・三六六六六	〇・四〇〇〇〇	〇・四三三三三	〇・四六六六六	〇・五〇〇〇〇	〇・六六六六六	一・〇〇〇〇〇	一・三三三三三	一・六六六六六	二・〇〇〇〇〇	二・三三三三三	二・六六六六六	三・〇〇〇〇〇

公債株式利廻一覧表

本表ハ公債株券（額面百圓）何株利附ヲ何圓ニ買入セバ何分ノ利廻リトナルヤヲ速ニ見出サン爲ニシタルモノナリ例ヘバ四分利附番號公債ヲ八十六圓ニ買入タルトキハ八十六ノ縦行ト四分ノ横行ト見合セタル四分六厘五毛ヲ以テ其利廻トナルヲ知ルベシ

金額	四分	五分	六分	八分	一割	一割二分
圓	割	割	割	割	割	割
五〇	〇・八〇〇	一・〇〇〇	一・二〇〇	一・六〇〇	二・〇〇〇	二・四〇〇
五一	〇・七八四	〇・九八〇	一・一七七	一・五六九	一・九六一	二・三五三
五二	〇・七六九	〇・九六二	一・一五四	一・五三八	一・九二三	二・三〇八
五三	〇・七五五	〇・九四三	一・一三三	一・五〇九	一・八八七	二・二六四
五四	〇・七四一	〇・九二六	一・一一一	一・四八一	一・八五二	二・二二二
五五	〇・七二七	〇・九〇九	一・〇九一	一・四五五	一・八一八	二・一八二
五六	〇・七一四	〇・八九三	一・〇七一	一・四二九	一・七八六	二・一四三
五七	〇・七〇二	〇・八七七	一・〇五三	一・四〇四	一・七五四	二・一〇五
五八	〇・六九〇	〇・八六二	一・〇三四	一・三七九	一・七二四	二・〇六九
五九	〇・六七八	〇・八四七	一・〇一七	一・三五六	一・六九五	二・〇三四
六〇	〇・六六七	〇・八三三	一・〇〇〇	一・三三三	一・六六七	二・〇〇〇
六一	〇・六五六	〇・八二〇	〇・九八四	一・三一一	一・六三九	一・九六七
六二	〇・六四五	〇・八〇六	〇・九六八	一・二九〇	一・六一三	一・九三五
六三	〇・六三五	〇・七九四	〇・九五二	一・二七〇	一・五八七	一・九〇五
六四	〇・六二五	〇・七八一	〇・九三八	一・二五〇	一・五六三	一・八七五
六五	〇・六一五	〇・七六九	〇・九二三	一・二三一	一・五三八	一・八四六
六六	〇・六〇六	〇・七五八	〇・九〇九	一・二一二	一・五一五	一・八一八
六七	〇・五九七	〇・七四六	〇・八九六	一・一九四	一・四九三	一・七九一
六八	〇・五八八	〇・七三五	〇・八八二	一・一七六	一・四七一	一・七六五
六九	〇・五八〇	〇・七二五	〇・八七〇	一・一五九	一・四四九	一・七三九
七〇	〇・五七一	〇・七一四	〇・八五七	一・一四三	一・四二九	一・七一四
七一	〇・五六三	〇・七〇四	〇・八四五	一・一二七	一・四〇八	一・六九〇
七二	〇・五五六	〇・六九四	〇・八三三	一・一一一	一・三八九	一・六六七
七三	〇・五四八	〇・六八五	〇・八二二	一・〇九六	一・三七〇	一・六四四
七四	〇・五四一	〇・六七六	〇・八一一	一・〇八一	一・三五一	一・六二二
七五	〇・五三三	〇・六六七	〇・八〇〇	一・〇六七	一・三三三	一・六〇〇
七六	〇・五二六	〇・六五八	〇・七八九	一・〇五三	一・三一六	一・五七九
七七	〇・五一九	〇・六四九	〇・七七九	一・〇三九	一・二九九	一・五五九
七八	〇・五一三	〇・六四一	〇・七六九	一・〇二六	一・二八二	一・五三八
七九	〇・五〇六	〇・六三三	〇・七五九	一・〇一三	一・二六六	一・五一九
八〇	〇・五〇〇	〇・六二五	〇・七五〇	一・〇〇〇	一・二五〇	一・五〇〇
八一	〇・四九四	〇・六一七	〇・七四一	〇・九八八	一・二三五	一・四八一
八二	〇・四八八	〇・六一〇	〇・七三二	〇・九七六	一・二二〇	一・四六四
八三	〇・四八二	〇・六〇二	〇・七二三	〇・九六四	一・二〇五	一・四四六
八四	〇・四七六	〇・五九五	〇・七一四	〇・九五二	一・一九〇	一・四二九
八五	〇・四七一	〇・五八八	〇・七〇六	〇・九四一	一・一七六	一・四一二
八六	〇・四六五	〇・五八一	〇・六九八	〇・九三〇	一・一六三	一・三九五
八七	〇・四六〇	〇・五七五	〇・六九〇	〇・九二〇	一・一四九	一・三七九
八八	〇・四五五	〇・五六八	〇・六八二	〇・九〇九	一・一三六	一・三六四
八九	〇・四四九	〇・五六二	〇・六七四	〇・八九九	一・一二四	一・三四八
九〇	〇・四四四	〇・五五六	〇・六六七	〇・八八九	一・一一一	一・三三三
九一	〇・四四〇	〇・五四九	〇・六五九	〇・八七九	一・〇九九	一・三一九
九二	〇・四三五	〇・五四三	〇・六五三	〇・八七〇	一・〇八七	一・三〇四
九三	〇・四三〇	〇・五三八	〇・六四五	〇・八六〇	一・〇七五	一・二九〇
九四	〇・四二五	〇・五三二	〇・六三八	〇・八五一	一・〇六四	一・二七七
九五	〇・四二一	〇・五二六	〇・六三二	〇・八四二	一・〇五三	一・二六三
九六	〇・四一七	〇・五二一	〇・六二五	〇・八三三	一・〇四二	一・二五〇
九七	〇・四一二	〇・五一五	〇・六一九	〇・八二五	一・〇三一	一・二三七
九八	〇・四〇八	〇・五一〇	〇・六一二	〇・八一六	一・〇二〇	一・二二四
九九	〇・四〇四	〇・五〇五	〇・六〇六	〇・八〇八	一・〇一〇	一・二一二
一〇〇	〇・四〇〇	〇・五〇〇	〇・六〇〇	〇・八〇〇	一・〇〇〇	一・二〇〇

万年七曜早見

第一表

記號	ト	ヘ	ホ	ニ	ハ	ロ	イ	ト	ヘ	ホ	ニ	ハ	ロ	イ	ト	ヘ	ホ
大正元年ヨリ昭和卅六年迄掲グ	元		二	三	四	五	五	六	七	八	九	九	十	十一			
	十二	十三	十三	十四	昭和元	二	三	三	四	五							
				六	七	七	八	九	十	十一	十一	十二	十三	十四	十五	十五	
			十六	十七	十八	十九	十九	二十	二十一	二十二	二十三	二十三	二十四	二十五			
	二十六	二十七	二十七	二十八	二十九	三十	三十一	三十一	三十二	三十三	三十四	三十五	三十五	三十六			

第二表

一月 十月	イ	ロ	ハ	ニ	ホ	ヘ	ト
二月 三月 十一月	ニ	ホ	ヘ	ト	イ	ロ	ハ
四月 七月	ト	イ	ロ	ハ	ニ	ホ	ヘ
五月	ロ	ハ	ニ	ホ	ヘ	ト	イ
六月	ホ	ヘ	ト	イ	ロ	ハ	ニ
八月	ハ	ニ	ホ	ヘ	ト	イ	ロ
九月 十二月	ヘ	ト	イ	ロ	ハ	ニ	ホ
一 八 十五 廿二 廿九	日	土	金	木	水	火	月
二 九 十六 廿三 三十	月	日	土	金	木	水	火
三 十 十七 廿四 卅一	火	月	日	土	金	木	水
四 十一 十八 廿五	水	火	月	日	土	金	木
五 十二 十九 廿六	木	水	火	月	日	土	金
六 十三 二十 廿七	金	木	水	火	月	日	土
七 十四 廿一 廿八	土	金	木	水	火	月	日

使用法　昭和三年三月二十五日は何曜日に当るかを求めんには、先づ第一表中「昭和三年」の上にある「ト」なる記号を認め置くべし、而して此「ト」は昭和三年の凡ての月に共通の記号なりと知るべし。次に第二表に「二月、三月、十一月」と記してある横行中「ト」の行を縦に見下し、而て此行と「二十五日」と記してある横行と落合ふ所にある曜日「日」は求むる所の日即ち昭和三年三月二十五日は日曜日なり。又此「日」と同じ横行中にある日付即ち四日、十一日、十八日、二十五日は、昭和三年三月中の日曜日を示すものなり。総べて閏年には年数の上にある二個の記号中、左の記号即ち昭和七年ならばロの記号を用ひ平年は直接上部にある記号を用ふるものと知るべし。

満年求月表

(右ハ生レ月ニテ上ハ当年ノ月ナリ其ノ求メントスル月ヲ対照シテ満年月ヲ得ベシ)

算月	一月	二月	三月	四月	五月	六月	七月	八月	九月	十月	十一月	十二月
一月	一年一月	一年二月	一年三月	一年四月	一年五月	一年六月	一年七月	一年八月	一年九月	一年十月	一年十一月	滿二年
二月	滿一年	一年一月	一年二月	一年三月	一年四月	一年五月	一年六月	一年七月	一年八月	一年九月	一年十月	一年十一月
三月	十一月	滿一年	一年一月	一年二月	一年三月	一年四月	一年五月	一年六月	一年七月	一年八月	一年九月	一年十月
四月	十月	十一月	滿一年	一年一月	一年二月	一年三月	一年四月	一年五月	一年六月	一年七月	一年八月	一年九月
五月	九月	十月	十一月	滿一年	一年一月	一年二月	一年三月	一年四月	一年五月	一年六月	一年七月	一年八月
六月	八月	九月	十月	十一月	滿一年	一年一月	一年二月	一年三月	一年四月	一年五月	一年六月	一年七月
七月	七月	八月	九月	十月	十一月	滿一年	一年一月	一年二月	一年三月	一年四月	一年五月	一年六月
八月	六月	七月	八月	九月	十月	十一月	滿一年	一年一月	一年二月	一年三月	一年四月	一年五月
九月	五月	六月	七月	八月	九月	十月	十一月	滿一年	一年一月	一年二月	一年三月	一年四月
十月	四月	五月	六月	七月	八月	九月	十月	十一月	滿一年	一年一月	一年二月	一年三月
十一月	三月	四月	五月	六月	七月	八月	九月	十月	十一月	滿一年	一年一月	一年二月
十二月	二月	三月	四月	五月	六月	七月	八月	九月	十月	十一月	滿一年	一年一月

徴兵適齢表

（昭和三年ヨリ七年迄ノ分）

年度	満二十歳トナリ徴兵ニ当ル者
昭和三年	明治四十年十二月二日生より同四十一年十二月一日生迄
昭和四年	明治四十一年十二月二日生より同四十二年十二月一日生迄
昭和五年	明治四十二年十二月二日生より同四十三年十二月一日生迄
昭和六年	明治四十三年十二月二日生より同四十四年十二月一日生迄
昭和七年	明治四十四年十二月二日生より大正元年十二月一日生迄

年度	満十七歳トナリ兵役ヲ志願シ得ル者
昭和三年	明治四十三年十二月二日生より同四十四年十二月一日生迄
昭和四年	明治四十四年十二月二日生より大正元年十二月一日生迄
昭和五年	大正元年十二月二日生より同二年十二月一日生迄
昭和六年	大正二年十二月二日生より同三年十二月一日生迄
昭和七年	大正三年十二月二日生より同四年十二月一日生迄

鉄道規則摘要

〇運賃対哩標準早見　（省線三等旅客運賃）

一哩―　五〇哩迄　（一哩ニ付）　金弐銭五厘
五一哩―一〇〇哩迄　（同）　金弐銭壱厘
一〇一哩―二〇〇哩迄　（同）　金壱銭七厘
二〇一哩―三〇〇哩迄　（同）　金壱銭四厘
三〇一哩―四〇〇哩迄　（同）　金壱銭弐厘
四〇一哩―五〇〇哩迄　（同）　金壱銭壱厘
五〇一哩以上ハ……一哩毎ニ　金壱銭
（一等運賃ハ三等ノ三倍、二等運賃ハ三等ノ二倍）

〇乗車賃算出法

例ヘバ五百哩ノ乗車賃ヲ算出スルニハ左記ノ方法ニ依ル

一哩―　五〇哩　（二五）　此計金　一、二五〇
五〇哩―一〇〇哩　（二一）　此計金　一、〇五〇
一〇〇哩―二〇〇哩　（一七）　此計金　一、七〇〇
二〇〇哩―三〇〇哩　（一四）　此計金　一、四〇〇
三〇〇哩―四〇〇哩　（一二）　此計金　一、二〇〇
四〇〇哩―五〇〇哩　（一一）　此計金　一、一〇〇
総計金　七、七〇〇　（厘位切上）

〇乗車乗船券通用期間　（発行当日ヨリ起算）

一　片道乗車券　百哩迄二日、以上百哩迄ヲ増ス毎ニ一日ヲ加フ
二　往復乗車券　片道乗車券通用期間ノ二倍
三　廻遊乗車券　延長百哩迄三日、以上延長百哩ヲ増ス毎ニ一日
四　割引其他特殊乗車券　別段ノ定メアル場合ヲ除ク外前記ニ依ル

〇途中下車

旅客ハ左ノ標準ニ依リ何レノ駅ニテモ途中下車ヲナスコトヲ得但シ私設線内ニハ相違アリ

省線内片道　五十哩迄　一回　千二百哩迄　四回
三百哩迄　二回　千二百哩一分以上　五回
七百哩迄　三回

〇寝台車使用料金　（四日前ヨリ発売）

各列車共　一等　並形　（一夜）　上段　金五円
下段　金七円
二等　大形　（同）　上段　ナシ

下段　金六円五十銭

二等　並形　（同）　上段　金三円

下段　金四円五十銭

・寝台車ノ使用ハ午後八時ヨリ翌午前八時迄トス

・大型寝台ハ大人二人ニテ使用スルコトヲ得ズ

・小児ハ同伴者アリ別ニ寝台ヲ要セザルトキハ無料

汽船寝台

一等寝台　下関、釜山、稚内、大泊間　一等旅客無料
　　　　　青森函館間　金壱円五拾銭

二等寝台　下関釜山間　金壱円
並形一個　青森函館間　金壱円
　　　　　稚内大泊間　金七拾五銭

○急行列車券

四年未満ノ小児ハ無料四年以上十二年未満ノ小児ハ半額

特別急行列車券ハ四日前ヨリ発売ス

哩程	特別急行列車			普通急行列車		
等級	一等	二等	三等	一等	二等	三等
二五〇哩迄	四、〇〇〇	二、五〇〇	一、三〇〇	二、〇〇〇	一、三〇〇	六五〇
五〇〇哩迄	六、〇〇〇	四、〇〇〇	二、〇〇〇	三、〇〇〇	二、〇〇〇	一、〇〇〇
五〇一哩以上	七、五〇〇	五、〇〇〇	二、五〇〇	三、七五〇	二、五〇〇	一、二五〇

○団体割引

普通団体、五十人以上一団トナリ三等車ニテ旅行スル場合、

特別団体、官公私立学校ノ学校生徒及工場法若ハ鉱業法ノ適用ヲ受クル工場ノ労働者鉱夫又ハ鉄道省ニテ特ニ認ムル労働者等五十人以上一団トナリテ三等車ニテ旅行ノ場合ハ季節ト人員トニ応ジ左表運賃ノ割引ヲ為ス但シ四月中ハ割引セズ

	人員	五十人以上	二百人以上	五百人以上
特別団体	第一期	二割五分	三割	四割
	第二期	四割	五割	六割
普通団体	第一期	一割	一割五分	二割
	第二期	二割	二割五分	三割

・普通、特別団体共団体ノ人員百人未満ノ時ハ内一人ヲ百人以上ノ団体ニハ百人毎ニ内一人ヲ監督者トシテ無賃ニテ乗車船ヲ為スコトヲ得

第一期　自一月一日　至一月十日
　　　　自三月一日　至三月末日
　　　　自五月一日　至五月末日
　　　　自七月一日　至十二月末日

第二期　自一月十一日　至二月末日
　　　　自六月一日　至六月末日

○普通定期乗車券運賃

二等運賃ハ本表ノ約十六割増、年齢十二年未満ノ小児ハ半運賃但シ此ノ場合ニハ戸籍抄本ヲ要ス

哩＼期間	一箇月（圓銭）	三箇月（圓銭）	六箇月（圓銭）	十二箇月（圓銭）
二哩迄	一、四〇	三、三五	五、三〇	八、三五
二・五	一、七〇	四、一五	六、五五	一〇、三五
三・〇	二、〇五	四、九〇	七、八〇	一二、三〇
三・五	二、三五	五、七〇	九、〇〇	一四、二五
四・〇	二、七〇	六、四五	一〇、二〇	一六、一〇
四・五	三、〇〇	七、二〇	一一、四〇	一八、〇〇
五・〇	三、三〇	七、九〇	一二、五五	一九、八〇
五・五	三、六〇	八、六五	一三、六五	二一、六〇
六・〇	三、九〇	九、三五	一四、七五	二三、三〇
六・五	四、一五	一〇、〇〇	一五、八五	二五、〇五
七・〇	四、四五	一〇、七〇	一六、九〇	二六、七〇
七・五	四、七〇	一一、三五	一七、九五	二八、三五
八・〇	五、〇〇	一二、〇〇	一八、九五	二九、九五
八・五	五、二五	一二、六〇	一九、九五	三一、五〇
九・〇	五、五〇	一三、二〇	二〇、九五	三三、〇五
九・五	五、七五	一三、八〇	二一、八五	三四、五五
一〇・〇	六、〇〇	一四、四〇	二二、八〇	三六、〇〇
一〇・五	六、二五	一四、九五	二三、七〇	三七、四〇
一一・〇	六、四五	一五、五〇	二四、五五	三八、八〇
一一・五	六、七〇	一六、〇五	二五、四五	四〇、一五
一二・〇	六、九〇	一六、六〇	二六、二五	四一、四五
一二・五	七、一〇	一七、一〇	二七、〇五	四二、七五
一三・〇	七、三五	一七、六〇	二七、八五	四四、〇〇
一三・五	七、五五	一八、〇五	二八、六〇	四五、二〇
一四・〇	七、七〇	一八、五五	二九、三五	四六、三五
一四・五	七、九〇	一九、〇〇	三〇、一〇	四七、五〇
一五・〇	八、一〇	一九、四五	三〇、八〇	四八、六〇
一五・五	八、二五	一九、八五	三一、四五	四九、六五
一六・〇	八、四五	二〇、二五	三二、一〇	五〇、七〇
一六・五	八、六〇	二〇、六五	三二、七〇	五一、六五
一七・〇	八、七五	二一、〇五	三三、三五	五二、六五
一七・五	八、九〇	二一、四〇	三三、九〇	五三、五五
一八・〇	九、〇五	二一、七五	三四、四五	五四、四五
一八・五	九、二〇	二二、一〇	三五、〇〇	五五、二五
一九・〇	九、三五	二二、四五	三五、五〇	五六、一〇
一九・五	九、四五	二二、七五	三六、〇〇	五六、八五
二〇・〇	九、六〇	二三、〇五	三六、[illegible]	五七、六〇
以上〇哩五分ヲ増ス毎ニ左記金額ヲ加フ	、二五	、六〇	、九五	一、五〇

○学生定期乗車券運賃

備考　学生定期乗車券ハ学校長又ハ管理者ノ在学証明書ヲ要ス又等級ハ三等車ニ限ル

哩＼期間	一箇月（圓銭）	三箇月（圓銭）	六箇月（圓銭）	十二箇月（圓銭）
二哩迄	一、〇五	二、五〇	三、九五	六、二五
二・五	一、三〇	三、一〇	四、九〇	七、七五
三・〇	一、五五	三、七〇	五、八五	九、二五
三・五	一、七五	四、二五	六、七五	一〇、六五
四・〇	二、〇〇	四、八五	七、六五	一二、一〇
四・五	二、二五	五、四〇	八、五五	一三、五〇
五・〇	二、四五	五、九五	九、四〇	一四、八五
五・五	二、七〇	六、四五	一〇、二五	一六、二〇
六・〇	二、九〇	七、〇〇	一一、二〇	一七、五〇
六・五	三、一〇	七、五〇	一一、九〇	一八、七五
七・〇	三、三五	八、〇〇	一二、七〇	二〇、〇五
七・五	三、五五	八、五〇	一三、四五	二一、二五
八・〇	三、七五	九、〇〇	一四、〇〇	二二、四五
八・五	三、九五	九、四五	一四、九五	二三、六五
九・〇	四、一五	九、九〇	一五、[illegible]	二四、八〇
九・五	四、三〇	一〇、三五	一六、四〇	二五、九〇
一〇・〇	四、五〇	一〇、八〇	一七、一〇	二七、〇〇
一〇・五	四、六五	一一、二〇	一七、七五	二八、〇五
一一・〇	四、八五	一一、六五	一八、四五	二九、一〇
一一・五	五、〇〇	一二、〇五	一九、〇五	三〇、一〇
一二・〇	五、二〇	一二、四五	一九、七〇	三一、一〇
一二・五	五、三五	一二、八〇	二〇、三〇	三二、〇五
一三・〇	五、五〇	一三、二〇	二〇、九〇	三三、〇〇
一三・五	五、六五	一三、五五	二一、四五	三三、九〇
一四・〇	五、八〇	一三、九〇	二二、〇〇	三四、七五
一四・五	五、九五	一四、三五	二二、五五	三五、六〇
一五・〇	六、〇五	一四、六〇	二三、一〇	三六、四五
一五・五	六、二〇	一四、九〇	二三、六〇	三七、二五
一六・〇	六、三五	一五、二〇	二四、〇五	三八、〇〇
一六・五	六、四五	一五、五〇	二四、五五	三八、七五
一七・〇	六、五五	一五、八〇	二五、〇〇	三九、四五
一七・五	六、七〇	一六、〇五	二五、四五	四〇、一五
一八・〇	六、八〇	一六、三〇	二五、八五	四〇、八〇
一八・五	六、九〇	一六、六〇	二六、二五	四一、四五
一九・〇	七、〇〇	一六、八〇	二六、六五	四二、〇五
一九・五	七、一〇	一七、〇五	二七、〇〇	四二、六五
二〇・〇	七、二〇	一七、三〇	二七、三五	四三、二〇
以上〇哩五分ヲ増ス毎ニ左記金額ヲ加フ	、一〇	、五〇	、八〇	一、一〇

〇携帯品一時預入料金

預リ品ノ保管料ハ預ケ入レ当日ヨリ十日迄ハ一日ニ付左ノ通リトス十一日目ヨリハ左記料金ノ二倍

自転車　乳母車　　毎一輛　卅銭
易損品、嵩高品、遺骨　毎一箇　廿銭
右以外ノモノ　　　毎一箇　十銭

〇手荷物運搬料金

手荷物運搬人（赤帽）特定少数ノ駅ヲ除キ一人ニ付　金五銭

〇託送手荷物

一　旅客其旅行ニ必要ナル物品ハ手荷物トシテ一等旅客一人ニ付「百斤」二等同「七十斤」三等同「五十斤」迄ハ無賃ニテ託送スルコトヲ得但シ半運賃ニテ運送スル小児ノ無賃手荷物斤量ハ前項斤量ノ半分トス無賃制限外ノ託送手荷物ニハ次ニ掲クル通常小荷物ノ運賃ヲ徴ス

二　託送手荷物ノ目方ハ箇数ニ拘ハラズ総テ全斤量ニ依ル

三　無賃手荷物ヲ途中駅ニテ取卸シ更ニ又無賃ニテ之ヲ託送スルニハ予メ停車場ニテ「手荷物途中取卸証」ヲ受ケ置クベシ

四　託送手荷物及旅客携帯手荷物ハ一箇金十銭ノ配達料ニテ一定ノ区域ニ限リ配達ヲ取扱フ尚省線各駅発及主要各駅着ノ手荷物ニ対シテハ其料金手荷物一箇ニ付東京大阪市内ニ配達スルモノハ一箇三十銭其他ノモノハ一箇二十銭ニテ何レモ特便ヲ以テ特急配達ヲ為ス

〇小荷物

通常小荷物ノ運賃ハ左表ノ通リトス（最低運賃ハ金十五銭）
易損品又ハ嵩高品ノ運賃ハ総テ前項通常小荷物運賃ノ二倍最低運賃ハ三十銭（荷送人ヨリ特ニ易損品トシテ運送ヲ請求シタル物品ニ対シテモ又同ジ）

哩程	二斤迄	四斤迄	七斤迄	十斤迄	十五斤迄	二十斤迄	十斤ヲ増ス毎ニ
五十哩迄	.15銭	.20銭	.25銭	.30銭	.35銭	.40銭	.10銭
百五十哩迄	.15	.20	.25	.35	.45	.55	.20
三百哩迄	.15	.25	.35	.45	.60	.75	.20
五百哩迄	.15	.25	.30	.55	.65	.85	.30
以上三百哩ヲ増ス毎ニ	.08	.10	.15	.20	.25	.30	.10

〇車輛類ノ運賃　（一輛一哩ニ付）

人力車　六銭　最低運賃　一円二十銭
商品運搬車　四銭　同　八十銭
自動自転車　十銭　同　二円
自転車乳母車　三銭　同　六十銭

自動自転車及自転車ニシテ二人以上ノ座席ヲ有スルモノハ座席一箇ヲ増ス毎ニ前項運賃ノ五割増トス物品搭載用ノ附属車アルモノ又是レニ準ズ

旅客自用ノ自転車ハ一人一輛ニ限リ（二人乗ヲ除ク）五十哩迄ノ乗車券面区間内ハ哩程ノ遠近ニ拘ハラズ金四十銭、五十哩ヲ超過スル時ハ一哩ニ付金三銭、前記ノ自転車ハ乗車券一枚ニ対シ一回限リ其取扱ヲ受クル事ヲ得ルモノトス仮令乗車券区間内ニテモ区間ヲ打切リ再託送スル事ヲ得ズ

〇行商人及呼売商人ノ携帯商品ノ運賃

（貴重品ヲ除ク）

哩程	廿五斤迄	五十斤迄	百斤迄
廿五哩迄	二十銭	三十五銭	五十五銭
五十哩迄	三十銭	五十銭	八十銭

（前項ノ哩程又ハ斤量ヲ超ユル場合ハ本条ノ取扱ヲナサズ）

○小動物

一、小動物ノ運賃ハ左ノ通リトス（但シ第一項以外ノ小動物ハ皆掛重量五十斤以内ノモノニ限ル）

鉄道省所定ノ犬箱ヲ以テ運送スル犬

（一）百哩迄　毎一頭　金壱円

以上百哩迄ヲ増ス毎ニ　金五十銭

（二）学術研究ニ供スル小動物ハ通常小荷物運賃ト同ジ

（三）前記以外ノ小動物ハ通常小荷物運賃ノ二倍獣類ノ運送ニ対スル増運賃ハ左ノ通リトス（価格十円又ハ其未満毎ニ）

五十哩迄　五銭　百哩迄　八銭　二百哩迄　十二銭

以上二百哩迄ヲ増ス毎　三銭

○保管料

手荷物、配達ヲ取扱ハザル小荷物及旅客附随小荷物ハ到着後二日以内ニ引取ラザル時ハ一日毎ニ左ノ保管料ヲ徴セラル

（一）手荷物　一箇毎ニ　金十五銭

（二）配達ヲ取扱ハザル小荷物

通常小荷物、新聞紙、雑誌、牛乳、鮮肉、魚介類、野菜、果物、鶏卵及空容器　同　金十銭

易損品、嵩高品、貴重品、遺骨　同　金二十銭

小動物　同　金三十銭

車輛類　一輛毎ニ　金三十銭

（三）旅客附随小荷物

行商人、呼売商人ノ携帯スル商品　一箇毎ニ　金十銭

易損品、嵩高品、貴重品　同　金二十銭

小動物　同　金三十銭

車輛類　一輛毎ニ　金三十銭

内国郵便（日満郵便ヲ含ム）

（注意）日満郵便ハ本邦ト関東庁管内発着ニ限リ日満郵便ト称シ概略内国郵便ニ関スル規定ヲ準用ス

普通郵便

第一種

一　書状

二　書状ニアラザルモ郵便法ニ依リ第一種郵便物トシテ取扱ハルベキモノ

重量四匁又ハ其端数毎ニ　金三銭

三　全部印刷シタル無封ノ書状、盲人用点字ノ無封書状及大部分印刷シタル左記無封ノ書状

一　官公署、公共団体、社寺学校又ハ営利ヲ目的トセザル法人若ハ団体ヨリ発スルモノ

二　営業者ヨリ其営業ニ関シ発スル報知書、送状、契約申込書、契約ノ承諾、又ハ拒絶書、請求書、督促状、計算書、見積書、領収書

重量十匁又ハ其端数毎ニ　金二銭

（注意）一、二、ノ郵便物ニハ其外部ニ差出人ノ資格ヲ記載スベシ

第二種

一　通常葉書　金一銭五厘

二　往復葉書　封緘葉書　金三銭

（注意）葉書ハ契約書委任状又ハ受領書等ノ為ニ収入印紙ヲ裏面ニ貼用スルモ妨ナシ又料額印面ノ汚損ハ同種ノ切手ヲ貼用スレバ使用スルコトヲ得

第三種

毎月一回以上刊行スル定期刊行物　重量二十匁又ハ其端数毎ニ　日満郵便ハ十三匁又ハ其端数毎ニ　金五厘

日刊新聞ニシテ発行人又ハ売捌人ヨリ差出ス場合一部（一日分）三十匁迄及ビ以上二十匁毎ニ金五厘、盲人用点字ノ定期刊行物重量百五十匁又ハ其ノ端数毎ニ　金五厘

第四種

書籍、印刷物、業務用書類　写真、書、画、図、商品見本及雛形、博物学上ノ標本　重量三十匁又ハ其端数毎ニ　金二銭

盲人用点字ノ書籍、印刷物及業務用書類重量百五十匁又ハ其端数毎　金壱銭

日満郵便ナルトキハ商品見本及雛形ニ限リ

二十六匁迄　二銭　六十六匁迄　五銭　百匁毎　十銭

第五種

農産物種子　重量三十匁又ハ其端数毎ニ　金一銭

市内特別取扱郵便

有封同文書状

一箇重量四匁迄金一銭五厘、以上四匁迄金一銭

無封同文書状

一箇重量十匁迄金一銭五厘、以上十匁毎ニ金一銭

第三種郵便物

一箇ニ付　重量二十匁迄金四厘、以上二十匁毎ニ金三厘

同時ニ三千一通以上ヲ差出ストキハ三千一箇分ヨリハ重量二十匁迄毎ニ金三厘

第四種郵便物
一箇ニ付　重量三十匁迄金六厘、以上三十匁毎ニ金五厘
同時ニ三千一箇以上ヲ差出ストキハ三千一箇分ヨリハ重量三十匁迄毎ニ金五厘
（注意）同時ニ百箇以上差出スモノニシテ全部又ハ大部分ヲ印刷シタル有封、無封書状及第三種第四種郵便物ヲ市内特別トシテ差出ス事ヲ得

速達郵便

東京市内及ビ特ニ指定セラレタル隣接郊外局市内相互間　金六銭
大阪市内　金六銭
東京市内ト横浜市内相互間　金十二銭
大阪市内ト京都市内相互間　金十二銭
大阪市内ト神戸市内相互間　金十二銭
（注意）速達郵便物ハ重量六百匁ヲ超過スベカラズ○郵便物ノ裏面ニ「速達」ト朱書スベシ○同一差出人ヨリ同一受取人ニ宛テ同時ニ二箇以上差出ストキハ一箇ノ外ハ半額トス

容積重量制限

通常郵便
容積　長一尺三寸　幅八寸五分　厚五寸
重量　第三種乃至第五種郵便物ハ　三百匁
商品見本及雛形ニ在リテハ　百匁
小包郵便
容積　長二尺　幅二尺　厚二尺
幅及厚各五寸以内ノモノハ長サヲ三尺迄伸バスヲ得
重量　内地相互間　内地、台湾、樺太相互間　一貫六百匁

禁制品

一　公安ヲ害シ又ハ風俗ヲ乱スベキ文書図画其他ノ物件
二　爆発性、発火性、其他郵便吏員ニ危害ヲ加ヘ又ハ郵便物ニ損害ヲ与フベキ物件但シ爆発性発火性以外ノ薬品及生活セル病原菌、該病原菌含有ノ疑アル検査材料ニシテ特別ノ包装ヲ施セルモノハ此限ニ在ラズ
三　通貨ハ価格表記ト為スニ非レバ郵便物トシテ差出スヲ得ズ○金、銀、宝石、珠玉其他貴重品ハ価格表記又ハ書留ト為スニアラザレバ郵便物トシテ差出ヲ得ズ
四　日満郵便ナルトキハ右ノ外
一、法令ニ依リ輸出入ヲ禁ズル物品

○特殊取扱

別配達

一　書留又ハ価格表記ノ郵便物ハ別配達ト為スコトヲ得
二　別配達ノ郵便物ハ通常ノ配達時刻ニ拘ラズ特便ヲ以テ配達ス○但配達ノ際、受取人不在等ノ為メ交付シ能ハザルトキハ別配達ノ効ヲ失フ○表面ニ「別配達」又ハ「何局別配達」ト表記スベシ

留置

一　留置郵便物ハ差出人指定ノ郵便局官署ニ留置キ受取人ノ出頭ヲ待チ之ヲ交付ス○差出人ハ留置郵便官署ヨリ其受取人ニ郵便物ノ到着通知ヲ請求スルコトヲ得
二　留置期間ハ十五日トス○差出ノ際ハ見易キ場所ニ「留置」「何局留置」「留置通知」ト表記スベシ

引受時刻証明

一　書留通常郵便物ハ引受時刻証明ト為スコトヲ得〇差出ノ際「引受時刻証明」ト表記スルヲ要ス

二　引受時刻証明郵便物ハ引受ノ際差出人ニ交付スベキ受領証ニ其引受時刻ヲ記入シテ之ヲ証明シ配達郵便局官署ニ於テ其配達ヲ了レルトキハ直ニ之ヲ差出人ニ通知ス

配達証明

書留又ハ価格表記ノ通常郵便物及ビ小包郵便物ハ配達証明ト為スコトヲ得、配達ヲ了レル時ハ配達郵便局所ヨリ其ノ配達ノ証明書ヲ差出人ニ交付ス

差出ノ際表面ニ「配達証明」ト表記スベシ

内容証明

一　日本字又ハ漢字ヲ以テ明記シタル文書ノミヲ内容トスル封緘シタル書留通常郵便物ハ内容証明ト為スコトヲ得　〇差立ノ際ハ表面見易キ場所ニ「内容証明」又ハ「同文内容証明」ト表記スベシ

二　内容証明ノ取扱ヲ受ケントスルトキハ内容文書謄本（一行二十字一枚二十六行以内）二通ヲ添ヘ差出スベシ、郵便局ハ検査ノ上原本及謄本ノ各通ニ差出月日、内容証明ノ旨、番号、郵便局名ヲ記シ刻印ノ上原本ハ之ヲ封緘シテ差出サシメ認証謄本ノ一通ハ差出人ニ交付シ他ノ一通ハ郵便局ニ二年間保存ス

三　郵便官署ニ保存スル認証謄本ハ閲覧ヲ求ムルヲ得ベク別ニ謄本ヲ作リテ内容検査ノ証明ヲ求ムルヲ得ベク又配達済否ノ証明ヲ求ムルコトヲモ得ベシ

書留

一　郵便物ハ之ヲ書留ト為スコトヲ得但価格表記ト為シタルモノハ書留ト為スコトヲ得ズ〇通常郵便物ハ「書留」小包郵便物ハ「書留小包」ト表記スベシ

二　書留郵便物ハ引受ノ際、差出人ニ該郵便物ノ受領証ヲ交付シ配達又ハ還付ノ際受取人又ハ差出人ヨリ其受領証ヲ徴ス

価格表記

一　密封シタル郵便物ハ之ヲ価格表記ト為スコトヲ得但書留ト為シタルモノハ価格表記ト為スコトヲ得ズ且其制限金額ハ金千円トス

二　此ノ郵便物ノ授受ニ付テハ書留郵便物ニ付キ記セル所ニ同ジ　〇通貨ハ必ズ価格表記ト為スヲ要ス

三　通貨ハ「通貨、価格表記金何程」其ノ他ノ物品ハ「品名、価格表記金何程」ト表記スベシ

代金引換

一　書留又ハ価格表記ノ郵便物ハ代金引換ト為シ其郵便物ト代金トノ引換ヲ郵便官署ニ委託スルコトヲ得〇此郵便ニ依ル制限金額ハ金千円トシ銭位未満ノ端数ヲ付スルコトヲ得ズ差立ノ際ハ「代金引換金何程」ト表記スベシ

二　此郵便物ハ到着郵便官署ニ留置キ其旨ヲ受取人ニ通知シ受取人ノ出頭ヲ待テ代金ト引換ニ之ヲ交付ス其留置期間ハ十日間トス

三　取立郵便官署ニ於テ此ノ郵便物ノ代金ノ取立ヲ為シタルトキハ差出人ニ通常郵便為替証書ヲ送達ス差出人ハ此ノ為替証書ヲ以テ代金ヲ受取ルベシ

集金郵便

一　現金受領証、公債社債等ノ利札、貨物引換証船荷証券等

ハ之ヲ引換ニ現金取立ヲ郵便官署ニ委託スルコトヲ得但取立金ノ最低限ヲ三円トス
二　集金郵便ノ取立ヲ了シタルトキハ請求人ニ通常郵便為替証書ヲ送達ス請求人ハ此ノ為替証書ヲ以テ取立金ヲ受取ルベシ

約束郵便

一　定期刊行物及毎月一回以上発行スル印刷物（第三種郵便物ヲ含ム）
二　約束郵便ハ郵便切手ヲ貼用セズ一定ノ期間後通貨ヲ以テ其料金ヲ納付ス約束郵便ハ差出人ニ於テ一定様式ニ依ル郵送票ヲ調製シ之ヲ添ヘテ差出スモノトス
約束郵便ハ差出郵便局名ヲ記入シアル印章ヲ押捺スルコト

切手別納郵便

一　種別及料金同一額ノ通常郵便物ヲ同時ニ五十通以上差出ストキハ切手別納郵便トナスコトヲ得
二　切手別納郵便物ハ郵便切手ヲ貼付セス郵便物ニ料金相当ノ郵便切手ヲ添ヘ逓信省ノ指定スル郵便局ヘ差出スモノトス

通関

関東都督府管内発帝国宛ノ日満小包郵便物ニシテ関税又ハ内関税ヲ課シタルモノハ之ヲ郵便官署ニ留置キ到着通知書ヲ受取人ニ交付ス受取人ハ通知書ノ日附ヨリ五日以内ニ税金ヲ納附シテソノ郵便物ヲ受取ルコトヲ得

○特殊郵便料金

別配達料
一箇ニ付　陸上二里以内ハ金三十銭、二里ヲ超過シタルトキハ一里迄毎ニ金二十五銭ヲ加フ○配達料不明ノ場合ハ金三十銭ヲ前納スルトキハ引受ケ配達シ不足額ハ受取人ヨリ徴収シ受取人納メザルトキハ差出人ヨリ徴収ス○艀船料ハ別ニ其実費額ヲ受取人ヨリ徴収シ受取人納付セザルトキハ差出人ヨリ追徴ス
（注意）台湾島ニ在リテハ別規定ニ従フ
配達証明料
一箇ニ付　表面見易キ所ニ「配達証明」ノ文字ヲ記入スベシ　金三銭　差出以後ニ請求スル者ハ金六銭
通常郵便書留料
一箇ニ付　金十銭
内容証明料
一箇ニ付　一通ノ謄本一枚ノモノ　金十銭
二枚以上ハ一枚ヲ増ス毎ニ四銭ヲ加フ○同時ニ二箇以上同文ノモノヲ差出ストキハ内一通ヲ除キ他ハ半額トス○差出後二年以内ニ内容検査ノ証明ヲ請求スルモノハ内容証明料ト同額○認証謄本ノ閲覧ヲ二年以内ニ求ムルモノハ金五銭トス
価格表記料
書留料及郵便料ノ外通貨ハ表記金額十円迄毎ニ金十銭、其他ノ物品ハ表記金額十円迄毎ニ金五銭トス○日満郵便モ亦同ジ
代金引換料
一口ニ付　金五銭

取立金ノ送達為替料ハ二十円未満ハ郵便小為替料ト同ジク三百円以内ハ通常郵便為替料ト同ジ以上千円迄百円毎ニ二十銭

集金郵便料

委託料　一口ニ付　現金受領証ハ金六銭　証券ハ金十五銭

集金留置料　一口ニ付　金三銭

取立金ノ送達為替料ハ廿円未満ハ小為替料二十円以上ハ通常為替料ニ同ジク三百円ヲ超過スル時ハ其超過額ニ対スル料金ハ百円迄毎ニ十銭ノ割トス但シ金額ノ制限ハ証書ハ一口ニ付五拾円証券ハ千円トス

○小包郵便料金

◎内地相互間

一郵便区内　普通小包　金六銭　書留小包　金十二銭

同一郵便区外

	二百匁迄	四百匁迄	六百匁迄	八百匁迄	一貫匁迄	一貫二百匁迄	一貫四百匁迄	一貫六百匁迄
普通	一二	一八	二四	三〇	三六	四二	四八	五四
書留	一八	二七	三六	四五	五四	六三	七二	八一

◎内地、台湾、樺太相互間

普通	三〇	四〇	五〇	六〇	七〇	七五	八〇	八五
書留	四五	五五	六五	七五	八五	九〇	九五	一〇〇

◎内地、台湾、樺太、南洋群島ト朝鮮トノ間

	二百匁迄	四百匁迄	六百匁迄	八百匁迄	一貫匁迄	一貫二百匁迄	一貫四百匁迄	一貫六百匁迄
書留	四五	五五	六五	七五	八五	九〇	九五	一〇〇

（注意）南洋諸島及朝鮮ニ宛ツルモノハ日満規則ヲ準用シ書留扱ノミニ限ル尚朝鮮ニ宛ツル小包郵便ニハ所定ノ式紙ニ包有品ノ名称、数量、価格ヲ記載スベシ

◎日満小包帝国及「南洋群島ヲ含ム」関東都督府管内相互間

二百匁迄　四五　四百匁迄　五五　六百匁迄　六五

八百匁迄　七五　一貫匁迄　八五　一貫二百　九〇

一貫四百　九五　一貫六百　一円

○飛行郵便

東京大阪間、大阪福岡間、大阪高松今治間、大阪大連間ニ規定セル郵便局ニ発着ノモノニ限リ飛行郵便ノ制アリ

（一）取扱制限、料金完納ノ第一種、第二種郵便物ニシテ其表面ニ「飛行」ト朱書セルモノニ限ル、但シ切手別納及通知ヲ要セザル留置ノ外他ノ特殊取扱ヲナサズ（二）引受配達方法総テ一般ノ例ニ依ル

○選挙無料郵便

（一）議員候補者又ハ推薦届出者ハ別ニ定ムルトコロニ依リ通常郵便物ヲ選挙人一人ニ付一通ヲ限リ無料ヲ以テ差出スコトヲ得（種別左記ノ通リ）

（イ）重量十匁迄ノ無封書状　（ロ）私製葉書

（二）差出人ハ選挙区内集配郵便局ノ一ヲ差出郵便官署ト定メ最初差出期日ノ前日迄ニ選挙事務長ト連署シタル届書ヲ提出スヘシ

（三）選挙無料郵便物ニハ其ノ表面左方上部ニ「選挙」ト表示スヘシ（上記表示ナキモノハ有料トシテ取扱フ）

（四）選挙無料郵便物ハ市町村毎ニ同文タルヲ要ス
（五）選挙法及施行令ニ規定スル条件ヲ具備セサル郵便物ヲ無料郵便物ニ差出ストキハ不納額ノ二倍ヲ徴収ス

○郵便受付時間

一二等（船舶局ヲ除ク）及特定三等局
平日　自午前八時　至午後十時
日曜及祭日（十二月廿九日ヨリ三十一日迄ヲ除ク）自午前八時　至午後三時

普通三等局
平日　自午前八時　至午後八時
日曜及祭日（十二月廿九日ヨリ卅一日迄ヲ除ク）自午前八時　至正午

・集配郵便局ハ右受付時間外ト雖モ左ノ郵便物ノ引受ヲナス○別配達郵便物○引受時刻証明○約束郵便物○郵便頼信又ハ配達スベキ電報在中ノ書留郵便物

注意
無集配二等局ニ於テ取扱ハザルモノ　○留置郵便ノ交付（代金引換トナシタルモノヲ除ク）○郵便私書函渡
無集配三等局ニ於テ取扱ハザルモノ　○内容証明郵便○集金郵便ノ引受○切手別納郵便○約束郵便○留置郵便物ノ交付（代金引換ヲ除ク）○郵便私書函渡○市内特別郵便ノ引受○特殊銀行ノ債券募集、元利金支払並ニ貸付事務○振替集金ノ受付○支那以外ノ外国為替等

内国郵便為替

制限金額
通常為替　証書一枚ニ付　金三百円
電信為替　同　金五百円
小為替　同　金二十円
（注意）通常為替及小為替ノ金額ハ銭位未満、電信為替ノ金額ハ円位未満ノ端数ヲ付スルヲ得ズ。又郵便為替ノ差出人及受取人ハ各一名ニ限ル

為替料金
一般　通常為替　二十円迄十五銭　五十円迄二十五銭　百円迄三十五銭　百五十円迄四十五銭　二百円迄五十五銭　二百五十円迄六十五銭　三百円迄七十五銭
電信為替　二十円迄五十銭　五十円迄七十銭　百円迄九十銭　百五十円迄一円十銭　二百円迄一円三十銭　二百五十円迄一円五十銭　三百円迄一円七十銭　三百五十円迄一円九十銭　四百円迄二円十銭　四百五十円迄二円三十銭　五百円迄二円五十銭
小為替　一円迄三銭　五円迄五銭　十円迄七銭　十五円迄十銭　廿円迄十三銭
特別　電信為替　内地、台湾、樺太、朝鮮、満洲ニ在ル各局所間但シ朝鮮ニ在ル郵便局所ト満洲ニ在ル郵便局所トノ間ニ取組ムモノハ此ノ

限ニアラズ
二十円迄七十銭　五十円迄一円　百円迄一円三十五銭　百五十円迄一円六十銭　二百円迄一円九十銭　二百五十円迄二円二十銭　三百円迄二円五十銭　三百五十円迄二円八十銭　四百円迄三円十銭　四百五十円迄三円四十銭　五百円迄三円七十銭

為替証書ノ有効期間　六十日
千島国、琉球国、小笠原島、伊豆諸島、台湾樺太及朝鮮鬱陵島ニ設置ノ郵便局所ト取組ミタル郵便為替証書ノ有効期間ハ九十日ナリ但同一国内又ハ同一島内ニ取組ミタルモノハ此限リニ在ラズ又千島及樺太ニ設置ノ郵便局所ト取組ミタル通常為替証書及電信為替証書ニ対シテハ毎年十二月一日ヨリ翌年四月三十日迄ハ其有効期間ノ中ニ算入セラレザルモノトス

線引譲渡

一　線引譲渡トハ郵便為替証書ノ裏面ニ二ツノ平行線ヲ引キ之ヲ銀行ニ譲渡ス方法ニシテ特ニ譲受銀行ヲ指定セントスルトキハ其線内ニ銀行ノ名称ヲ記スベシ然ルトキハ郵便局ニ於テハ銀行ニ限リ又ハ指定シタルモノハ指定銀行ニ限リ払渡ヲナス

二　譲受銀行ハ予メ為替ノ払渡ヲ受ケントスル郵便局ヲ指定シ所轄逓信局長ノ承認ヲ受クルトキハ為替証書ニ指定シタル払渡郵便局所ノ如何ニ拘ラズ最寄郵便局所ニ就キ之ガ払渡ヲ請求スルコトヲ得

三　逓信大臣ハ手形交換所組合銀行ノ申請アルトキハ郵便局吏員ヲ手形交換所ニ派出シ郵便為替証書ノ払渡ヲ為サシムルコトアルベシ

郵便為替ノ特殊取扱手数料

通常為替ノ証書送達料　証書一枚ニ付　金十銭

通常為替ニ関スル訂正通知料
い　郵便物差立前ニ係ルトキハ料金不要
ろ　其差立後ハ　郵便ニ依ル者　証書一枚ニ付　金三銭
電信ニ依ル者　証書一枚ニ付　相当電報料

通常為替ノ払渡停止又ハ解除請求料
い　郵便物差立前ニ係ルトキハ料金不要
ろ　其差立後ハ　郵便ニ依ル者　証書一枚ニ付　金三銭
電信ニ依ル者　証書一枚ニ付　相当電報料

為替金渡済通知料、為替金払渡済否取調請求料
証書一枚ニ付　郵便ニ依ルモノ　金三銭
電信ニ依ルモノ　相当電報料

有効期間経過為替証書ノ為替金払戻請求料、亡失毀損汚斑為替証書ノ為替金払戻請求料、為替ノ払渡又ハ払戻局所ノ変更請求料、有効期間経過又ハ亡失毀損汚斑為替証書ノ再度証書請求料
為替一口ニ付　通常又ハ電信為替　金十銭
小為替　金五銭

電信為替至急通報料　電信為替料ニ相当スル金額

電信為替通報及証書別配達料

郵便別配達料ニ相当スル金額

郵便為替金ノ居宅払手数料一口ニ付

通常又ハ電信為替　金十銭
小為替　金五銭

払渡停延

（一）通常為替証書違式ノトキ、（二）通常為替振出請求書違式ノトキ、（三）通常為替振出請求書未達ノトキ、（四）通常為替証書ト通常為替振出請求書ト金額符合セザルトキ、（五）払渡資金欠乏ノトキ○但シ通常為替ノ受取人ハ通常為替証書ト通常為替振出請求書ト金額符合セザル場合ニ於テ其少ナキ金額ヲ限度トシテ又払渡資金欠乏ノ場合ニ於テハ郵便局所ノ払渡シ得ル金額ヲ限度トシテ為替金ノ仮払ヲ請求スルコトヲ得

帝国占領南洋諸島取扱事項

一、電報為替ノ料金ハ前記特別料金ニ同ジ　二、為替証書ノ有効期間ハ百二十日トス　三、其他ハ内地郵便局ノ取扱ニ同ジ

為替貯金取扱時間

四月一日ヨリ七月二十日迄　自午前八時　至午後四時
七月廿一日ヨリ八月三十一日迄　自午前八時　至正午
九月一日ヨリ十月卅一日迄　自午前八時　至午後四時
十一月一日ヨリ三月三十一日迄　自午前九時　至午後四時

（注意）日曜大祭ハ休ミ。土曜日ハ午後三時迄。但シ七月廿一日ヨリ八月末日迄ハ正午迄トス。又十二月二十九日ヨリ卅一日迄ハ日曜土曜共平日通リ取扱フ

郵便貯金

預入

通則

一　一人一度ノ預金ハ十銭以上トシ端数ハ厘位ニ限ル

二　貯金総額ハ（一）公共団体、社寺学校又ハ営利ヲ目的トセザル法人若ハ団体ノ預入金、（二）命令ノ規定ニ依ル共同貯金ノ預入金、（三）産業組合ノ預入金、（四）振替計算ノ為ニスル預入金ノ外ハ元利ヲ合セテ二千円ヲ超過スルコトヲ得ズ

三　貯金ノ金額此制限ニ超過シタル場合ニ於テ貯金預ケ人之ヲ其制限以内ニ減額セザルトキハ郵便官署ハ其制限以内ニ減額スルニ必要ナル限度ニ於テ貯金ノ一部ヲ以テ国債証券ヲ購入シ保管ス

通常預入

新規　新ニ貯金ノ預入ヲ為サムトスル者ハ郵便局所ニ於テ交付スル用紙ニ依リ貯金預入申込書ヲ調製シ之ニ現金ヲ添ヘ郵便局所ニ差出シ通帳ヲ受取ルベシ

再度以後　貯金預ケ人再度以後ノ預入ヲ為サントスルトキハ現金ヲ郵便局所ニ差出シ通帳ニ其ノ記入ヲ受クベシ

切手預入

預入　郵便切手ニ依リ貯金ノ預入ヲ為サントスル者ハ郵便局ノ交付スル郵便切手貯金台紙ニ同一種類ノ郵便切手ヲ台紙相当欄全部ニ貼付シ郵便局所ニ差出

シ通帳ニ記入ヲ受クベシ○郵便貯金台紙ハ之レヲ私製スル事ヲ得

切手　郵便貯金ニ預入スルコトヲ得ル郵便切手ハ左ノ三種トス　壱銭　弐銭　参銭

制限　預入シ得ル高ハ一人ニ付同一月内壱円ヲ超ユルヲ得ズ違フ者アルトキハ其制限超過額ハ無効トシ消印シタル郵便切手ニ対シテハ代償ヲ為サズ

証券預入

預入　証券ニ依リ貯金ノ預入ヲ為サムトスル者ハ証券ヲ郵便局所ニ差出シ通帳ニ記入ヲ受クベシ

証券　預入スルコトヲ得ル証券ハ左ノ数種トス

各府県債証券及其ノ利札各市債証券及其ノ利札

以上各証券及其ノ利札ハ無記名ノモノニ限ル

利子

利率　普通郵便貯金ノ利子ハ一箇年元金百分ノ四分八厘据置貯金利子ハ五分四毛トス但千円以上ノ預入金ニ対シテハ主務省ハ命令ヲ以テ利子ノ割合ヲ低減スルコトヲ得

計算　利子ハ三月三十一日ヲ期トシテ之ヲ計算シ元金ニ加ヘ四月ヨリ更ニ利子ヲ付ス○郵便貯金ハ十六日以後ニ預リタル月及ビ拾銭以下ノ端数ニハ利子ヲ付セズ又払戻証書発行ノモノハ其発行ノ月ヨリ（払戻証書ヲ発行セザルモノハ払戻金払渡ノ月ヨリ）利子ヲ付セズ○貯金利子ノ計算上厘位未満ノ端数ヲ生ジタル時ハ之ヲ除棄ス○貯金預ケ人ハ利子ノ記入ヲ受クル為メ毎年一回通帳ヲ郵便局ニ差出スベシ

（注意）郵便貯金ニハ通常預入ノ外規約貯金（組合規約ニ依リ預入スル貯金）据置貯金（据置期間三ケ年乃至十ケ年間）共同貯金（総代人ノ名義ヲ以テ入スル貯金）出張取扱貯金、集配人取集貯金、海外貯金等ノ制アリ

再度通帳

貯金預ケ人ハ左ノ場合ニ於テ貯金原簿所管庁ニ再度通帳ノ交付ヲ請求スルコトヲ得　一、亡失シタルトキ　二、毀損汚斑シ不判明トナリタルトキ　三、余白ナキニ至リタルトキ

右第一号及第二号ニ依ル再度通帳ノ請求ニ対シテハ通帳一冊ニ付料金五銭ヲ徴収セラル

貯金ヲ譲渡シ得ル場合

郵便貯金ヲ譲渡スコトヲ得ルハ下ノ場合ニ限ル

一、公共団体、社寺、学校又ハ営利ヲ目的トセザル法人若ハ団体ニ譲渡ス場合　二、親族ニ譲渡ス場合　三、遺言ニ依リ譲渡ス場合

証券

種類　郵便貯金規則ニ依リ郵便官署ニ於テ購入及保管スベキ証券ノ種類左ノ如シ但無記名ニシテ払込完済ノモノニ限ル

各種内国債証券（売出中ノモノヲ含ム）勧業債券（同上）貯蓄債券、北海道拓殖銀行債券、日本興業銀行債券

料金

証券ノ購入又ハ売却料金

五円券　一枚ニ付五銭　　十円券　同八銭

二十円券　二十五円券　同　十銭
五十円券　同十五銭　百円券　一枚ニ付二十五銭
五百円券　同八十五銭　千円券　同一円六十銭
額面千円以上ハ千円ヲ加フル毎ニ一円五十銭ヲ加フ

証書保管料金
五円券　一枚ニ付八銭
十円券　二十円券　二十五円券　同十五銭
五十円券　同廿五銭　百円券　同四十銭
五百円券　一枚ニ付一円　千円券　同一円八十銭
額面千円以上ハ千円ヲ加フル毎ニ一円五十銭ヲ加フ
保管証券（国債証券ヲ除ク）ハ利子渡期ニ於テ一枚ニ付一銭ノ料金ヲ徴収セラル

払戻

貯金一部ノ払戻ヲ請求スル場合ニハ五十銭以上ノ貯金ヲ残シ置クヲ要ス且此場合ニハ拾銭未満ノ端数及未ダ元金ニ加ヘザル利子ノ払戻ヲ求ムルコトヲ得ズ◎貯金払戻証ヲ失ヒ又ハ汚斑シテ不判明トナリ若ハ其有効期間（六十日）ヲ超過シタル時ハ再度払戻証書ヲ請求スルコトヲ得◎貯金預ケ人貯金原簿所管庁ニ於テ通帳ノ検閲ヲ受ケ何レノ郵便局所ニ於テモ即時払ノ取扱ヲ受ケ得ル為メ特ニ貯金現在高ノ証明ノ附記ヲ受クル時ハ何レノ郵便局所ニ於テモ其即時払ヲ請求スルコトヲ得前項ノ規定ニ該当セザル場合ト雖モ貯金預ケ人ニ於テ正当本人タル事ヲ証明シタルトキハ郵便局所ハ一日三十円以内同一月内百円迄ヲ限リ即時払ノ請求ヲ為ス事ヲ得

◎払戻証書違式ノ時、払戻請求書未達ノ時、払戻証書ト払戻請求書ト金額符合セザル時、払渡資金欠乏ノ時ハ払戻金ノ払渡ヲ停延セラル尤モ金額ノ符合セザルトキハ其少キ金額ヲ限度トシ又資金欠乏ノトキハ其払渡シ得ル金額ヲ限度トシテ払戻金ノ仮払ヲ求ムルコトヲ得、◎此他局待払、非常払等ノ特殊ノ払渡方法アリ

振替貯金

組織

郵便振替貯金ハ左ノ取扱ヲ為スモノトス

一　加入者又ハ其他ノ者ヨリ貯金又ハ所定ノ証券ニ依ル払込ヲ指定加入者ノ口座ニ受入ルル事

二　加入者ノ請求ニ依リ加入者ノ口座相互間ニ貯金ノ振替ヲ為ス事

三　加入者ノ請求ニ依リ其口座ノ貯金ヲ払出シ当該加入者又ハ其指定人ニ現金ノ払渡ヲ為ス事

加入

郵便振替貯金ニ加入セントスル者ハ加入請求書ニ基本預金十円ヲ添ヘ且別名ノ登記ヲ受ケントスルモノ又ハ用紙ノ売渡ヲ受ケントスル者ハ其料金又ハ代金ニ相当スル郵券ヲ貼付シ差出スヲ要ス然ルトキハ口座所管庁ニ於テ口座ヲ開設シ其番号ヲ加入者ニ通知ス且印鑑票用紙ヲ送付ス請求人ハ其ニ事項ヲ記入シ署名捺印シテ差出スベシ

○払込及払出

通則

一　払込、振替及払出ハ払込書及払出用紙ヲ使用スベシ

二　払込用紙ハ郵便局ニテ無料ニテ交付ス○自己ノ口座専用ノ用紙ヲ請求スルトキハ五十枚綴一冊金十五銭トス○払込用紙ハ私製スルコトヲ得

三　払出用紙（普通払出書、局待払払出書ノ二種アリ）ハ各五十枚綴一冊二十銭トス

四　現金払出書一枚ノ金額ハ千円ヲ超過スルコトヲ得ズ

五　払出証書ノ有効期間ハ発行ノ日ヨリ六十日トス

六　払込ハ一口ニ付金十銭以上最高制限ナシ

七　振替貯金ノ受払料金

イ、払込ニ対シテハ一口ノ金高ニ応ジ左ノ料金ヲ切手ヲ以テ払込人ヨリ徴収ス

一円迄　二銭　五円迄　四銭　十円迄　六銭
五十円迄　八銭　百円迄　十銭　五百円迄　十五銭
千円迄　廿銭　千円ヲ超ユルトキハ其超過額千円迄毎ニ五銭ヲ加徴ス

ロ、払込ニ対シテハ一口ニ付金四銭ノ料金ヲ加入者ノ貯金ヨリ控除徴収ス

ハ、現金払渡ノ為メニスル払込ニ対シテハ一口ノ金高ニ応ジ左ノ料金ヲ加入者ノ貯金ヨリ控除徴収ス

五円迄　五銭　十円迄　十銭　五十円迄　十五銭
百円迄　二十銭　二百円迄　二十五銭　三百円迄
三十銭　四百円迄　三十五銭　五百円迄　四十銭
六百円迄　四十五銭　八百円迄　五十銭　千円迄
五十五銭

簡易生命保険

簡易生命保険ハ郵便局ニ於テ取扱フ○簡易生命保険ハ身体検査ヲ行ハズ○年齢ハ十二歳以上六十歳迄

保険金額

二十円以上四百五十円以下、一人ニテ数口ノ契約ヲナスモ四百五十円ヲ超ユルヲ得ズ

保険ノ種類

終身保険（十年払込、十五年払込、二十年払込、終身払込）

養老保険（十年満期、十五年満期、（二十年満期）二十年払込、十五年払込、）三十年満期（三十年払込、十年払込、二十年払込、三十五年満期（三十五年払込、十年払込、二十年払込）四十年満期（四十年払込、十年払込、二十年払込）

終身保険ハ死亡シタル時保険金ヲ支払ヒ養老保険ハ期間内ニ死亡シタルトキ又ハ期間満了ノトキ保険金ヲ支払フモノトス

保険料

月額十銭又ハ其ノ倍額以上トス

保険料払込

保険料ハ毎月一ケ月分ツヽ払込ムモノニシテ窓口払込（郵便局ニ差出スモノ）集金払込（集配人カ集金ニ来ルモノ）振替払込（自己ノ貯金ヨリ振替ルモノ三種アリ

但郵便官署ニ於テ承認シタルモノハ一ケ年分ノ前払ヲ為ス

モノハ一ケ月分ノ掛金六ケ月分ノ前払ヲ為スモノハ半ケ月分ノ掛金ヲ割引ヲ為スモノトス
払込ニ付テハ二ケ月間ノ猶予期間アリ此ノ場合ハ保険料一円又ハ其端数毎ニ壱銭ノ延滞料ヲ徴収セラル
保険金ノ支払
契約成立後二ケ年内、伝染病又ハ災害ノ為メ死亡シタルトキハ保険金ノ全額ノ支払ヲ受クルモ其ノ以外ノ原因ニテ死亡シタルトキハ左ノ区別ニヨリ支払フモノトス
一ケ年内払込タル保険料ノ全額
二ケ年内保険金ノ半額
二ケ年ヲ経過シタルモノハ保険金ノ全額
被保険者死亡シタル時ハ保険金受取人ハ三ケ月以内ニ為替貯金局へ通知ヲ発スルモノトス保険金受取人ハ保険証書ヲ呈示シタル上保険金支払請求書ニ被保険者ノ戸籍謄本死亡診断書保険料領収証ヲ添付シ郵便局へ差出シ保険金支払通知書ノ交付ヲ受ケタル後保険金ノ払渡ヲ受クベシ
保険料ノ割戻
保険契約成立後五ケ年以上ヲ経テ保険金若シクハ還附金ヲ支払フ場合ハ其支払金ノ外ニ年限ニ応ジ保険料ノ割戻ヲ為スモノトス
保険料ノ免除
被保険者ガ契約締結後傷害ニヨリ両手若クハ両足或ハ手足ヲ同時ニ失ヒタル場合又ハ両眼共視力ヲ失ヒタル場合ハ其事実ニ徴シ将来ノ保険料払込ヲ免除シ契約ノ継続ヲ為スコトヲ得
貸付金
契約者ハ前項還付金ノ範囲内ニ於ケル貸付金ノ請求ヲナスコトヲ得
○貸付金ハ保険金支払ノ場合ニ其貸付金及利息ヲ控除ス
金額及期間　将来ノ保険料ニ振替フルモノ　一年内ノ保険料相当額　一年内　現金ヲ受取ルモノ　五円以上　三ケ月以上一年

郵便年金

郵便年金
郵便年金ハ契約後即時若シクハ所定ノ年齢ニ達シタル時終身毎年一定ノ金額ヲ支払フモノニシテ、老後活動力衰へ収入ノ減少シタル場合、又ハ世帯主ヲ亡ヒタル寡婦遺族等ニ生活ノ安定ヲ得セシムル相互扶助組織ノ制度ナリ
年金ノ種類及ビ加入年齢
（イ）即時終身年金（四〇歳以上八〇歳以下）加入ノ時ヨリ受取人ノ終身間年金ヲ支払フ
（ロ）据置終身年金（十二歳以上五〇歳以下）加入後受取人ガ一定ノ年齢ニ達スル迄掛金ヲ据置キ爾後終身年金ヲ支払フ
（一）五十歳支払開始据置終身年金（二）五十五歳同上
（三）六十歳同上（四）六十五歳同上
年金額制限
最高額　年額　二千四百円（月二百円）
最低額　年額　百二十円（月拾円）

但シ掛金ヲ一時ニ払込ム年金ニアリテハ年額十二円ノ年金ニ加入スルコトヲ得

元金ノ留保又ハ抛棄

郵便年金契約者ハ（一）年金受取人ノ死亡（二）契約ノ解除（三）契約ノ変更ノ場合ニ払込掛金ヲ返還スベキ契約（元金留保）以上ノ場合之ヲ返還セザル場合（元金抛棄）右孰レカヲ選択申込スルヲ要ス

掛金ト年金ノ割合

年金ノ種類、加入年齢、受取人ノ男女別、元金留保、元金抛棄ノ別、又掛金ノ払込方、一時払、分割払ノ区別ニヨリ其割合ヲ異ニスルモノトス

（例）六十歳以後毎年百円ノ支払ヲ受クル場合

種類		掛金額		
元金抛棄	据置 一時払	三十歳ノ時一時ニ	男	一二一、七三
			女	一三五、九七
	据置 分割払	三十歳ヨリ六十歳迄毎年	男	一〇、八〇
			女	一三、一八
	即時払	六十歳ノ時一時ニ	男	九三〇、九四
			女	一、〇四〇、七九
元金留保	据置 一時払	三十歳ノ時一時ニ	男	一二九、〇五
			女	一五三、九六
	据置 分割払	三十歳ヨリ六十歳迄毎年	男	一二、九六
			女	一五、一三
	即時払	六十歳ノ時一時ニ	男	一、〇九四、三六
			女	一、一六九、二三

掛金ノ払込方法及年金支払

掛金払込（集金ヲ為サズ）一時全額払分割払（年一回、二回又ハ四回払）

年金支払　年四回

契約ノ異動変更

（イ）種類ノ変更。元金留保ノ据置終身年金ニ限リ、其据置期間中ハ年金支払開始年齢ノ変更及即時終身年金ニ変更スルコトヲ得（ロ）年金額及掛金額ノ変更。年金支払開始前年金額ヲ変更シ又掛金額ヲ増減スルコトヲ得（ハ）掛金払済契約ニ変更。掛金払込ヲ延滞シ猶予期間ヲ経過シタル時ハ契約者ノ請求ヲ俟タズ直ニ掛金払済契約ニ変更ス（但シ特別ノ場合ハ此限リニ非ズ）

元金ノ返還

契約申込ノ際元金留保ノ契約ヲ為シタルモノニ対シテハ左記区別ニヨリ払込掛金ヲ留保元金受取人ニ返還ス

年金支払開始前　払込掛金ノ全額　年金支払開始後　払込掛金ヨリ既ニ支払ヒタル年金額ヲ差引キタル残額

契約解除ノ場合　払込掛金ノ百分ノ九十以上

契約変更ノ場合　払込掛金中変更後ノ契約ニ対シ変更迄ニ払込ヲ要スル掛金ヲ除キタル残余ノ掛金ノ百分ノ九十以上

内国電信

通常電報料

		和文 十五字以内	和文 五字以内ヲ増ス毎ニ	欧文 五語以内	欧文 一語ヲ増ス毎ニ
同一市区町村内	官報 私報	十五銭	三銭	十五銭	三銭
内地、小笠原島、台湾、樺太、朝鮮、南洋ヤツプ相互間	官報	三十銭	五銭	三十銭	五銭
	私報	四十銭	五銭	四十五銭	五銭
前各号以外内地料金	官報 私報	三十銭	五銭	三十銭	五銭

特別電報料

至急電報料　官報ハ通常電報料ノ二倍　私報同三倍

返信料前納電報　返信ヲ受ケントスル者ハ其ニ要スル返信ノ電報料ヲ前納スルコトヲ得

照校電報料　通常電報料ノ四分ノ一ヲ増ス

受信報知料　電報ニ依ルモノハ原信ノ種別ニ依ル最低通常料金　郵便ニ依ルモノハ一通ニ付　金三銭

追尾、再送電報料　追尾、再送共一回毎ニ新ニ差出シタルモノトシテ料金ヲ計算ス

同文電報料　原信ヲ除キ一通毎ニ　和文　金十五銭　欧文金十五銭　同文電報ハ十通ヲ超ユルヲ得ズ

外国郵送料　（欧文ニ限ル）一通ニ付　支那宛十三銭　其他ノ外国二十六銭

特殊取扱料

時間外取扱料　一通ニ付　金三十銭　同文ハ原信ヲ除キ他ハ一通　金十銭

別使配達料　一通ニ付着信局ヨリ二里以内金三十銭　二里ヲ超ユルトキハ一里以内毎ニ金二十五銭ヲ増ス○島嶼ニ配達スルモノハ里程ニ拘ハラズ金三十銭トシ実費之ヲ超ユルトキハ実費額ニ依ル

艀船配達料　一通ニ付金三十銭　実費之ヲ超ユルトキハ実費額ニ依ル

受取証書料　一通ニ付　金五銭　請求期間　三日間

閲覧料　一通ニ付　金五銭

正写料　一通ニ付　和文百字以内毎ニ　金五銭　欧文二十五語以内毎ニ　金十銭

未送電報返還料　一通ニ付　金五銭

電報託送料　一通ニ付　金三銭　但シ無線電信又ハ無線電話ヲ以テスルモノハ一通ニ付　金三十銭

略号登記料　一通ニ付常時年額　金十二円　臨時ハ月額金一円二十銭

配達先登記料　一通ニ付年額　金十二円

局渡料　局渡証票一箇ニ付　臨時年額金六円　月額金六十銭

期間

再送請求　着信ノ日ヨリ三日以内

尋問請求　電報ヲ受取リタル日ヨリ三日以内

改正及停止請求　発信ノ日ヨリ三日以内
返信料前納証書使用期間　証書発行ノ日ヨリ三十日以内
料金還付請求　料金納付ノ日ヨリ六十日以内
受取証書請求　電報差出ノ日ヨリ三日間
閲覧正写請求　交付又ハ到着ノ日ヨリ三ケ月以内

無線電報

官私報　海岸局又ハ船舶局ニ於テハ取扱ヲナス毎ニ左ノ料金ヲ課ス但シ線上伝送ヲ要スルモノニ在リテハ一般電報料ヲ附課ス

和文十五字以内（五字以内毎ニ金五銭ヲ増ス）　金二十五銭
欧文五語以内（一語毎ニ金五銭ヲ増ス）　金二十五銭

新聞電報　和文五十字以内毎ニ（五十字以内ヲ増ス毎ニ二十銭ヲ増ス）　金二十五銭

南洋占領地電報取扱

日満電報規則ヲ適用シヤツプ島ト外国トノ間ニハ外国電報規則ヲ適用ス

料金		和文 十五字以内	和文 増ス毎ニ五字以内ヲ	欧文 五語以内	欧文 増ス毎ニ一語ヲ
南洋各地	官報	三十銭	五銭	三十銭	五銭
	私報	八十銭	十五銭	九十五銭	十五銭
ヤツプ	官報	三十銭	五銭	三十銭	五銭
	私報	四十銭	五銭	四十五銭	五銭

電報指定略符号

	（和文）	（欧文）
至急	ウナ	UR
追尾	チラ	PS
局待	ヤム	WT
親展	ニカ	CL
再送	ナチ	RF
時間外	ララ	SS
返信料前納	ナツ	RP
同文	ムヨ	TM
無線電報	ナラ	RA
照校	ムニ	TC
留置	ムナ	TR
外国郵送	―	PN
電報受信報知	ツニ	PC
別使配達	マツ	XP
夜間配達	タラ	―
郵便受信報知	ツツ	PP
艀船配達	ハホ	BD

注意（1）内国和文電報ハ親展ノ指定アルモノニ限リ封緘ス（2）午後零時ヲ過キタル着信ハ取扱時間ニ拘ラズ取扱フベキ電報（至急電報、時間外電報等）及夜間配達ノ指定（タラ）アルモノニ限リ配達シ其他ハ翌朝六時ヲ俟テ配達ス（3）電報受取人ハ予メ電信局ニ申出大祭、日曜其他休日又ハ夜間ニ於ケル着信電報ヲ翌朝ニ配達方ヲ請求スルコトヲ得

電信電話受付時間

自三月一日至十月卅一日　自十一月一日至二月末日
自午前六時至午後八時　自午前七時至午後八時

電報配達事務ヲ取扱ハザル三等局ハ休日及休暇日ハ正午迄
（十二月二十九日ヨリ三十一日迄ヲ除ク）

外国郵便及為替

○郵便（一般外国宛、支那宛別掲）

寸尺重量制限

書状

各面一尺四寸八分（四五糎）重量五百三十三匁（三瓩）

巻物体ノモノハ直径三寸三分（一〇糎）長サ二尺四寸八分（七五糎）

葉書
長サ三寸三分（一〇糎）以上四寸六分（一四糎）幅二寸三分（七糎）以上二寸九分（九糎）以内

印刷物
寸尺重量共書状ニ同シ但シ一冊ノ書籍及盲人用印刷物ハ八百匁（三瓩）迄

商品見本
長サ一尺（三〇糎）幅六寸六分（二〇糎）厚サ三寸三分（一〇糎）重量百三十三匁（〇・五瓩）巻物体ノモノハ直径五寸（一五糎）長サ一尺（三〇糎）

価格表記箱物
長サ七寸九分（三〇糎）幅二寸六分（一〇糎）高二寸六分（一〇糎）重量二百六十六匁（一瓩）

小包
各面四尺一寸（一二五糎）容積五十五立方デシメートル重量一貫三百三十三匁（五瓩）

普通郵便
書状　五匁三分迄（廿瓦）十銭　以上毎五匁三分毎ニ六銭
葉書一枚　通常六銭　往復十二銭
印刷物　毎十三匁三分（五十瓦）二銭　盲人用点字二六六匁（千瓦）毎二銭
商品見本　二十六匁六分迄（百瓦）四銭　以上十三匁三分毎（五十瓦）二銭
業務用書類　六十六匁（二百五十瓦）十銭　以上十三匁三分毎（五十瓦）二銭
価格表記書状　五匁三分迄（二十瓦）二十六銭　以上五匁三分毎（二十瓦）六銭
価格表記箱物　六十六匁迄（二百五十瓦）五十六銭　以上十三匁三分毎（五十瓦）八銭

特殊郵便
書留料　支那　十銭　其他　十六銭
到達証料　郵便物差出際　支那　三銭　其他　十六銭
同差出後請求　支那　六銭　其他　卅二銭
別配達料　支那三十銭　其他四十銭
別配達補充料　配達局より二里以上一里迄毎　廿五銭
艀船ニ依ルモノ実費額
価格表記料　表記金額三百法毎　支那　十銭　其他　二十銭
郵便物表面ニ邦貨ヲ以テ文字ト数字トニテ記載スル外四十銭ニ付一フランノ割合ニテ換算シタル仏貨ノ数字ヲモ記載スルヲ要ス
代金引替料　二十銭ノ規定料金ト代金引換金額（又ハ其換算額）二円毎若ハ其端数毎ニ一銭ノ料金トノ合計
踪跡取調料　支那六銭　其他卅二銭
留置郵便物保管料
保管開始後八日目ヨリ一日ニ付　非価格表記　一銭
価格表記　二銭
郵便物取戻、名宛変更、代金引換ノ取消又ハ引換代金低減ノ請求料
引受局発送準備着手後　五銭
外国ニ差立準備着手前　八銭

外国ニ差立準備着手後　書留書状一通分相当料金
電報ニ依ルモノ電報料実費
通関配達料（箱物ニ限ル）　十銭
国際返信切手券
　価格一枚ニ付　十六銭
帝国占領南洋諸島取扱事項
一、外国通常郵便物ノ引受（但シ書留留置以外ノ特殊取扱ヲナサズ）
○為　替（新興国及墺太利、洪牙利、土耳其トハ未ダ交換ノ運ビニ至ラズ）
一般取扱
通常為替料　十円迄　十五銭　以上十円迄毎ニ　五銭　四百円迄
電報為替料　通常為替料ト外国電報料
支那宛
通常為替　五円迄五銭、十円迄十銭、二十円迄十五銭、以上六十円迄十円毎ニ五銭、九十円迄四十銭、百廿円迄四十五銭、以上卌円毎ニ五銭、三百六十円迄八十五銭、四百円迄九十銭
電報為替　通常為替料ト相当電報料
特殊取扱
別配達払渡通知書　四十銭
　振出ノ際請求スル場合　十六銭　提出後請求スル場合三十二銭
不着取調　三十二銭　払渡済否取調　十六銭

取戻又ハ名宛変更
　外国ニ差立前　郵便ハ　取戻無料　名宛変更五銭
　　電報ハ　内国電報料
　外国ニ差立後　郵便ハ　廿六銭
　　電報ハ　外国電報料
制限金額（為替証書一枚ニ付）
・馬徳里約定ニ依ル為替
仏蘭西、伊太利　白耳義、瑞西、希臘、葡萄牙、埃及、仏領印度支那、智利、秘露　最高　一千「フラン」　最低一「サンチーム」
独逸　最高　五千「マルク」　最低　一「ペンニツヒ」
丁抹　諾威　瑞典　最高　七百二十「クローネル」　最低一「オール」
和蘭、蘭領東印度　最高　四百八十「フロリン」　最低一「セント」
西班牙　最高　四十磅　最低　一片
澳門、暹羅　最高　四百円　最低　一銭
・特別約定ニ依ル為替
英国　最高　四十磅　最低　一片
亜米利加合衆国　加奈陀、比律賓群島、墨西哥　最高　一百弗　最低　一仙
香港、濠州聯邦　英領東印度、海峡殖民地、馬来聯邦及諸州　香港　洋銀　最高　四百弗　最低　一仙
亜細亜露西亜　最高　三百「ルーブル」　最低　一「コペツク」
有効期間

馬徳里約定為替　五ケ月　英国、米国、加奈陀、墨西哥、香港、比律賓群島トノ約定為替　一年　露西亜ト条約為替六ケ月

支那宛郵便規則

注意　支那宛郵便物ノ種類ハ万国郵便条約ニ依ルモ其種類中ニ於ケル小分類ハ大体内国郵便ノ例ニ依ル料金ニ就テハ盲人用点字ノ書籍及印刷物ニ限リ万国条約規定ノ料金ニ依ルモ其外ハ内国料金ニ同ジ

書状

書状　重量四匁迄　三銭

全部印刷シタル無封ノ書状盲人用点字ノ無封書状　十匁迄二銭

郵便葉書

通常葉書　一銭五厘　往復葉書　三銭

印刷物

第三種認可日刊新聞ニシテ発行人又ハ売捌人ヨリ差出スモノ三十匁迄以上ハ二十匁毎ニ　五厘

第三種郵便物トシテ認可ヲ受ケタル定期刊行物重量二十匁迄　五厘

同盲人用点字ノ定期刊行物百五十匁迄　五厘

書籍、印刷物、写真、書画図三十匁迄　二銭

郵便規則第二十四条ノ一ノ条件ヲ具備セル印刷物三十匁迄一銭

盲人用点字ノ書籍二百六十六匁迄　二銭

盲人用印刷物百匁毎ニ　五厘

業務用書類

業務用書類三十匁迄毎　二銭

盲人用点字百五十匁毎　一銭

商品見本

商品見本、雛形、博物学上ノ標本三十匁毎　二銭

農産物種子三十匁毎　一銭

価格表記書状

重量四匁迄　十三銭　以上四匁毎　三銭

価格表記箱物

重量六十六匁迄　五十銭　以上十三匁毎　八銭

（注意）寸尺重量制限ハ一般外国郵便ト同シ

書留料　十銭

到達証料

郵便物差出ノ際請求　三銭　同差出後ノ請求　六銭

別配達料　三十銭

価格表記料

表記金額百二十円又ハ其端数毎　十銭

代金引換料　四銭

踪跡取調料　六銭

・価格表記金額制限一千円、表示貨幣邦貨、支那ニ於ケル取扱局、（書状）大部分ノ局（箱物）北京、天津、上海、広東、漢口、青島、厦門、間島、ハルピンノ各局ニ限ル代金引換金額制限一千円、表示貨幣邦貨、郵便物ヘノ指定表面ニ「代金引換金額何程」ト指定更ニ赤色横線二条ヲ画スル

ヲ要ス

・切手別納、約束郵便、広告郵便、年賀郵便等ハ内国郵便ヲ準用ス

小包郵便

名宛国　支那　種別　支那小包　経由国　直接　差出郵船日船

料金（特別条約ニ依ルモノ）

二六六匁（一キログラム迄）四五銭

五三三匁（二キログラム迄）六〇銭

一〇六六匁（四キログラム迄）九〇銭

一、五九九匁（六キログラム迄）一・二〇銭

二、一三二匁（八キログラム迄）一・五〇銭

二、六六六（十キログラム迄）一・八〇銭

小包各国ニ要スル税関告知書　一枚

電話

加入種別

単独加入　一加入ニ付一回線ヲ有スルモノ

共同線加入　二加入共同シテ一回線ヲ有スルモノ

連接加入　単独加入ニ連接シテ一加入ヲ為スモノニシテ単独加入一箇ニ付一箇限リ連接ス

土地ノ種別　（種別　加入者数）

甲地　十万以上　乙地　五万以上　丙地　二万以上

丁地　五千以上　戊地　二千以上　己地　八百以上

庚地　四百以上　辛地　二百以上　壬地　百九十九以下

電話使用料

度数料金制施行地

基本料年額（土地ノ種別）

単独加入　甲地四十五円　乙地四十円　丙地三十五円　丁地三十円

共同線加入　甲地三十二円　乙地二十八円　丙地二十四円　丁地二十円

連接加入　甲地十六円　乙地十六円　丙地十六円　丁地十六円

度数料　市内通話一度毎ニ　甲地三銭　乙地三銭　丙地三銭　丁地三銭

新聞社、通信社ノ加入電話ニシテ逓信局長ニ於テ該事業ノ専用ト認メタルモノハ一銭五厘

均一料金制施行地年額（土地ノ種別）

単独加入　戊地九十円　己地八十二円　庚地七十四円　辛地六十六円　壬地六十円

共同線加入　戊地六十円　己地五十五円　庚地五十円　辛地四十五円　壬地四十円

連接加入　戊地三十四円　己地三十四円　庚地三十四円　辛地三十四円　壬地三十四円

加入登記名義書換番号簿掲載料

加入登記料（土地ノ種別）

単独加入・共同線加入　甲地二十円　乙地二十円　丙地十五円　丁地十五円　戊地十三円　己地十円　庚地五円　辛地五円　壬地五円

連接加入　甲地八円　乙地八円　丙地六円　丁地六円　戊地四円　己地四円　庚地二円　辛地二円　壬地二円
名義書換料　甲地十五円　乙地十円　丙地八円　丁地六円　戊地五円　己地四円　庚地三円　辛地三円　壬地三円
番号簿掲載料年額
重復　甲地六円　乙地五円　丙地四円　丁地三円　戊地二円五十銭　己地二円　庚地一円五十銭　辛地一円五十銭　壬地一円五十銭
他人名義　甲地三十円　乙地二十五円　丙地二十円　丁地十六円　戊地十三円　己地十円　庚地八円　辛地八円　壬地八円
電話特別開通料（電話実費架設）　東京一、二〇〇円　大阪一、一〇〇円　神戸、京都、名古屋、横浜各九五〇円
加入登記料　東京、大阪二〇円　其他一五円
電話至急開通料及寄附開通
至急開通　甲地―乙地一、二〇〇〇円　丙地一、一〇〇円　丁地　九五〇円
寄附開通　戊地七〇〇円　己地五八〇円　庚地四八〇円　辛地三七〇円　壬地三五〇円
特設電話寄附金　土地ノ種別ニヨリ別ニ告示ス
普通通話料
市内　五銭
市外　一里以内五銭　三里以内十銭　五里以内一五銭　十里以内二〇銭　三十里以内三〇銭　四十里以内四〇銭　五十里以内五〇銭　六十里以内六〇銭　七十里以内七〇銭　八十里以内八〇銭　九十里以内九〇銭　一二〇里以内一円　一五〇里以内一円二五銭　一八〇里以内一円五〇銭　二一〇里以内一円七五銭　二四〇里以内二円　二八〇里以内二円二五銭　三二〇里以内二円五〇銭
其他　二円七五銭
・至急通話料ハ普通通話料ノ二倍、其他夜間通話、定時通話等ノ割アリテ夫々料金ヲ異ニス

無線電話（放送用私設電話ラヂオ）

放送施設
放送施設者ハ規定スル所ニヨリ願書ヲ逓信大臣ニ差出シ許可ヲ受クベシ
放送聴取
放送事項ノ聴取ヲ目的トスル私設無線電話ヲ施設セントスル者ハ願書ニ相手放送施設者ノ承諾書ヲ添付所轄逓信局長ニ差出シ許可ヲ受クベシ
聴取無線電話機器及装置
聴取無線電話ノ受信機ハ電気試験所ノ型式証明ヲ受ケタルモノ又ハ左ノ各号ニ適合スルヲ要ス
一百七十乃至四百三十メートル以下ノ電波長ニ限リ受信シ得ル装置ナルコト
二空中線ヨリ電波ヲ発射セザルコト（但シ所轄逓信局長ノ許可ヲ受ケタル場合ニ限リ第一ニ依ラザルコトヲ得）
放送聴取施設特許料

一会計年度毎ニ　金一円

罰　則

許可ナクシテ無断ニ電話ヲ放送シ若クハ聴取電話ヲ施設シタルモノハ一年以下ノ徴役又ハ千円以下ノ罰金ニ処ス

聴取手続

私設無線電話規則第十七条ニ依リ一所轄逓信局長ニ聴取電話施設願書ヲ提出スル場合放送局へ聴取申込書ヲ差出シ承諾書ヲ受取リ之ヲ添付シ逓信局長ノ許可ヲ受クベシ

聴取開始

所轄逓信局ヨリ検定証書ノ交附ヲ受ケタル日トス、但シ逓信局長ニ於テ許可書ヲ検定証書ニ兼用シタル場合ハ許可ノ日トス

聴取料金

聴取無線電話一装置毎ニ月額　金一円　一ケ年ヲ四期ニ分チ三ケ月分宛振込ムコト

○参　考

ＪＯＡＫ東京放送局放送区域

（波長三七五米）東京府。（武蔵国全部。大島。新島。利島。）神奈川県。埼玉県。千葉県。茨城県。山梨県。栃木県。群馬県全部。長野県ノ内（上田市。南佐久郡。北佐久郡。小県郡）静岡県ノ内（静岡市。沼津市。清水市。庵原郡。安倍郡。志太郡。加茂郡。田方郡。駿東郡。富士郡）

ＪＯＢＫ大阪放送局放送区域

（波長三八五米）大阪府。京都府。兵庫県。奈良県。和歌山県。滋賀県。徳島県。香川県。岡山県ノ内（岡山市。赤磐。和気。上房。邑久。勝田。御津。児島。英田。苫田。久米。真庭ノ各郡）鳥取県ノ内（鳥取市。岩美郡。八頭郡。気高郡）

ＪＯＣＫ名古屋放送局放送区域

（波長三六〇米）愛知県。三重県。岐阜県。長野県ノ内（松本市。諏訪郡。上、下伊那郡。東、西筑摩郡。南安曇郡）静岡県ノ内（浜松市。引佐郡。磐田郡。榛原郡。浜名郡。小笠郡。周智郡）

ＪＯＤＫ京城放送局放送区域

波長三百六十七メートル朝鮮一円

通常通達距離百六十キロメートル

◎本邦附近の放送無線電話局

（所在）	（波長）	（呼出符号）	（所在）	（波長）	（呼出符号）
浦塩	四五六	ＲＺＱＯ	マニラ	二四九・九	ＫＺＩＢ
大連	三九五	ＴＱＡＫ		二七〇	ＫＺＫＺ
上海	二七七	ＫＢＭＢ		二二二	ＫＺＲＱ
	三三五	ＫＲＣ	比律賓	三六〇	ＫＺＵＹ
	三三〇	ＫＳＯ			

諸税納期

月別	税目	区分	期限
一月	田租 宅地租 第三種所得税	前年第一期（四分一） 前年第二期（二分一） 前年第三期（四分一）	前年十二月十六日ヨリ一月十五日限 一日ヨリ卅一日限 同
二月	田租 酒造税	前年第二期（四分一） 第三期	一日ヨリ末日限 十六日ヨリ廿八日限
三月	田租 第三種所得税 酒造税 鉱産税	前年第三期（四分一） 前年第四期（四分一） 第四期 前年分	一日ヨリ卅一日限 同 十六日ヨリ卅一日限 三月中
五月	田租	前年第四期（四分一）	一日ヨリ卅一日限
七月	宅地租 第三種所得税 酒造税	第一期（二分一） 第一期（四分一） 第一期	一日ヨリ卅一日限 同 十六日ヨリ卅一日限
八月	個人営業収益税 乙種資本利子税	第一期（二分一） 第一期（二分一）	一日ヨリ卅一日限 同
九月	畑租維地租	第一期（二分一）	一日ヨリ三十日限
十月	第三種所得税	第二期（四分一）	一日ヨリ卅一日限

	酒造税	第二期	十六日ヨリ卅一日限
十一月	畑租維地租	第二期（二分一）	一日ヨリ三十日限
	個人営業収益税	第二期（二分一）	同
	乙種資本利子税	第二期（二分一）	同
十二月	鉱区税	翌年分	十二月中
毎月	第二種所得税	前月徴収分	十日限
	甲種資本利子税	前月徴収分	同
	麦酒税	前月査定分	末日限
	酒精及酒精含有飲料税	同	同
	清涼飲料税	前月分	同
	取引税	同	同
	取引所営業税	同	同
随時	第一種所得税		決定ノ都度
	法人営業収益税		同
	相続税		同
	砂糖消費税		取引ノ都度
	織物消費税		同

備考
小切手又ハ一覧払ノ為替手形ニシテ無記名式又ハ記名持参人携ノモノ（一）、無記名国債証券ノ利札ニシテ仕払期ノ到達シタルモノ（二）、政府又ハ宮内省ノ仕払命令、仕払請求書又ハ保管金引出切符ニシテ納入ノ為発行シタルモノ（三）、郵便通常為替証書ニシテ歳入ヲ納付スベキ官署金庫市町村ヲ受取人ト為シタルモノ又ハ郵便小為替証書ニシテ歳入ヲ納付スベキ官署、金庫、市町村ヲ受取人ト指定シ若ハ受取人指定セサルモノ（四）、ハ租税其他ノ政府ノ歳入ノ納付ニ使用スルコトヲ得

地租條例摘要

税率

- 本則　地租ハ左ノ税率ニ依リ毎年賦課セラル
  - 一、宅地　地價（土地臺帳掲記ノ價格）百分ノ二箇半
  - 二、田畑　地價（同上）百分ノ四箇半
  - 三、其他ノ土地　地價（同上）百分ノ五箇半
- 特則　北海道ニ於ケル宅地以外ノ土地ノ地租ハ當分ノ内左ノ税率ニ依ル
  - 一、田畑　地價（土地臺帳掲記ノ價格）百分ノ三箇二
  - 二、其他ノ土地　地價（同上）百分ノ四箇

納期

- 通則
  - 宅地
    - 第一期　自該年七月一日至同月三十一日　地租額二分ノ一
    - 第二期　自翌年一月一日至同月三十一日　地租額二分ノ一
  - 田畑
    - 第一期　自該年十二月十六日至翌年一月十五日　地租額四分ノ一
    - 第二期　自翌年二月一日至同月末日　地租額四分ノ一
    - 第三期　自翌年三月一日至同月三十一日　地租額四分ノ一
    - 第四期　自翌年五月一日至同月三十一日　地租額四分ノ一
  - 其他
    - 第一期　自該年九月一日至同月三十日　地租額二分ノ一
    - 第二期　自該年十一月一日至同月三十日　地租額二分ノ一
- 例外
  - 東京府八丈島（貢納一反ヲ金一圓七十二錢五厘ノ割合テ換算シ其金ヲ以テ翌年五月限リ納付）
  - 北海道
    - 宅地　該年七、八月中　五分　翌年一、二月中　五分
    - 其他ノ土地　該年十、十一月中　五分　翌年四、五月中　五分
  - 鹿兒島縣大島郡
    - 十島村　翌年五、六、七、八月中　地租額全部
    - 其他ノ各村　翌年五月中　地租額全部
  - 沖繩縣
    - 那覇市、首里市、島尻郡、中頭郡、國頭郡
      - 宅地、田　該年八月中　地租額全部
      - 其他ノ土地　翌年五月中　地租額全部
    - 宮古郡、八重山郡（宮古郡平良村字鹽川、仲筋、水納、八重山郡八重山村字波照間、與那國）　翌年五、六、七月中　地租額全部
    - 其他
      - 宅地　翌年三月中　地租額全部
      - 田　該年六月中　地租額全部
      - 畑　第一期　該年六月中　地租額二分ノ一　第二期　翌年五月中　地租額二分ノ一
      - 其他ノ土地　翌年五月中　地租額全部

免租地　一、國府縣市町村其他勅令ヲ以テ指定スル公共團體ニ於テ公用又ハ公共ノ用ニ供スル土地（但有料借地ハ此限ニ在ラズ）及其等ノ公共團體ガ公用又ハ公共ノ用ニ供スベキモノト定メタル其所有地　二、府縣社地、郷村社地、招魂社地（但有料借地ハ此限ニ在ラズ）　三、墳墓地　四、用惡水路　五、溜池　六、堤塘　七、井溝　八、鐵道用地　九、軌道用地　十、運河用地　十一、保安林　十二、公衆ノ用ニ供スル道路　十三、皇族賜邸及皇室財産令第二十一條所據ノ皇族所有地　十四、私立ノ幼稚園、小學校、中學校、高等女學校、實業學校、專門學校、高等學校、大學ハ納税義務者ノ申請ニ因リ其地租ヲ免除ス此他ノ私立學校ニシテ大藏大臣ニ於テ指定シタルモノ亦同ジ（但其中有料借地ハ此限ニ在ラズ）

納税者　地租ハ土地臺帳記名者タル質權者、百年以上ノ地上權者又ハ所有者

納税免除（地租ヲ納ムベキ者（法人ヲ除ク）ノ住所地市町村及其隣接市町村内ニ於ケル田畑地價ノ合計金額二百圓未滿ナルトキハ徴税セズ、但シ小作ニ付シタル田畑ハ此限ニ非ラズ）

相續稅法摘要

課税物件

- 本則
  - 被相續人本法施行地ニ住所ヲ有スル時
    - 一、本法施行地ニ在ル動産及不動産
    - 二、本法施行地ニ在ル不動産ノ上ニ存スル權利
    - 三、其他ノ財産權
  - 被相續人本法施行地ニ住所ヲ有セザル時
    - 一、本法施行地ニ在ル動産及不動産
    - 二、本法施行地ニ在ル不動産ノ上ニ存スル權利
- 特則　左ニ掲グル場合ニ於テ本法施行地ニ在ル不動産及船舶以外ノ財産ニ付爲シタル贈與ノ價格ガ千圓以上ナル時ハ遺産相續ノ開始ト同視シ相續税ヲ課セラル
  - 一、親族ニ贈與ヲ爲セル時
  - 二、分家ヲ爲スニ際シ若ハ分家ヲ爲シタル後本家ノ戸主又ハ家族ガ分家ノ戸主又ハ家族ニ贈與ヲ爲セル時

免税

- 一、課税價格ガ家督相續ニ在リテハ五千圓、遺産相續ニ在リテハ千圓ニ滿タザル時
- 二、永代借地權
- 三、軍人軍屬ノ戰死又ハ職務ノ爲メ受ケタル傷痍疾病ニ起因シタル死亡ニ因リ相續ノ開始シタル時但被相續者又ハ疾病者ニシテ負傷又ハ發病後一年ヲ經過シテ死亡シタル時ハ此限ニ在ラズ
- 四、相續税ヲ課セラレタル後更ニ相續ノ開始シタル時其開始五年以内ナル時ハ前ノ相續額ニ相當スル相續税ヲ免除シ七年以内ナル時ハ前ノ相續税ノ半額ニ相當スル相續税ヲ免除セラル

届出

- 一、相續人ハ相續開始ヲ知リタル日ヨリ、遺言執行者又ハ相續財産管理人ハ就職ノ日ヨリ三箇月（相續ガ帝國外ニ於テ開始シタルトキ又ハ相續人若ハ相續財産管理人ガ帝國内ニ住所ヲ有セサルトキハ六ケ月）以内ニ相續開始ノ明細書、相續財産目録及相續財産ノ價額中ヨリ控除セラルベキ金額ノ明細書ヲ税務署ニ提出スベキモノトス
- 二、相續人確定シタル時ハ前記書類ヲ提出スルト同時ニ又ハ確定ノ日ヨリ一箇月以内ニ相續人ノ相續關係ヲ記シタル書面ヲ税務署ニ提出スベキモノトス

（注意）前記書類ノ提出ヲ怠ルトキハ政府ニ於テ課税標準ヲ決定シ費用其他ノ負擔ヲ課セラルルコトアリ

納税（相續税ハ一時ニ納付スルヲ原則トスルモ税金百圓以上ナルトキハ相當擔保ヲ提供シ七年以内ノ年賦延納ヲ求ムルコトヲ得〇延納ヲ求メントスル者ハ税額決定ノ通知書受領後二十日以内ニ出願スルヲ要ス）

（注意）

- 一、相續人、遺言執行者又ハ相續財産管理人ハ相續税ヲ納付シ又ハ其延納ノ許可ヲ受ケタル後ニ非ザレバ遺贈ノ辨濟ヲ爲スコトヲ得ズ
- 二、又相續財産ヲ以テ相續税ヲ完納スルコト能ハザルトキハ相續開始前一年内ニ被相續人ヨリ本法施行地ニ有ル財産ノ贈與ヲ受ケタル者ハ其限度ニ於テ不足額ヲ納付スベキモノトス

決定（課税價額ハ税務署之ヲ決定シテ相續人遺言執行者又ハ相續財産管理人ニ通知ス此決定ニ異議アル者ハ再審査ヲ求ムルコトヲ得〇再審査ノ決定ニ不服アル者ハ訴願又ハ行政訴訟ヲ起スコトヲ得）

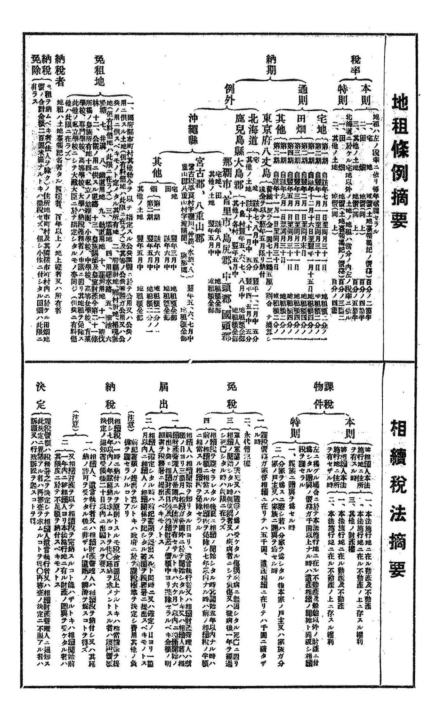

相續財產ノ價格評定

一般財產

相續開始ノ際本法施行地ニ在ル相續財產ノ價格ニ相續開始前一年內ニ被相續人ガ本法施行地ニ在ル財產ニ付爲シタル贈與ノ價格ヲ加ヘタルモノノ中ヨリ

一 被相續人カ本法施行地ニ住所ヲ有スル時ハ 甲、公課 乙、被相續人ノ葬式費用 丙、債務 ヲ除キタルモノヲ以テ課稅價額トシ

二 被相續人ガ本法施行地ニ住所ヲ有セザル時ハ
- 甲 其財產ニ係ル公課
- 乙 其財產ヲ目的トスル留置權、特別ノ先取特權、質權又ハ抵當權ヲ以テ擔保セラルル債務
- 丙 其財產ニ係ル贈與ノ義務

ヲ除キタルモノヲ以テ課稅價額トス

地上權

- 殘期十年以下ノモノ 其土地賃貸價格ノ 二倍
- 殘期三十年以下ノモノ 同 三倍
- 殘期五十年以下又ハ存續期間ノ定メナキモノ 同 五倍
- 殘期百年以下ノモノ 同 七倍
- 殘期百年ヨリ長キモノ 同 十二倍

永小作權

- 殘期十年以下ノモノ 其土地賃貸價格ノ 二倍
- 殘期三十年以下又ハ存續期間ノ定メナキモノ 同 三倍
- 殘期五十年以下ノモノ 同 五倍

定期金

- 有期 殘存期間ニ於ケル給金額ヲ以テ其價格トス但一年ノ定期金ノ二十倍ヲ超ユルコトヲ得ズ
- 無期 一年ノ定期金ノ二十倍ヲ以テ其價格トス
- 終身 目的トセラレタル人ノ年齡ニ依リ左ノ期間ニ於ケル定期金ノ總額ヲ以テ其價格トス
  - 二十歲未滿、十年　三十歲未滿、八年　四十歲未滿　六年　五十歲未滿、四年　六十歲未滿、二年　六十歲以上、一年

注意

一 條件附權利、存續期間不定ノ權利信託ノ利益ヲ受クヘキ權利又ハ訴訟中ノ權利ハ稅務署ノ認定ニ依リテ其價格ヲ評定ス

二 永代借地權及ヒ公共團體又ハ慈善其他ノ公益事業ニ對シ爲シタル贈與及遺贈ハ課稅價額ニ算入セズ

三 外國ノ法律ニ依リ開始シタル相續ニ關シテハ遺產相續ニ關スル稅率ヲ準用ス但シ相續人二人以上アル場合ニ於テ其ノ適用スベキ稅率異ナルトキハ其ノ最低キ稅率ヲ適用ス

制裁

相續稅法第十一條ニ依リ提出シタル書類（相續財產ノ目錄及相續財產ノ價額中ヨリ控除セラルベキ金額ノ明細書）ニ虛僞ノ記載ヲ爲シタル者其ノ他不正ノ所爲ヲ以テ相續稅ノ逋脫ヲ圖リ又ハ逋脫シタル者ハ其逋脫シ又ハ逋脫セムトシタル稅金ノ三倍ニ相當スル罰金又ハ科料ニ處ス但シ自首シタル者ハ其ノ稅金ヲ徵收シ其罪ヲ問ハズ

稅率

家督相續

課稅價格	稅率：相續人ガ被相續人ノ家族タル直系卑屬ナルトキ	稅率：相續人ガ被相續人ノ指定シタル者、民法第九八二條ニ依リ選定セラレタル者、被相續人ノ家族タル直系尊屬又ハ入夫ナルトキ	稅率：相續人ガ民法第九百八十五條ニ依リ選定セラレタル者ナルトキ
五千圓以下ノ金額	千分ノ五	千分ノ六	千分ノ八
五千圓ヲ超ユル金額	同 六	同 七	同 十
一萬圓 同	同 七	同 八	同 十五
二萬圓 同	同 八	同 十	同 二十
三萬圓 同	同 十	同 十五	同 二十五
四萬圓 同	同 十五	同 二十	同 三十
五萬圓 同	同 二十	同 二十五	同 四十
七萬圓 同	同 二十五	同 三十	同 五十
十萬圓 同	同 三十	同 四十	同 六十
十五萬圓 同	同 四十	同 五十	同 七十
二十萬圓 同	同 五十	同 六十	同 八十
三十萬圓 同	同 六十	同 七十	同 九十
四十萬圓 同	同 七十	同 八十	同 百
五十萬圓 同	同 八十	同 九十	同 百十
七十萬圓 同	同 九十	同 百	同 百二十
百萬圓 同	同 百	同 百十	同 百三十
二百萬圓 同	同 百十	同 百二十	同 百四十
三百萬圓 同	同 百二十	同 百三十	同 百五十
五百萬圓 同	同 百三十	同 百四十	同 百六十

遺產相續

課稅價格	相續人ガ直系卑屬ナルトキ	相續人ガ配偶者又ハ直系尊屬ナルトキ	相續人ガ其他ノ者ナルトキ
千圓以下ノ金額	千分ノ十	千分ノ十二	千分ノ十七
千圓ヲ超ユル金額	同 十二	同 十四	同 二十
五千圓 同	同 十四	同 十七	同 二十五
一萬圓 同	同 十七	同 二十	同 三十五
二萬圓 同	同 二十	同 二十五	同 四十五
三萬圓 同	同 二十五	同 三十五	同 五十五
四萬圓 同	同 三十五	同 四十五	同 六十五
五萬圓 同	同 四十五	同 五十五	同 七十五
七萬圓 同	同 五十五	同 六十五	同 八十五
十萬圓 同	同 六十五	同 七十五	同 九十五
十五萬圓 同	同 七十五	同 八十五	同 百五
二十萬圓 同	同 八十五	同 九十五	同 百十五
三十萬圓 同	同 九十五	同 百五	同 百二十五
四十萬圓 同	同 百五	同 百十五	同 百三十五
五十萬圓 同	同 百十五	同 百二十五	同 百四十五
七十萬圓 同	同 百二十五	同 百三十五	同 百五十五
百萬圓 同	同 百三十五	同 百四十五	同 百六十五
二百萬圓 同	同 百五十	同 百六十	同 百八十
三百萬圓 同	同 百六十五	同 百七十五	同 百九十五
五百萬圓 同	同 百八十	同 百九十	同 二百十

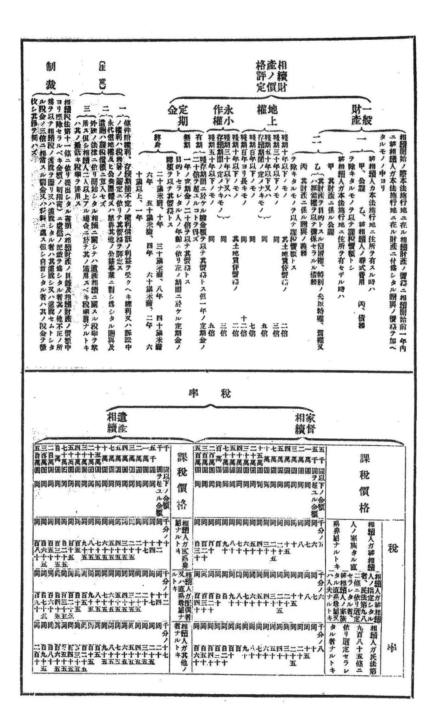

所得税法摘要

納税義務

（一）本法施行地ニ住所ヲ有シ又ハ一年以上居所ヲ有スル者ハ皆所得税ヲ納ムルノ義務アリ

（二）前項規定ノ外、本法施行地ニ資産又ハ営業ヲ有スルトキ、公債、社債ノ利子又ハ銀行預金（貯蓄預金ヲ除ク）ノ利子若ハ貸付信託ノ利益ノ支拂ヲ受ケ又ハ法人ヨリ利益若ハ利息ノ配當剰餘金ノ分配賞與及ビ之レト同性質ノ給與ヲ受クルトキハ其所得ニ付テノミ所得税ヲ納ムルノ義務ヲ負フ

課税所得算定

法人ノ所得ニ付左ノ金額ニ賦課ス

第一種

甲 普通所得　各事業年度ノ總益金ヨリ總損金ヲ控除シタル金額、但シ保險會社ニアリテハ各事業年度ノ利益又ハ剰餘金ニ依ル

乙 超過所得　普通所得カ當該事業年度ノ資本金額ニ對シ年百分ノ十ノ割合ヲ以テ算出シタル金額ヲ超過スルトキハ其超過額

丙 清算所得　法人解散シタル場合ニ於テ其殘餘財産ノ價額カ解散當時ノ拂込株式金額又ハ出資金額ヲ超過スルトキハ其超過額

第二種

左ノ所得ニ付其支拂ヲ受クヘキ金額ニ賦課ス

甲 本法施行地ニ於テ支拂ヲ受タル公債、社債、若ハ銀行預金ノ利子又ハ貸付信託ノ利益

乙 本法施行地ニ住所又ハ一年以上居所ヲ有セサル者ノ本法施行地ニ本店又ハ主タル事務所ヲ有スル法人ヨリ受クル利益若ハ利息ノ配當剰餘金ノ分配又ハ利益若ハ剰餘金ノ處分タル賞與若ハ賞與ノ性質ヲ有スル給與

第三種

第二種ニ屬セサル個人ノ所得ニ賦課シ左記各號ノ規定ニ依リ算出ス

（一）營業ニ非サル貸金ノ利子並第二種ノ所得ニ屬セサル公債、社債、及預金ノ利子ハ前年中ノ收入金額

（二）山林ノ所得ハ前年中ノ總收入金額ヨリ必要ノ經費ヲ控除シタル金額

（三）賞與又ハ賞與ノ性質ヲ有スル給與ハ前年三月一日ヨリ其年二月末日迄ノ收入金額

（四）法人ヨリ受クル利益若ハ利息ノ配當又ハ剰餘金ノ分配ハ前年三月一日ヨリ其年二月末日迄ノ收入金額（無記名株式ノ配當ニ付テハ支拂ヲ受ケタル金額）ヨリ其十分ノ四ヲ控除シタル金額

（五）俸給、給料、歳費、年金、恩給、退隱料及此等ノ性質ヲ有スル給與ハ前年中ノ收入金額、但シ前年一月一日ヨリ引續キ支給ヲ受クルニ非サルモノニ付テハ其年ノ豫算年額

（六）前各號以外ノ所得ハ前年中ノ總收入金額ヨリ必要ノ經費ヲ控除シタル金額、但シ前年一月一日ヨリ引續キ有シタルニ非サル資産、營業又ハ職業ノ所得ニ付テハ其年ノ豫算年額

所得金額控除

（イ）前各號ニ依リ算出シタル所得税額一萬二千圓以下ナルトキハ其所得中勤勞所得（第三號及第五號ノ所得）ニ付左ノ金額ヲ控除ス

（一）所得總額六千圓以下ナルトキハ勤勞所得ノ十分ノ二

（二）所得總額中勤勞所得以外ノ所得六千圓以上ナルトキハ勤勞所得ノ十分ノ一

（三）所得總額六千圓ヲ超エ勤勞所得以外ノ所得六千圓未滿ナルトキハ勤勞所得中勤勞所得以外ノ所得ト合算シテ六千圓ニ達スル迄ノ金額ノ十分ノ二、其他ノ金額ノ十分ノ一

戸主及其同居家族ノ所得ハ合算シ其總額ニ付前項ノ規定ヲ適用ス戸主ト別居スル二人以上ノ同居家族ノ所得亦同ジ

（ロ）所得總額三千圓以下ナルトキハ其所得ヲ有スル者ノ申請ニ依リ其所得ヨリ其年三月一日現在ノ同居ノ戸主及家族中年齢十八歳未滿若ハ六十歳以上ノ者又ハ不具癈疾者一人ニ付百圓ヲ控除ス

（ハ）自己又ハ家族ノ爲ノ生命保險料ハ年額二百圓ヲ限リ所得金額中ヨリ控除ス

免税

一　北海道府縣市町村其他命令ヲ以テ指定スル公共團體社寺祠宇佛堂及民法第三十四條ノ規定ニ依リ設立シタル法人ニハ所得税ヲ課セズ

二　第三種ノ所得ニシテ左記各號ニ該當スルモノニハ所得税ヲ課セズ
一、軍人從軍中ノ俸給及手當　二、扶助料及傷痍疾病者ノ恩給又ハ退隱料　三、旅費、學資金及法定扶養料　四、郵便貯金、産業組合貯金及銀行貯蓄預金ノ利子　五、營利ノ事業ニ屬セザル一時ノ所得　六、日本ノ國籍ヲ有セザル者ノ本法施行地外ニ於ケル資産營業又ハ職業ヨリ生スル所得

三　勅令ヲ以テ指定シタル重要物産ノ製造業ヲ營ム者ニハ命令ノ所定ニ依リ開業ノ年及其翌年ヨリ三年間其業務ヨリ生スル所得ニ付所得税ヲ課セス

四　第三種ノ所得ハ千二百圓ニ滿タザル時ハ所得税ヲ課セズ前掲所得金額控除ノ規定ニ依ル控除ヲ爲シタル爲千二百圓ニ滿タサルニ至リタル時亦同ジ

税率

第一種

第一種ノ所得ニ對スル所得税ハ左ノ税率ニ依リ之ヲ賦課ス

甲 普通所得
- 本法施行地ニ本店又ハ主タル事務所ヲ有スル法人　百分ノ五
- 本法施行地ニ本店又ハ主タル事務所ヲ有セサル法人　百分ノ十

乙 超過所得　超過所得金額ヲ左ノ各級ニ區分シ遞次ニ各税率ヲ適用ス
- （イ）普通所得金額中資本金額ニ對シ年百分ノ十ノ割合ヲ以テ算出シタル金額ヲ超ユル金額　百分ノ四
- （ロ）同百分ノ二十ノ割合ヲ以テ算出シタル金額ヲ超ユル金額　百分ノ十
- （ハ）同百分ノ三十ノ割合ヲ以テ算出シタル金額ヲ超ユル金額　百分ノ二十

丙 清算所得　清算所得金額ヲ左ノ如ク區分シ各税率ヲ適用ス
- （イ）積立金又ハ本法其他ノ法律ニ依リ所得税ヲ課セラレサル所得ヨリ成ル金額　百分ノ五
- （ロ）其他ノ金額　百分ノ十

法人カ各事業年度ニ於テ納付シタル第二種ノ所得ニ對スル所得税額ハ第一種ノ所得ニ對スル所得税額ヨリ控除ス

第二種

第二種ノ所得ニ對スル所得税ハ左ノ税率ニ依リ之ヲ賦課ス

甲
- 公債ノ利子　百分ノ四
- 其他　百分ノ五

乙　百分ノ七・五

第三種

第三種ノ所得ニ對スル所得税ハ所得金額ヲ左ノ各級ニ區分シ遞次ニ各税率ヲ適用シテ之ヲ賦課ス、但山林ノ所得ハ山林以外ノ所得ト之ヲ區分シ其所得ヲ五分シタル金額ニ對シ此税率ヲ適用シテ算出シタル金額ヲ五倍シタルモノヲ以テ其税額トス

千二百圓以下ノ金額	百分ノ〇、八
超千五百圓金額	百分ノ三
超三千圓金額	百分ノ五
超七千圓金額	百分ノ八
超一萬五千圓金額	百分ノ十一
超三萬圓金額	百分ノ十五
超七萬圓金額	百分ノ十九
超二十萬圓金額	百分ノ二十三
超百萬圓金額	百分ノ二十七
超三百萬圓金額	百分ノ三十三
超千二百圓金額	百分ノ二
超二千圓金額	百分ノ四
超五千圓金額	百分ノ六、五
超一萬圓金額	百分ノ九、五
超二萬圓金額	百分ノ十三
超五萬圓金額	百分ノ十七
超十萬圓金額	百分ノ二十一
超五十萬圓金額	百分ノ二十五
超二百萬圓金額	百分ノ三十
超四百萬圓金額	百分ノ三十六

納期

第一種ノ所得ハ各事業年度毎ニ所得税ヲ徴收ス（清算所得ハ清算又ハ合併ノ時）

第二種ノ所得ハ其金額支拂ノ際支拂者其所得税ヲ徴收シ翌月十日迄ニ之ヲ政府ニ納ムベシ

第三種ノ所得ハ所得税ノ年額ヲ四分シ左ノ四期ニ於テ徴收セラル
- 第一期　該年七月一日ヨリ三十一日限
- 第二期　該年十月一日ヨリ三十一日限
- 第三期　翌年一月一日ヨリ三十一日限
- 第四期　翌年三月一日ヨリ三十一日限

制裁

詐欺其他不正ノ行爲ニ因リ所得税ヲ逋脱シタル者ハ其逋脱税金三倍ノ罰金又ハ科料ニ處セラル但自首シタル者又ハ税務署長ニ申出タル者ハ其税金ヲ徴收スルニ止メテ其罪ヲ問ハス

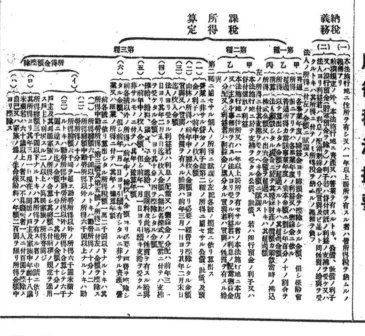

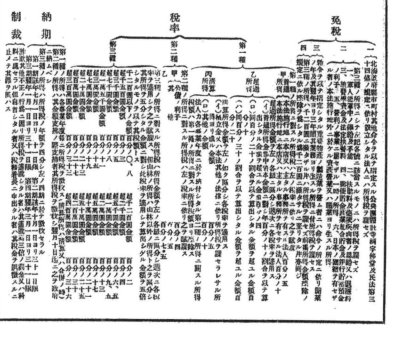

營業收益稅法 資本利子稅法 摘要

◉營業收益稅法

納稅義務者

- 法人　本法施行地ニ本店支店其他ノ營業場ヲ有スル營利法人
- 個人　本法施行地ニ營業場ヲ有シ左ニ掲クル營業ヲ爲ス個人
  - (一)物品販賣業（動植物其他普通ニ物品ト稱セサルモノ、販賣ヲ含ム）(二)銀行業　(三)無盡業　(四)金錢貸付業　(五)物品貸付業　(六)製造業（動植物其他普通ニ物品ト稱セサルモノ、貸付ヲ含ム）(七)運送業（運送取扱ヲ含ム）（瓦斯電氣ノ供給物品ノ加工修理ヲ含ム）(八)倉庫業(九)請負業　(一〇)印刷業　(一一)出版業　(一二)寫眞業　(一三)席貸業　(一四)旅人宿業（下宿ヲ含ミ木賃宿ヲ含マズ）(一五)料理店業　(一六)周旋業　(一七)代理業　(一八)仲立業　(一九)問屋業

課稅純益

本收益稅ハ營業ノ純益ニ付賦課シ左ノ區別ニ依リ算出ス

- 法人ハ各事業年度ノ總益金ヨリ總損金ヲ控除シタル金額ニ依ル
- 個人ハ前年中ノ總收入金額ヨリ必要ノ經費ヲ控除シタル金額ニ依ル

免稅

- イ　左ニ掲クル營業ノ純益ニハ課稅セズ
  - (一)政府ノ發行スル印紙切手類ノ賣捌(二)度量衡ノ製作修覆又ハ販賣(三)自己ノ採掘シ又ハ採取シタル鑛物ノ販賣(四)新聞紙法ニ依ル出版(五)本法施行地外ニ在ル營業場ニ於テ爲ス營業(六)法人ノ演藝又ハ演劇興行(七)個人ノ自己ノ收穫シタル農産物、林産物、畜産物若クハ水産物ノ販賣又ハ之ヲ原料トスル製造、但特ニ營業場ヲ設ケテ爲ス販賣又ハ製造ヲ除ク
- ロ　勅令ヲ以テ指定スル重要物産ノ製造業ヲ營ム者ニハ命令ノ所定ニ依リ開業ノ年及其翌年ヨリ三年間其營業ヨリ生スル純益ニ付收益稅ヲ免除ス
- ハ　個人ノ純益金額四百圓ニ滿タサルトキハ課稅セス

稅率

- 法人百分ノ三・六
- 個人百分ノ二・八
  - 法人カ各事業年度ニ於テ納付シタル地租額又ハ資本利子稅額ハ當該事業年度ノ營業收益稅ヨリ控除ス
  - 個人カ其營業用ノ土地ニ付納付シタル地租額ハ其營業收益稅額ヨリ控除ス

申告

- 納稅義務アル法人ハ命令ノ所定ニ依リ純益金額ヲ同
- 個人ハ命令所定ニ依リ毎年三月十五日迄ニ純益金額ヲ稅務署ニ申告スルヲ要ス

決定

純益金額ハ稅務署之ヲ決定シ納稅義務者ニ通知ス但不服アル者ハ再審査ヲ求メ訴願ヲ爲シ行政訴訟ヲ起ス等抗議ノ途アリ

納期

法人ノ營業收益稅ハ事業年度毎ニ徵收ス、個人ノ營業收益稅ハ年額ヲ二分シ左ノ二期ニ於テ徵收ス

- 第一期　其年八月一日ヨリ卅一日限リ
- 第二期　其年十一月一日ヨリ卅日限リ

制裁

營業ニ關スル帳簿物件ノ檢査ヲ妨ケ又ハ虛僞ノ記載ヲ爲シタル帳簿ヲ提示シタル者ハ百圓以下ノ罰金ニ處セラル、◎詐欺其他不正ノ行爲ニ因リ營業收益稅ヲ逋脫シタル者ハ其逋脫シタル稅金ノ三倍ニ相當スル罰金又ハ科料ニ處セラル、但自首シタル者又ハ稅務署長ニ申出タル者ハ其罪ヲ問ハズ

◉資本利子稅法

課稅利子

資本利子稅ハ本法施行地ニ於テ支拂ヲ受クル左ノ資本利子ニ課ス

- 甲種　公債、社債、產業債券若クハ銀行預金ノ利子又ハ貸付信託ノ利子
- 乙種　第三種所得金額中ノ營業ニ非サル貸金又ハ預金ノ利子

免稅

甲種ノ資本利子ニシテ左ニ掲クルモノニハ資本利子稅ヲ課セス

- (一)所得稅法其他ノ法律ニ依リ第二種所得稅ヲ課セラレサル者ノ支拂ヲ受クル利子
- (二)貯蓄債券又ハ復興貯蓄債券ノ利子

稅率

資本利子金額ノ百分ノ二

登錄税法摘要（昭和三年三月改正）

不動産登記登錄税

番號	登記ノ種類	課税標準	税率
一	相續ニ因ル所有權ノ取得	不動産價格（共有持分ノ取得ハ持分ノ價格ニ依ル）	千分ノ五
二	遺贈贈與其他無償名義ニ因ル所有權ノ取得 但寺院、祠宇、佛堂、及民法第三十四條ニ依ル法人ガ無償名義又ハ寄附行爲ニ因ル所有權ノ取得	不動産價格（共有持分ノ取得ハ同上） 不動産價格	千分ノ四十五 千分ノ二十五
三	前各號以外ノ原因ニ因ル所有權ノ取得	不動産價格（共有持分ノ取得ハ同上）	千分ノ三十三
四	所有權ノ保存	不動産價格	千分ノ五
五	共有物ノ分割	分割ニ因リテ受クル不動産ノ價格	千分ノ五
六	地上權、永小作權又ハ賃借權ノ取得 存續期間十年以下ノモノ 存續期間二十年以下ノモノ 存續期間三十年以下ノモノ 存續期間五十年以下ノモノ 存續期間百年以下ノモノ 存續期間百年ヲ超ユルモノ 存續期間ノ定ナキモノ 存續期間ノ定ナキモノニシテ民法第二百六十八條若ハ第二百七十八條ノ適用アルモノ又ハ借地法第二條第一項ノ規定ノ適用アルモノ 相續ニ因ル所得ニシテ存續期間三十年ヲ超ユルモノ （但權利移轉ニ因ル取得ノ場合ニ於テハ既ニ經過シタル期間ヲ存續期間ヨリ控除シ其ノ殘期ヲ以テ存續期間ト看做ス）	不動産價格 不動産價格 不動産價格 不動産價格 不動産價格 不動産價格 不動産價格 不動産價格 不動産價格 不動産價格	千分ノ一 千分ノ二 千分ノ四 千分ノ七 千分ノ十 千分ノ十五 千分ノ二十 千分ノ一 千分ノ四 千分ノ五
七	地役權ノ取得	要役地價格	千分ノ一
八	華族世襲財産ノ設定	不動産價格	千分ノ二十五
九	先取特權ノ保存又ハ取得	債權金額又ハ不動産工事費用豫算額	千分ノ五・五
十	質權、抵當權ノ取得	債權金額	千分ノ五・五
十一	信託ノ登記 所有權ニ付テハ 所有權以外ノ權利ニ付テハ	 不動産價格 不動産價格	 千分ノ四 千分ノ二
十二	競賣、強制管理ノ申立	債權金額	千分ノ五・五
十三	假差押、假處分	債權金額	千分ノ四
十四	抵當アル債權ノ差押	債權金額	千分ノ五・五
十五	相續財産ノ分離 所有權ニ付テハ 所有權以外ノ權利ニ付テハ	 不動産價格 不動産價格	 千分ノ五・五 千分ノ一
十六	滯納處分以外ノ原因ニ因ル權利ノ處分ノ制限ニシテ特ニ掲ケサルモノ	債權金額	千分ノ四
十七	抹消シタル登記ノ回復	不動産毎一箇	金四拾錢
十八	假登記	不動産毎一箇	金四拾錢
十九	附記登記（但シ一件ニ付税額金二圓ヲ超ユルトキハ二圓トス）	不動産毎一箇	金貳拾錢
二十	登記ノ更正、變更又ハ抹消（但シ一件ニ付税額金二圓ヲ超ユルトキハ二圓トス）	不動産毎一箇	金貳拾錢
二十一	法人ノ合併ニ依ル權利ノ取得	不動産價格	千分ノ三

商事會社登記登錄税

番號	登記ノ種類	課税標準	税率
一	合名會社、合資會社設立	財産ヲ目的トスル出資ノ價格	千分ノ五
二	合名會社、合資會社出資增加	財産ヲ目的トスル增加出資ノ價格	千分ノ五
三	株式會社設立	拂込株金額	千分ノ五
四	株式會社資本增加	增資拂込株金額	千分ノ五
五	株式會社第二回以後株金拂込	毎回拂込株金額	千分ノ五
六	株式合資會社設立	拂込株金額及財産ヲ目的トスル株金以外ノ出資ノ價格	千分ノ五
七	株式合資會社資本增加	增資拂込株金額及財産ヲ目的トスル株金以外ノ出資ノ價格	千分ノ五
八	株式合資會社第二回以後株金拂込	毎回拂込株金額	千分ノ五
九	合併組織變更ニ因ル會社設立 但シ合併ニ因リ消滅シタル會社又ハ組織變更ヲ爲シタル會社ノ合併當時又ハ組織變更當時ノ拂込株金額及財産ヲ目的トスル株金以外ノ出資ノ價格ヲ超過スル金額ニ付テハ千分ノ五	拂込株金額、財産ヲ目的トスル株金以外ノ出資ノ價格	千分ノ一
十	合併ニ因ル會社資本ノ增加 但シ合併ニ因リ消滅シタル會社ノ合併當時ノ拂込株金額及財産ヲ目的トスル株金以外ノ出資ノ價格ヲ超過スル金額ニ付テハ千分ノ五	增資拂込株金額、財産ヲ目的トスル株金以外ノ出資ノ價格	千分ノ一
十一	社債又ハ第二回以後ノ社債拂込		

商事會社登記登錄税

商法第二百四條ノ拂込アリタル日（賣出ノ方法ニ依リ發行シタル場合ニ於テハ賣出期間滿了ノ日）ヨリ最終ノ償還期限ニ至ル期間一年以下ノモノ	毎回拂込金額千分ノ一	
同二年以下ノモノ	毎回拂込金額千分ノ二	
同三年ヲ超ユルモノ	毎回拂込金額千分ノ三	
勧業債券、農工債券、北海道拓殖債券、興業債券、勧業債券、東洋拓殖債券	毎回拂込金額千分ノ二	
十二 支店設置	毎一箇所	金貳拾圓
十三 本店、支店ノ移轉	毎一件	金拾圓
十四 支配人ノ選任、代理權消滅	毎一件	金拾圓
十五 登記事項ノ變更、消滅、廢止	毎一件	金拾圓
十六 登記ノ更正、抹消	毎一件	金拾圓
十六ノ二 合名會社合資會社設立ノ取消	毎一件	金七圓
十七 解散	毎一件	金七圓
十八 清算人ノ選任、解任、變更	毎一件	金貳圓
十九 清算ノ結了	毎一件	金貳圓

（注意）右第一第三第六第九ノ場合ハ税金額二十圓未滿ナル時ハ二十圓トシ又支店所在地ニ於テ前各號ノ登記ヲ受クルトキハ毎一件金三圓ノ登錄税トス

商號其他ノ登記登錄税

一 商號ノ新設、取得	毎一件	金拾圓
二 支配人ノ選任、代理權消滅	毎一件	金拾圓
三 船舶管理人選任、代理權消滅	毎一件	金拾圓
四 商法第五條第七條ニ依ル登記	毎一件	金五圓
五 民法第七九四條、第七九五條、第七九七條ニ依ル登記	毎一件	金五圓
六 登記事項ノ變更、消滅、廢止	毎一件	金貳圓
七 登記ノ更正、抹消	毎一件	金貳圓

（注意）（支店所在地ニ於テ前項各號ノ登記ヲ受クルトキハ毎一件金壹圓ノ登錄税）

商標ニ關スル

一 商標權ノ移轉		
相續ニ因ル移轉	毎一件	金壹圓
相續以外ノ原因ニ因ル移轉	毎一件	金拾圓
二 信託ノ登錄	毎一件	金貳圓
三 代理人ノ選任又ハ代理權ノ消滅	毎一件	金五拾錢
四 抹消シタル登記ノ回復	毎一件	金五拾錢

登錄税

五 假登錄	毎一件	金五拾錢
六 登錄ノ更正、變更又ハ抹消	毎一件	金五拾錢

醫師藥劑師獸醫師蹄鐵工ニ關スル登錄税

一 新規登錄		
醫師		金貳拾圓
藥劑師		金拾貳圓
獸醫		金拾貳圓
蹄鐵工		金五圓
假開業醫師		金五圓
假免許獸醫		金參圓
假免許蹄鐵工		金壹圓
二 登錄事項ノ變更	毎一件	金五拾錢

課税免除

一政府自己ノ爲メニスル登記又ハ登錄　二社寺若クハ祠宇ノ敷地又ハ墳墓地ニ關スル登記　三北海道府縣市町村其ノ他ノ公共團體ニ於テ公用ニ供スル不動產ニ關スル登記　四府縣市町村ノ廢置分合若ハ境界變更ニ因ル府縣市町村ノ權利ノ取得又ハ其ノ府縣市町村ニ所有權ヲ移スニ付爲ス所有權ノ保存ノ登記又ハ登錄　五市町村ノ一部ニ屬スル財產ヲ其ノ市町村ニ移ス場合ニ於ケル市町村ノ權利ノ取得又ハ其市町村ニ所有權ヲ移スニ付爲ス所有權ノ保存ノ登記又ハ登錄　六市町村又ハ市町村ノ一部ニ屬スル入會權ニシテ二以上ノ市町村ニ亘ルモノヲ消滅セシムル爲市町村又ハ其ノ一部カ其ノ入會財產ニ付爲ス權利ノ取得若クハ財產ノ分割又ハ之カ爲ニスル所有權ノ保存ノ登記　七產業組合、產業組合聯合會、產業組合中央會、漁業組合、漁業組合聯合會、重要輸出品工業組合、重要輸出品工業組合聯合會又ハ輸出組合ニ付產業組合法、漁業法、重要輸出品工業組合法又ハ輸出組合法ニ基キ爲ス登記　八自作農ノ創設維持ノ爲メニスル北海道府縣市町村產業組合又ハ產業組合聯合會ノ施設ニ依ル個人ノ土地所有權ノ取得ノ登記　九北海道府縣市町村產業組合又ハ產業組合聯合會カ自作農ノ創設維持ノ爲メニスル抵當權ノ取得ノ登記　十北海道府縣市町村、產業組合又ハ住宅組合カ住宅ノ供給ノ爲ニスル抵當權ノ取得ノ登記　一一住宅又ハ住宅用地ニ付キ產業組合員又ハ住宅組合員カ其ノ所屬組合ヨリノ權利ノ取得ノ登記　一二北海道府縣市町村產業組合又ハ產業組合聯合會ヨリ自作農創設維持ノ爲資金ノ貸付ヲ受ケタル者カ其ノ貸付ノ條件ヲ具備セザルニ至リタル場合ニ於ケル北海道府縣市町村產業組合又ハ產業組合聯合會ノ土地所有權ノ取得ノ登記　一三農業倉庫業者又ハ聯合農業倉庫業者ノ農業倉庫若クハ聯合農業倉庫又ハ其ノ敷地ニ關スル權利ノ取得ノ登記　一四學校林經營ヲ目的トスル法人ノ土地建物ノ權利ノ取得又ハ所有權ノ保存ノ登記　一五登記官吏ノ過誤ニ出テタル登記ノ回復又ハ更正ノ登記

印紙稅法大要（昭和二年三月改正）

印紙稅（第四條）

い

一不動產、鐵道財團、軌道財團又ハ船舶ノ所有權移轉ニ關スル證書
二消費貸借ニ關スル證書
三請負ニ關スル證書
四運送ニ關スル證書
五傭船契約書

記載金高十圓以下ノモノ	二錢
同百圓以下ノモノ	三錢
同五百圓以下ノモノ	十錢
同千圓以下ノモノ	二十錢
同一萬圓以下ノモノ	五十錢
同一萬圓ヲ超ユルモノ	一圓
記載金高ナキモノ	三錢

（注意）證書ニ金高記載ナキモ證書面ニ標記シアル價格ノ單位其ノ他ノ記載事項ニ依リ其金高ヲ算出スルコトヲ得ルモノハ其ノ總金額ヲ以テ記載金高ト看做ス

ろ

六委任狀　二錢

は

七約束手形、八為替手形、九銀行預金證書、一〇、產業組合又ハ產業組合聯合會ノ發スル貯金證書、一一、產業組合聯合會、重要輸出品工業組合、重要輸出品工業組合聯合會又ハ輸出組合ノ發スル出資證券、一二、船荷證券、一三、運送貨物引換證、一四、倉庫證券、一五、保險證券、一六、株券、一七、債券、一八、相互保險會社ノ發スル保險證券、一九、株式申込證、二〇、社債申込證、二一、地上權、永小作權又ハ地役權ニ關スル證書、二二、使用貸借、賃貸借、雇傭、寄託又ハ定期金ニ關スル證書、二三、信託行爲ニ關スル證書、二四、保證ニ關スル證書、二五、定款又ハ組合契約書、二六、權利ノ讓渡ニ關スル證書、二七、追認又ハ承認ニ關スル證書、二八、物品切手、二九、受取書、三〇、質權、抵當權ニ關スル證書、三一、前各號以外ノ證書、三二、預金通帳　三錢

に

三三前各號以外ノ通帳　五錢

ほ

三四判取帳　五拾錢

（注意）證書ハ一通每ニ帳簿ハ一冊一年以內ノ附込ニ對シ印紙ヲ貼用ス

免稅

一官署又ハ公署ヨリ發スル證書、帳簿、二官署又ハ公署ニ職ヲ奉スル者ノ職務上發スル證書、帳簿、三國庫金ノ取扱ニ關シ官署又ハ公署ニ差出ス證書 [illegible]

前記第四條（一ニ限ル）乃至五、及三一ノ證書ニシテ記載高十圓未滿ノモノ

民事訴訟印紙稅

通則

訴訟物價格	貼用印紙額
五圓迄	貳拾五錢
拾圓迄	四拾錢
貳拾圓迄	八拾錢
五拾圓迄	壹圓八拾錢
七拾五圓迄	貳圓五拾錢
百圓迄	參圓五拾錢

→略←

訴訟物價格	貼用印紙額
二百五拾圓迄	七圓
五百圓迄	拾貳圓
七百五拾圓迄	拾五圓
一千圓迄	拾八圓
二千五百圓迄	貳拾五圓
五千圓迄	參拾圓

（注意）五千圓以上ハ千圓ニ達スル每ニ參圓ヲ加フ〇又財產權上ノ請求ニ非ザル訴訟ニ付テハ其訴訟物ノ價格ヲ百圓ト看做シテ印紙ヲ貼用スベク財產權上ノ請求ニ非ザル訴訟ト其訴訟ニ由テ生ズル財產權上ノ訴訟ト併合スルトキハ其多額ナル一方ノ訴訟物ノ價格ニ依ル〇控訴狀ハ前記貼用高ノ半額上告狀ハ倍額ノ增貼ヲ要ス

支拂命令申請

訴訟物ノ價格十圓以下ハ二十錢、十圓ヲ超ユル場合ハ第一審ノ訴狀ニ貼用スベキ印紙金額ノ半額ノ印紙ヲ貼用スベシ〇此印紙金額ハ訴訟ガ民事訴訟法第三九〇條ノ規定ニ依リ區裁判所ニ繫屬スル場合又ハ同法第三九一條第二項ノ規定ニ依リ地方裁判所ニ訴ヲ起ス場合ノ訴訟ニ付貼用スベキ印紙ノ額ニ通算ス

其他

一　左ニ揭グル申立又ハ申請ニシテ訴訟物ノ價格又ハ請求ノ價格廿圓以下ハ廿錢、廿圓ヲ超ユル場合ハ四十錢ノ印紙ヲ貼用スルヲ要ス
一、期日ノ變更辯論ノ延期又ハ辯論期日指定ノ申立　二、中斷又ハ中止シタル訴訟手續ノ受繼ノ申立　三、從參加ノ申請　四、忌避ノ申請　五、和解ノ申立　六、費用額確定ノ申請　七、假執行宣言ノ申立　八、強制執行ノ停止若ハ執行又ハ執行處分ノ取消ノ申立　九、配當要求　十、家資分散ノ申立又ハ家資分散者ノ復權ノ申立　十一、強制競賣又ハ強制管理ノ申立　十二、債權又ハ他ノ財產權差押ノ申請　十三、民事訴訟法第七百三十二條乃至第七百三十四條ノ申立

二　左ニ揭グル申立又ハ申請ニシテ訴訟物ノ價額又ハ請求ノ價額廿圓以下ハ五十錢、廿圓ヲ超ユル場合ハ一圓ノ印紙ヲ貼用スルヲ要ス
一、抗告　二、故障　三、證據調ノ申立　四、假差押又ハ假處分ノ申請　五、判決送達ノ申立　六、執行力アル正本ヲ求ムル申立但二通以上ヲ求ムルトキハ一通每ニ印紙ヲ貼用スベシ

三　答辯書其他前揭以外ノ申立又ハ申請ニシテ訴訟物ノ價額又ハ請求ノ價額二十圓以下ハ二十錢、之ヲ超ユル場合ハ二十五錢ノ印紙ヲ貼用スルヲ要ス

（注意）和解及ビ督促手續ニ付訴訟ト爲リテ區裁判所ニ繫屬シタル時ハ普通ノ訴訟ト同ジク印紙ヲ貼用スベシ〇再審ヲ求ムルノ訴訟ニハ其訴ヲ爲ス可キ裁判所ノ審級ニ依リ又原狀回復ノ申立ハ其書面ヲ差出スベキ裁判所ノ審級ニ因リ相當ノ印紙ヲ貼用スベシ

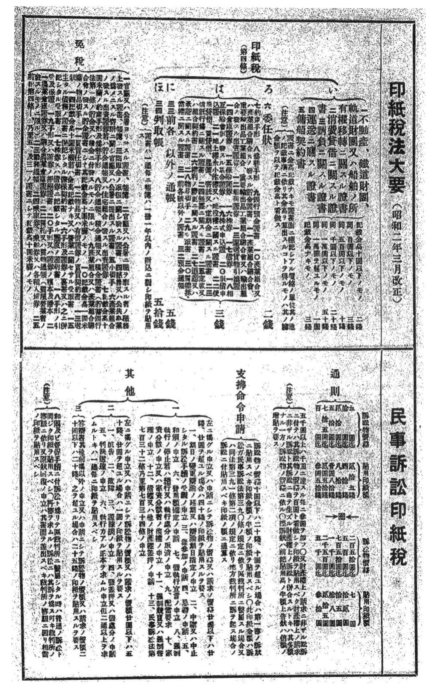

借地法及借家法摘要

○借地法

施行期日 大正十年五月十五日・東京市接續町村中大森町以下ハ大正十三年八月十五日名古屋市ハ大正十四年四月十五日ヨリ施行

施行地域 東京市及其ノ接續町村（品川町・大崎町・淀橋町・大久保町・戸塚町・千駄ケ谷町・澁谷町・南千住町・巣鴨町・瀧野川町・日暮里町・西巣鴨町・吾嬬町・龜戸町・大島町・寺島町・砂町・大森町・大井町・入新井町・目黒町・平塚村・中野町・落合町・代々幡町・板橋町・王子町・三河島町・尾久町・長崎町・千住町・隅田町）京都市・大阪市及其ノ接續町村（今宮町・鷺洲町・豊崎町・中津町・傳法町・鶴橋町・中本町・天王寺村）横濱市 神戸市 名古屋市

借地人ノ權利

借地權（本法ニ於テ借地權ト稱スルハ建物ノ所有ヲ目的トスル地上權及賃借權トス）

期間 借地權ノ存續ノ期間ハ石造、土造、煉瓦造又ハ之レニ類スル堅固ノ建物ノ所有ヲ目的トスルモノニ付テハ六十年其他ノ建物ノ所有ヲ目的トスルモノニ付テハ三十年トス但建物ガ此期間滿了前ニ朽廢シタルトキハ借地權ハ之レニ因リテ消滅ス○契約ヲ以テ堅固ノ建物ニ付三十年以上其他ノ建物ニ付二十年以上ノ存續期間ヲ定メタルトキハ借地權ハ右ノ規定ニ拘ラズ其期間ノ滿了ニ因リテ消滅ス

（注意）契約ヲ以テ借地權ヲ設定スル場合ニ於テ建物ノ種類及構造ヲ定メサルトキハ借地權ハ堅固ノ建物以外ノ建物ノ所有ヲ目的トスルモノト看做サル

更新

一 當事者ガ契約ヲ更新スル場合ニ於テハ借地權ノ存續期間ハ更新ノ時ヨリ起算シ堅固ノ建物ニ付テハ三十年其他ノ建物ニ付テハ二十年トス但建物ガ此期間滿了前朽廢シタルトキハ借地權ハ之レニ因リテ消滅ス（當事者ガ之レヨリモ長キ期間ヲ定メタルトキハ其規定ニ從フ）

二 借地權者賃借權ノ消滅後、土地ノ使用ヲ繼續スル場合ニ於テ土地所有者ガ遲滯ナク異議ヲ述ベサリシトキハ前契約ト同一ノ條件ヲ以テ更ニ借地權ヲ設定シタルモノト看做ス但建物ガ此期間滿了前朽廢シタルトキハ借地權ハ之レニ因リテ消滅ス右ノ規定ハ借地權者ガ更ニ借地權ヲ設定シタル場合ニ之ヲ準用ス

三 借地權ノ消滅前建物ガ滅失シタル場合ニ於テ殘存期間ヲ超エテ存續スベキ建物ノ築造ニ關シ土地所有者ガ遲滯ナク異議ヲ述ベサリシトキハ借地權ハ建物滅失ノ日ヨリ起算シ堅固ノ建物ニ付テハ三十年、其他ノ建物ニ付テハ二十年間存續ス但殘存期間之ヨリ長キトキハ其期間ニ依ル右ノ規定ハ借地權者ガ更ニ借地權ヲ設定シタル場合ニ之ヲ準用ス

賃貸人ノ權利

一 地代又ハ借賃ガ土地ニ對スル地租其他ノ公課ノ增減若ハ土地ノ價格ノ高低ニ因リ又ハ比隣ノ土地ノ地代若ハ借賃ニ比較シテ不相當ナルニ至リタルトキハ契約ノ條件ニ拘ラズ當事者ハ將來ニ向テ地代又ハ借賃ノ增減ヲ請求スルコトヲ得但一定ノ期間地代又ハ借賃ヲ增加セサルベキ特約アル片ハ其定メニ從フ

二 土地所有者又ハ賃貸人ハ辨濟期ニ至リタル最後ノ二年分ノ地代又ハ借賃ニ付借地權者ガ其土地ニ於テ所有スル建物ノ上ニ先取特權ヲ有ス○此先取特權ハ地上權又ハ賃借ノ登記ヲ爲スニ因リテ其效力ヲ保存シ國稅徵收法ニ依ル請求權共益費用不動產保存不動產工事ノ先取特權及地上權又ハ賃借ノ登記前登記シタル質權抵當權ニ次キ他ノ權利ニ對シテ優先ノ權利ヲ有ス

第三者ノ權利保障

（第三者カ賃借權ノ目的タル土地ノ上ニ存スル建物其他借地權カ權限ニ因リテ土地ニ付屬セシメタル物ヲ取得シタル場合ニ於テ賃貸人ガ賃借權ノ讓渡又ハ移轉ヲ承諾セサルトキハ賃貸人ニ對シ時價ヲ以テ取得物ヲ買取ルベキコトヲ請求スルコトヲ得）

（前列記セルトコロニ反スル契約條件ニシテ借地權者ニ不利ナルモノハ之ヲ定メサルモノト看做サル）

經過規定

一 本法施行前ニ設定シタル地上權又ハ賃借權（一時的設定ノモノハ無論別ナリ）ニシテ建物ノ所有ヲ目的トスルモノノ存續期間ハ既ニ經過シタル期間ヲ算入シテ堅固ノ建物ニ付テハ三十年、其他ノ建物ノ所有ヲ目的トスルモノニ付テハ二十年トス○堅固ノ建物ガ此期間滿了前ニ朽廢シタルトキハ借地權ハ之レニ因リテ消滅スルモ堅固ノ建物ニ付三十年ヲ超エ其他ノ建物ニ付二十年ヲ超ユル存續期間ノ定アル地上權ハ其期間ノ滿了ニ因リテ消滅ス

二 建物ノ所有ヲ目的トスル地上權又ハ賃借權ニ付存續期間ノ定ナキ場合ニ於テ本法施行前二十年以上ヲ經過シタルトキハ當事者ハ二十年毎ニ契約ヲ更新シタルモノト看做シ前號（一）ノ規定ヲ適用ス

（注意）（本法施行ノ際現ニ存スル地上權又ハ賃借權ニシテ建物ノ所有ヲ目的トスルモノニハ皆本法ヲ適用セラルルモノトス）

○借家法

賃借人ノ權利

一 建物ノ賃貸借ハ其登記ナキモ建物ノ引渡アリタルトキハ爾後其建物ニ付物權ヲ取得シタルモノニ對シ其效力ヲ生ス

二 賃貸借ノ期間滿了後、賃借人カ建物ノ使用又ハ收益ヲ繼續スル場合ニ於テ賃貸人ガ遲滯ナク異議ヲ述ベサリシトキハ前賃貸借ト同一條件ヲ以テ更ニ賃貸借ヲ爲シタルモノト看做サル

三 期間ノ定ナキ賃貸借契約ニ付テハ賃貸人ハ解約ヲ爲スコトヲ得ルモ其申立ハ六ケ月前ニ之ヲ爲サザルベカラズ六ケ月未滿ノ期間ノ定アル賃貸借ハ之ヲ期間ノ定ナキモノト看做サル○前號（二）ノ規定ハ賃貸借ガ解約申入ニ因リテ終了シタル場合ニ準用セラル

（注意）

い 解約申入ニ因リテ終了スベキ轉貸借アル場合ニ於テ賃貸借ガ終了スベキトキハ賃貸人ハ轉借人ニ對シ其旨ヲ通知スルニ非ザレバ其終了ヲ以テ轉借人ニ對抗スルコトヲ得ズ

ろ 賃貸人カ右ノ通知ヲ爲シタルトキハ轉貸借ハ其通知後六ケ月ヲ經過スルニ因リテ終了ス

四 賃貸人ノ同意ヲ得テ建物ニ附加シタル疊建具其他ノ造作アルトキハ賃借人ハ賃貸借終了ノ場合ニ於テ其際ニ於ケル賃貸人ニ對シ時價ヲ以テ其造作ヲ買取ルベキコトヲ請求スルコトヲ得、賃貸人ヨリ買受ケタル造作ニ付亦同シ

五 前列記ノ諸號ニ反スル特約ニシテ賃借人ニ不利ナルモノハ之ヲ爲サザルモノト看做サル

賃貸人ノ權利

建物ノ借賃ガ土地若ハ建物ニ對スル租稅其他ノ負擔ノ增減ニ因リ、土地若ハ建物ノ價格ノ昂低ニ因リ又ハ比隣建物ノ借賃ニ比較シテ不相當ナルニ至リタルトキハ契約ノ條件ニ拘ラズ當事者ハ將來ニ向テ借賃ノ增減ヲ爲スコトヲ得但一定ノ期間借賃ヲ增加セザル特約アルトキハ其定メニ從フ

（注意）（本法ハ一時使用ノ爲メ建物ノ賃貸借ヲ爲シタルコト明ナル場合ニハ適用ナシ
施行期日及ビ施行地域ハ借地法ト同ジ）

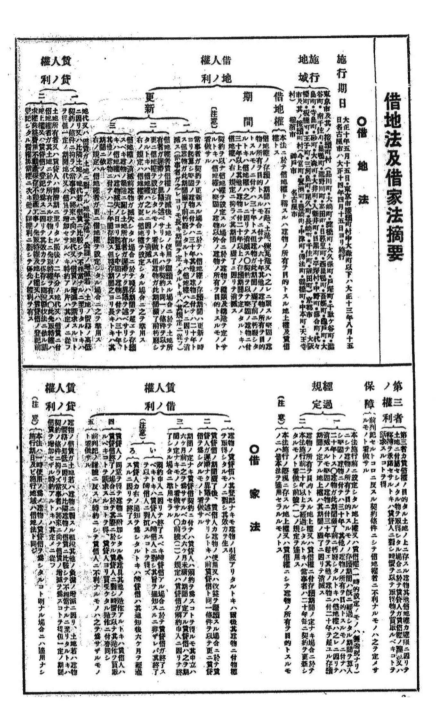

兵役法摘要（昭和二年三月改正）

兵役義務
帝國臣民タル男子ハ兵役法ノ定ムル所ニ依リ兵役ニ服ス但シ六年ノ懲役又ハ禁錮以上ノ刑ニ處セラレタル者ハ兵役ニ服スルコトヲ得ス

兵役區分

常備役
- 現役　陸軍二年、海軍ハ三年ニシテ現役兵トシテ徴集セラレタル者之ニ服ス
  年齢二十五年迄ニ師範學校ヲ卒業シタル者（小學校ノ教職ニ就ク資格ヲ失ヒタル者ヲ除ク）ノ現役（之ヲ短期現役兵ト稱ス）ハ五月トス但シ師範學校ノ教練ヲ修了セザル者ハ七月トス短期現役兵其ノ現役ヲ終リタルトキハ直ニ第一國民兵役ニ服ス
- 豫備役＝陸軍ハ五年四月海軍ハ四年ニシテ現役ヲ終リタル者之ニ服ス

後備役（陸軍ハ十年海軍ハ五年ニシテ常備兵役ヲ終リタル者之ニ服ス

補充兵役
- 第一補充兵役（陸軍ハ十二年四月、海軍ハ一年ニシテ現役ニ適スル者ニシテ其ノ年所要ノ現役兵員ニ超過スル者ノ中所要ノ人員之ニ服ス
- 第二補充兵役（陸海軍共ニ十二年四月ニシテ現役ニ適スル者ノ中現役又ハ第一補充兵役ニ徴集セラレサル者及海軍ノ第一補充兵役ヲ終リタル者之ニ服ス但シ海軍ノ第一補充兵役ヲ終リタル者ニ在リテハ十一年四月トス

國民兵役
- 第一國民兵役　後備兵役ヲ終リタル者及軍隊ニ於テ教育ヲ受ケタル補充兵ニシテ補充兵役ヲ終リタル者之ニ服ス
- 第二國民兵役　戸籍法ノ適用ヲ受クル者ニシテ常備兵役、後備兵役、補充兵役及第一國民兵役ニ在ラサル年齢十七年ヨリ四十年迄ノ者之ニ服ス

（注意）志願ニ依リ兵籍ニ編入セラルル者ノ兵役ニ關シテハ勅令ノ定ムル處ニヨル現役又ハ補充兵役ハ現役兵又補充兵トシテ徴集セラレタル年ノ十二月一日ヨリ之ヲ起算ス

在營期間
一　現役兵ハ現役中在營ス
二　現役兵ニシテ青年訓練所ノ訓練又ハ之ト同等以上ト認ムル訓練ヲ修了シタル者ノ在營期間ハ六月以内短縮セラル
三　現役兵ニシテ青年訓練ヲ受ケサル者ノ在營期間ハ軍事上妨ゲナキトキニ限リ六十日以内短縮セラル
四　現役兵ニシテ一年六月以内ニ於テ教育ヲ修了シ得ル兵種ニ屬スル者（例ヘバ歩兵）ノ在營期間ハ前各號ノ規定ニ拘ラズ短縮セラル
五　現役兵ニシテ在營中品行方正學術勤務ノ成績優秀ナル者又ハ定員ニ對シ過剰ト爲リタル者ノ在營期間ハ短縮セラル
（注意）在營期間ヲ短縮スル場合ニハ現役期間内ニ未入營又ハ歸休期間ヲ置ク

現役免除
一　在營中本人ニ依ルニ非サレハ家族（戸主ヲ含ミ本人ト世帶ヲ同シクスル者ニ限ル）カ生活ヲ爲スコト能ハサルニ至リタルトキ
二　現役兵疾病其ノ他身體若クハ精神ノ異常ニ因リ現役ニ服シ難キ者

兵役免除
一　現役兵、豫備兵、後備兵若ハ補充兵ニシテ疾病其ノ他身體又ハ精神ノ異常ニ因リ兵役ニ堪ヘサル者
二　徴兵身體検査ノ際兵役ニ適セサルト判定セラレシ者

徴兵適齢
一　年齢（戸籍法ノ適用ヲ受クル者ニシテ前年十二月一日ヨリ其ノ年十一月三十日迄ノ間ニ於テ年齢二十年ニ達スル者
二　届出（戸主ハ其ノ家族中毎年十二月一日ヨリ同月三十一日迄ノ間ニ年齢二十年ト爲ル者アルトキハ翌年一月中ニ、一月一日ヨリ十一月三十日迄ノ間ニ年齢二十年ト爲ル者アルトキハ其ノ年一月中ニ本籍ノ市町村長ニ届出ツベシ、戸主年齢二十年ト爲ルトキ又同シ

徴集延期
一　徴兵検査ヲ受ケタル者現役兵トシテ徴集セラル、ニ因リ家族（戸主ヲ含ミ本人ト世帶ヲ同シクスル者ニ限ル）ガ生活ヲ爲スコト能ハザルニ至ルヘキ確證アル場合ニ於テハ二年間徴集ヲ延期ス
但シ故意ニ其事故ヲ作爲シタルトキハ此限ニ在ラス
二　中學校又ハ中學校ノ學科程度ト同等以上ト認ムル學校ニ在學スル者ニ對シテハ本人ノ願ニ依リ學校ノ修業年限ニ應ジ年齢二十七年ニ至ル迄徴集ヲ延期ス、以上ノ者ハ在學ノ事由止ムカ又ハ其ノ翌年ニ於テ徴兵検査ヲ行フ、但シ一ノ學卒業ノ日ヨリ六月以内ニ他ノ學校ニ入學スル者ニ付テハ徴集延期ノ事由繼續スルモノト看做ス
三　徴兵適齢及其ノ前ヨリ帝國外ノ地ニ在ル者（勅令ヲ以テ定ムル者ヲ除ク）ニ對シテハ本人ノ願ニ依リ徴集ヲ延期ス、以上ノ者ハ其事由止ム年又ハ其ノ翌年ニ於テ徴兵検査ヲ行フ
四　徴兵検査ヲ受クヘキ者次ノ場合ニハ徴集ヲ延期ス　○禁錮以上ノ刑ニ該ルヘキ犯罪ノ爲豫審又ハ公判中ナルトキ　○犯罪ノ爲拘禁中ナルトキ　○刑ノ執行停止中ナルトキ　○假出獄中ナルトキ　○少年法ノ定ムル所ニ依リ感化院矯正院又ハ病院ニ收容中ナルトキ　○矯正院法ノ定ムル所ニ依リ假退院中ナルトキ

入營延期
一　家族（戸主ヲ含ミ本人ト世帶ヲ同シクスル者ニ限ル　二人以上現役兵トシテ同時ニ在營スル爲家事上ノ支障ヲ生スヘキトキハ一人ノ在營ノ間他ノ者ノ入營ヲ延期スルコトヲ得
二　現役兵トシテ入營スヘキ者疾病其ノ他避クヘカラサル事故ニ依リ入營期日ニ入營シ難キトキ

召集
一　戰時又ハ事變ニ際シ必要ニ應シ歸休兵、豫備兵、補充兵又ハ國民兵ヲ召集ス
二　在營兵補闕其ノ他必要アル場合ニハ歸休兵ヲ召集ス
三　警備其ノ他必要ニヨリ歸休兵ヲ召集スルモ尚兵員ヲ要スル場合ニハ服務第一年次ノ豫備兵ヲ召集ス
四　勤務演習　○豫備兵及後備役ハ豫備、後備役ヲ通シ五回以内召集ス、但シ此召集ハ一年一回トシ陸軍ハ三十五日以内、海軍ハ七十日以内トス　○補充兵ニシテ軍隊ニ於テ教育ヲ受ケタル者ハ右同樣トス
五　教育ノ爲　○第一補充兵ハ百二十日以内之ヲ召集ス
六　簡閲點呼　○歸休兵、豫備兵、後備兵及補充兵ニ對シテハ毎年一回簡閲點呼ヲ行フ
七　免除。歸休兵、豫備兵、又ハ後備兵及補充兵ニシテ左ノ如キ者ニ對シテハ勤務演習召集又ハ簡閲點呼ヲ免除ス
○傭人ヲ以テ代フヘカラサル職ニ在ル官吏又ハ官吏待遇者
○市町村長、助役、收入役、其ノ他之ニ準ス可キ職ニ在ル者
○帝國議會、府縣會、市町村會其他之ニ準スヘキモノノ議員但シ其ノ會期中ニ限ル
○帝國外ノ地ニ旅行又ハ在留スル者
○帝國外ノ地ヲ往復スル帝國船舶ノ船員
（注意）本法ハ昭和二年十二月一日ヨリ施行セラルルモノナリ

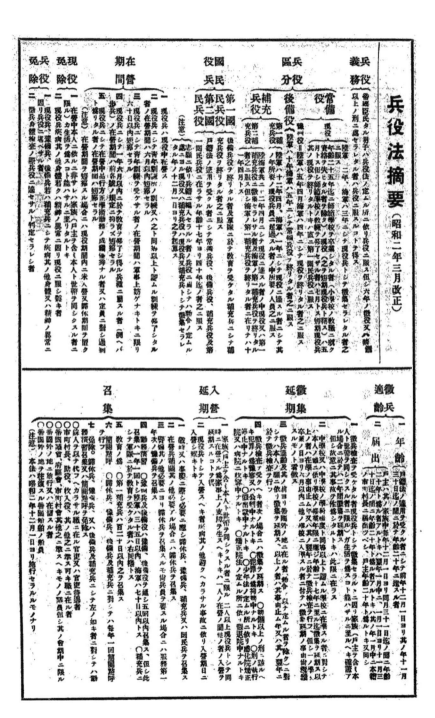

戸籍法摘要

届出ニ付テノ通則

場所 届出ハ届出事件ノ本人ノ本籍地又ハ届出人ノ所在地ニ於テ為スヲ以テ通則トス

方法 届出ハ書面又ハ口頭ヲ以テ之ヲ為スコトヲ得

口頭届出 口頭ヲ以テ届出ヲ為スニハ届出人、市町村役場ニ出頭シ届書ニ記載スベキ事項ヲ陳述スルコトヲ要ス若シ自身出頭スルコト能ハザル時ハ代理人ヲ以テ届出ヲ為スコトヲ得

届出人
一 届出ヲ為スベキ者ガ未成年者又ハ禁治産者ナルトキハ親權ヲ行フ者又ハ後見人ヲ以テ届出義務者トス但出生死亡其他單純ノ事實ニ關スル届出ハ未成年者又ハ禁治産者モ亦之ヲ為スコトヲ得
二 無能力者ガ其法定代理人ノ同意ヲ得ズシテ為スコトヲ得ベキ行為ニ付テハ無能力者之ヲ届出ヅルコトヲ得

通數 二箇所以上ノ市町村役場ニ於テ戸籍ノ記載ヲ為スベキ場合ニ於テハ市町村役場ノ數ト同數ノ届書ヲ提出スルコトヲ要ス若シ本籍地外ニ於テ届出ヲ為ストキハ右ノ外尚ホ一通ノ届書ヲ提出スルコトヲ要ス

期間 届出期間ハ届出事件發生ノ日ヨリ之ヲ起算ス裁判確定ノ日ヨリ期間ヲ起算スベキ場合ニ於テ裁判ガ送達又ハ交付前確定シタルトキハ其送達又ハ交付ノ日ヨリ之ヲ起算ス○期間經過後ノ届出ト雖市町村長ハ之ヲ受理スルコトヲ要ス

證明閲覧謄本抄本請求
一 届出人ハ届出ノ受理不受理ノ證明書ヲ請求スルコトヲ得但受理ノ證明書ヲ請求スル場合ニハ手數料(十五錢)ヲ納ムルコトヲ要ス
二 利害關係人ハ手數料(十五錢)ヲ納付シテ届書其他受理セラレタル書類ノ閲覧ヲ請求シ又ハ其書類ニ記載シタル事項ニ付證明書ヲ請求スルコトヲ得若シ特別ノ理由アル時ハ監督區裁判所ニ送付濟ニ係ル同上書類ニ付テモ亦閲覧ヲ請求スルコトヲ得
三 戸籍簿ヲ閲覧シ又ハ戸籍ノ謄本若ハ抄本ノ交付ヲ受ケントスル者ハ手數料(十五錢)ヲ納付シテ之ヲ請求スルコトヲ得及手數料ノ外ニ郵送料ヲ納付シテ謄本又ハ抄本ノ送付ヲ請求スルコトヲ得

署名捺印 届出人其他ノ者ガ署名捺印スベキ場合ニ於テ印ヲ有セザルトキハ署名スルヲ以テ足ル署名スルコト能ハザルトキハ氏名ヲ代書セシメ捺印スルヲ以テ足ル署名スルコト能ハズ且印ヲ有セザルトキハ氏名ヲ代書セシメ拇印スルヲ以テ足ル

抗告

一 戸籍事件ニ付市町村長ノ處分ヲ不當トスル者ハ市町村役場ノ所在地ヲ管轄スル區裁判所ニ抗告狀ヲ提出シテ抗告ヲ為スコトヲ得
二 裁判所ハ抗告ヲ理由ナシトスルトキハ之ヲ却下シ理由アリトスルトキハ市町村長ニ相當ノ處分ヲ命ズルコトヲ得
三 抗告裁判所ノ決定ニ對シテハ法律ニ違背シタル裁判ナルコトヲ理由トスルトキニ限リ非訟事件手續法ノ規定ニ從ヒテ抗告ヲ為スコトヲ得ルモ其抗告裁判所ノ裁判ニ對シテハ不服ヲ申立ツルコトヲ得ズ

制裁

一 正當ノ理由ナクシテ期間内ニ為スベキ届出又ハ申請ヲ為サザル者ハ十圓以下ノ過料ニ處セラル
二 戸籍法第六十四條ノ規定ニ依リ市町村長ガ期間ヲ定メテ届出又ハ申請ヲ催告シタル場合ニ於テ正當ノ理由ナクシテ其期間内ニ届出又ハ申請ヲ為サザル者ハ二十圓以下ノ過料ニ處セラル
三 戸籍ノ記載ヲ要セザル事項ニ付虚僞ノ届出ヲ為シタル者ハ一年以下ノ懲役又ハ百圓以下ノ罰金ニ處セラル

事項	期間	届出義務者
嫡出子出生届	十四日内	父○父ガ届出ヲ為スコト能ハザル場合又ハ民法第七三四條第一項第二項但書ノ場合ニ於テハ母
庶子出生届	同上	父
私生子出生届	同上	母
棄兒發見申出	二十四時間内	發見者又ハ發見ノ申告ヲ受ケタル警察官
私生子認知届	無期間	認知ヲ為ス父又ハ母
養子縁組届	無期間	當事者

嫡出子出生届（注意）
一 嫡出子否認ノ訴ヲ起シタルトキト雖モ出生ノ届出ハ之ヲ為スコトヲ要ス
二 民法第八二一條ノ規定ニ依リ裁判所ガ父ヲ定ムベキトキハ出生ノ届出ハ母之ヲ為スコトヲ要ス
三 父又ハ母ガ届出ヲ為スコト能ハザル場合ニ於テハ戸主(一)、同居者(二)、分娩ニ立會ヒタル醫師又ハ產婆(三)、分娩ヲ介抱シタル者(四)ノ順序ニ從ヒ届出ヲ為スコトヲ要ス

庶子出生届（注意）父ガ届出ヲ為スコト能ハザル場合ニ於テハ前項(注意)三ニ記載スル所ノ者其順序ニ從テ届出ヲ為スコトヲ要ス

私生子出生届（注意）母ガ届出ヲ為スコト能ハザル場合ニ於テハ嫡出子出生届(注意)三ニ記載スル所ノ者其順序ニ從テ届出ヲ為スコトヲ要ス

棄兒發見申出（注意）父又ハ母ガ棄兒ヲ引取ルトキハ一ケ月内ニ出生届ヲ為シ且戸籍ノ訂正ヲ申請スヘシ

私生子認知届（注意）認知ガ遺言ニ依ル場合ニ於テハ遺言執行者ハ就職ノ日ヨリ十日内ニ認知ノ届出ヲ為スヲ要シ又認知ガ裁判ニ依ル場合ニ於テハ訴ヲ起シタル者ハ裁判確定ノ日ヨリ十日内ニ認知ノ届出ヲ為スヲ要ス

養子縁組届（注意）
一 民法第八四三條ニ依リテ縁組ノ承諾ヲ為シタルトキハ届出ハ其承諾ヲ為シタル者之ヲ為スコトヲ得
二 養子縁組ガ遺言ニ依リテ為サレタル場合ニ於テハ遺言執行者、養子ト為ルベキ者及成年ノ證人二人以上ヨリ遺言ガ效力ヲ生ジタル後遅滞ナク縁組ノ届出ヲ為スコトヲ要ス

養子縁組取消届	裁判確定後十日内	訴ヲ起シタル者
養子離縁届	無期間	當事者
(注意) 一 民法第八六二條第二項ノ規定ニ依リテ離縁ノ協議ヲ為シタル場合ニ於テハ届出ハ其協議ヲ為シタル者之ヲ為スヿヲ得又同條第三項ノ規定ニ依リテ離縁ヲ為ス場合ニ於テハ養子其届出ヲ為スヿヲ得 二 離縁カ裁判ノ結果ニ依ルモノナルトキハ訴ヲ起シタル者ハ裁判確定ノ日ヨリ十日内ニ離縁ノ届出ヲ為スヲ要ス		
婚姻届	無期間	當事者
(注意) 入夫婚姻又ハ婿養子縁組ノ場合ニ於テハ妻ノ本籍地又ハ所在地ニテ届出ヲ為スヲ要ス		
婚姻取消届	裁判確定後十日内	訴ヲ起シタル者
離婚届	無期間	當事者
(注意) 離婚ガ裁判ノ結果ニ依ルモノナルトキハ訴ヲ起シタル者ハ裁判確定ノ日ヨリ十日内ニ離婚ノ届出ヲ為スヲ要ス		
父ガ親權又ハ管理權喪失ノ宣告ヲ受ケ母其權利ヲ行フニ付テノ届	裁判確定後十日内	母
同上失權宣告取消届	同上	訴ヲ起シタル者
後見開始届	就職後十日間	後見人
後見人更迭届	同上	後任後見人
後見終了届	十日内	後見人
保佐開始届	就職後十日間	保佐人
保佐人更迭届	同上	後任保佐人
保佐終了届	十日内	保佐人
隠居届	無期間	隠居者及其家督相續人
死亡届	死亡ノ事實ヲ知リタル時ヨリ七日内	戸主、同居者、家主、地主又ハ家屋若ハ土地ノ管理人
失踪宣告届	裁判確定後十日内	宣告請求者
家督相續届	相續ノ事實ヲ知リタル時ヨリ一ケ月内	戸主ト為リタル者
(注意) 一 戸主ト為リタル者ガ外國ニ在ル場合ニ於テハ三ケ月内ニ届書ヲ發送スルヲ以テ足ル 二 家督相續人ガ胎兒ナル時ハ母ヨリ家督相續ノ届出ヲ為スヿヲ要ス 三 家督相續回復ノ裁判ガ確定シタル時ハ訴ヲ起シタル者ハ裁判確定ノ日ヨリ一ケ月内ニ家督相續ノ届出ヲ為スヿヲ要ス		
家督相續ノ届出ヲ為シタル胎兒ノ死産届	壹ケ月内	母
(注意) 母ガ届出ヲ為サザル時ハ家督相續人ハ分娩ノ事實ヲ知リタル日ヨリ一ケ月内ニ届出ヲ為スヿヲ要ス		
推定家督相續人廢除届	裁判確定ノ後十日内	訴ヲ起シタル者
同取消届	同上	同上
家督相續人指定届	無期間	指定者
同取消届	無期間	取消人
(注意) 家督相續人ノ指定ガ遺言ニ依リテ為サレタルモノナル時ハ届出ヲ為スヘキ者ハ遺言執行者タリ		
(注意) 家督相續人指定ノ取消カ遺言ニ依ルモノナル時ハ其届出義務者ハ遺言執行者タリ		
指定家督相續人死亡届	死亡ノ事實ヲ知リタル日ヨリ十日内	指定者
入籍届	無期間	民法第七三七條ノ場合ニハ家族ト為ラントスル者又同第七三八條ノ場合ニハ家族ト為サントスル者
離籍届	同上	離籍ヲ為セル戸主
離籍ニ依ル一家創立届	其事實ヲ知リタル日ヨリ十日内	一家ヲ創立シタル者
復籍拒絶届	無期間	戸主
復籍拒絶ニ依ル一家創立届	一家創立ノ事實ヲ知リタル日ヨリ十日内	一家ヲ創立シタル者
復籍スベキ家ノ廢絶ニ因ル一家創立届	同上	同上
廢家届	無期間	廢家ヲ為ス者
絶家ニ依ル一家創立届	絶家ノ事實ヲ知リタル日ヨリ十日内	絶家ノ家族
分家届	無期間	分家ヲ為ス者
廢家再興届	同上	廢家ヲ再興スル者
絶家再興届	同上	絶家ヲ再興スル者
歸化届	許可日後十日内	歸化ヲ為シタル者
國籍喪失届	其事實ヲ知リタル日ヨリ一ケ月内	戸主又ハ家督相續人
國籍回復届	許可日後十日内	國籍回復者
氏名變更届	同上	氏名變更者
族稱變更届	十日内	族稱變更者
襲爵届	辭令書ノ交付ヲ受ケタル日ヨリ十日内	襲爵者
族稱喪失届	十日内	戸主
(注意) 族稱ノ喪失カ處刑ニ因ルモノナルトキハ裁判所ニ於テ本人ノ本籍地ノ市町村長ニ其旨ヲ報告スベク戸主ノ届出ヲ要セズ		
轉籍届	無期間	戸主
就籍届	許可又ハ確定判決後十日内	就籍者
(注意) 就籍者若シ就籍ノ届出ヲ為サヾル時ハ戸主之ヲ為スヲ要ス		
戸籍訂正申請	許可又ハ確定判決後一ケ月内	
(注意) 一 戸籍法第一六四條ノ場合ニ於テハ利害關係人、又同第一六五條ノ場合ニ於テハ届出事件ノ本人ヨリ戸籍訂正ノ申請ヲ為スベキモノトス 二 確定判決ニ因リ戸籍ノ訂正ヲ為スベキトキハ訴ヲ起シタル者其申請ヲ為スベク檢事ガ訴ヲ起シタル場合ハ檢事ニ於テ判決確定後遅滞ナク戸籍ノ訂正ヲ請求スルヿヲ要ス		

寄留法摘要

寄留　九十日以上本籍地外ニ於テ一定ノ場所ニ住所又ハ居所ヲ有スル者ハ之ヲ寄留者トス本籍ナキ者、本籍分明ナラザル者及日本ノ國籍ヲ有セザル者ニシテ九十日以上一定ノ場所ニ居住スル者亦同ジ

屆出人
一、寄留ニ關スル屆出ハ寄留者、世帶ヲ同クスル者ニ在テハ世帶主之ヲ爲スコトヲ要ス(寄留者屆出ヲ爲スコト能ハザルトキハ同居者、世帶主屆出ヲ爲スコト能ハザルトキハ之ニ代リテ世帶ヲ管理スル者其屆出ヲ爲スコトヲ要ス
（注意）此屆出ニハ家主又ハ家屋ノ管理人ノ承諾書ヲ添付シ又ハ其者ヲシテ承諾ヲ爲シタル旨ヲ屆書中ニ記載シ署名捺印セシムルコトヲ要ス
二、寄宿所、宿舍其他多數同居ヲ目的トスル場屋ノ寄留者ニ付テハ其場屋ノ管理者寄留ニ關スル屆出ヲ爲スコトヲ要ス

場所　寄留ニ關スル屆出ハ本人ノ寄留地ニ於テ之ヲ爲スヲ通則トス

方法　寄留ニ關スル屆出ハ本人又ハ代理人書面若ハ口頭ヲ以テ之ヲ爲スコト得

署名捺印　署名スルコト能ハザル者ハ氏名ヲ代署セシメ印ヲ有セザル者ハ拇印スルヲ以テ足ル但自ラ署名スル者ハ捺印スルコトヲ要セズ

期間　寄留ノ屆出ハ住所又ハ居所ヲ定メタル日ヨリ十四日内ニ之ヲ爲スコトヲ要ス

其他ノ屆
一、寄留者同一市町村内ニ於テ寄留ノ場所ヲ變更シタルトキハ十日内ニ之ヲ屆出ヅルヲ要ス
二、寄留者本籍又ハ住所ニ復歸シタルトキハ復歸ノ日ヨリ十日内ニ本籍地又ハ住所地ニ於テ其旨屆出ヅルヲ要ス
三、寄留者ガ新ニ寄留ノ場所ヲ定メズシテ寄留地ヲ退去シ又ハ朝鮮、臺灣、樺太、關東州、南洋群島若ハ外國ニ居住スル目的ヲ以テ寄留地ヲ退去スルトキハ豫メ其旨ヲ屆出ヅルヲ要ス
四、寄留者ガ其住所ヲ居所ニ又ハ居所ヲ住所ニ變更シタルトキハ十日内ニ其旨ヲ屆出ヅルヲ要ス
五、寄留手續令第十四條第一項及前記四項ノ場合he外、行政區劃、土地ノ名稱又ハ地番號ノ變更ノ場合ヲ除ク外、寄留簿記載ノ事項ニ變更ヲ生ジタルトキハ十日内ニ之ヲ屆出ヅルヲ要ス
六、寄留手續令第二十二條ノ規定ニ依リ通知ヲ受クベキ者ガ寄留者ノ退去ノ後二十日内ニ其通知ヲ受ケザルトキハ爾後十日内ニ原寄留地ニ於テ退去ノ屆出ヲ爲スヲ要ス

制裁　寄留ニ關スル屆出ヲ怠リタル者ハ五圓以下ノ過料ニ處セラル

恩　給

恩給ノ種類　恩給法ニ所謂恩給ハ普通恩給、增加恩給、一時恩給、傷病賜金、扶助料及一時扶助料ニシテ普通恩給、增加恩給及扶助料ハ年金其他ハ一時金ナリ

恩給ノ發生消滅　年金タル恩給ノ給與ハ之ヲ給セラルベキ事由ノ生ジタル月ノ翌月ヨリ之ヲ始メ權利消滅ノ月ヲ以テ終ル

恩給權ノ消滅
一、恩給ヲ受クルノ權利ハ之ヲ給スヘキ事由ノ生シタル日ヨリ七年間請求セザルトキハ時效ニ因リテ消滅スルヲ原則トス
二、年金タル恩給ヲ受クルノ權利ヲ有スル者死亡シタルトキ、死刑又ハ無期若ハ六年以上ノ懲役、若ハ禁錮ノ刑ニ處セラレタルトキ、國籍ヲ喪失シタルトキハ其ノ權利消滅ス

保護　恩給ヲ受クルノ權利ハ之ヲ讓渡シ又ハ擔保ニ供スルヲ得ズ尚國稅徵收法又ハ國稅徵收ノ例ニ依ル場合ノ外ハ差押フルヲ得ザルモノトス

在職年數　恩給ヲ受クルニ要スル在職年數左ノ如シ
一、文官、教育職員、待遇職員「國務大臣トシテ退職スル者ハ國務大臣トシテノ在職五年以上タルヲ以テ足ル」ハ十五年
二、軍人十一年
三、警察監獄職員十年

傷病賜金　下士以下ノ軍人公務ノ爲傷痍ヲ受ケ又ハ疾病ニ罹リ不具廢疾ノ程度ニ至ラサルモ之カ爲退職シ又ハ退職後一年内ニ之カ爲一種以上ノ兵役ヲ免セラレタルトキハ傷病賜金ヲ給セラル

一時恩給　一時恩給ヲ受クルヲ得ル者及之ヲ受ケ得ル場合左ノ如シ
一、文官、教育職員、待遇職員、在職一年以上十五年未滿ニシテ退職シタルトキ
二、下士以下ノ軍人在職十一年未滿ニシテ退職シタルトキ
三、警察監獄職員在職一年以上十年未滿ニシテ退職シタルトキ

扶助料　公務員又ハ之ニ準スベキ者左ノ場合ニ該當スルトキハ其遺族ニハ妻、未成年ノ子、夫、父、母、成年ノ子、祖父、祖母ノ順位ニ依リ扶助料ヲ給セラル
一、在職中死亡シ其死亡ヲ退職ト看做ストキハ之ニ普通恩給ヲ給スベキトキ
二、普通恩給ヲ給セラルル者死亡シタルトキ

諸届雛形

○出生届

本籍　何府県郡市区町村番地
寄留地　何市何区何町何番地
　戸主族称
　　父職業　何　某
　　母職業　た　れ
出生子　長（弐又ハ参）男（女）　某
出生ノ日時　昭和　年月日午前（後）
　何時何十分
出生ノ場所　何市何区何町何丁目何番
　地
右出生及御届候也
　昭和　年　月　日
　　右届出人　父　何某（印）
　　　生年月日
市（区、町、村）長……殿

○死亡届

何府県郡市区町村番地
　戸主（又ハ戸主トノ続柄）
　　死亡者　氏　名
　　　生年月日
死亡ノ日時　昭和年月日午前（後）何
　時何分
死亡ノ場所　何郡何町何々何番地
右死亡候ニ付別紙医師ノ診断書（又ハ
死体検案書）相添此段及御届候也
　昭和　年　月　日
　　届出人妻（又ハ何々）何某（印）
市（区、町、村）長……殿

○死亡埋葬認許証下付申請書

死亡者ノ本籍　何市何区何町何番地
死亡者ノ住所　何府県何郡何村何番地
死亡者ノ氏名　何　誰
出生年　月　日　何々何年何月何日生
男女ノ別　男（又ハ女）
戸主ト続柄及族称　戸主（又ハ戸主何
々某何男女）華（士）族
職業　死亡者ノ職業　家計ノ主ナル職
　業
病　名
死亡　年　月　日　昭和　年　月　日
　午前（後）何時何十分
死亡ノ場所　何府県郡市町村何々何番
　地
埋葬場所　何府県郡市町村番地何寺
　（又ハ何々）
添付書類ナキ時ハ其理由
土葬火葬ノ区別　土葬（又ハ火葬）
右埋葬認許証下付相成度申請候也
　住所
昭和年月日　申請人　何誰（印）
市（区、町、村）長……殿

○家督相続届

何府県郡市区町村何々何番地
　戸主族称職業
　家督相続人
前戸主某長（弐）男（女）何誰
　生年月日
右ハ昭和年月日　前戸主某死亡（隠
居）ニ因リ　家督相続致候間此段及御
届候也
右
　昭和　年　月　日　何誰（印）
市（区、町、村）長……殿

○徴兵適齢届

何府県郡市区町村何番地
　戸主族称某何男職業　何某
　　生年月日
右某儀本年何月何日　満弐拾歳ニ相成
リ徴兵適齢ニ付兵役法　第二十四条ニ
依リ此段及御届候也
　右何某父（兄又ハ……）
昭和　年　月　日　戸主　何某（印）
市（区、町、村）長……殿

○養子縁組届

何府県郡市区町村番地
戸主族称職業
養父職業　何　某
生年月日
養母　た　れ
生年月日
何府県郡市区町村番地
戸主平民某弟（又ハ弐、参男、女）
職業
養子　何　誰
生年月日
本籍　何府県郡市区町村番地
右実父　何　某
右実母　た　れ
右養子縁組候間此段及御届候也
昭和　年　月　日
（養父）何　某（印）
（養母）た　れ（印）
（養子）何　誰（印）
何府県郡市町何番地　戸主族称職業
証人　何　誰（印）
生年月日
（証人ハ二人以上必要ニ付キ之レ
ニ倣テ列記スル事）
市（区、町、村）長……殿
前記養子縁組ニ同意ヲ表ス
養子ノ戸主　何　某（印）
養子ノ父母　生年月日
（父又ハ母）　何　某（印）
生年月日

○婚姻届

何府県郡市区町村番地
戸主族称職業
夫　何　某
生年月日
右父　職業　何某
右母　たれ　長（弐）男
何府県郡市区町村番地
戸主族称職業
妻　た　れ
生年月日
右父　職業　何某
右母　たれ　長（弐）女
右婚姻候間（同意書ヲ別紙ニ作ル時ハ「婚姻同意書」相添ト記入スベシ）此段及御届候也
昭和　年　月　日
届出人　夫　何　某（印）
同　妻　た　れ（印）
何府県郡市区町村番地
戸主（又ハ戸主トノ続柄）族称
職業
証人　何　某（印）
生年月日
（証人ハ弐人以上必要ニ付此例ニ倣テ列記スヘシ）
市（区、町、村）長……殿
（男ハ満三十年、女ハ満二十五年前ニ在テハ保護者ノ同意ヲ要ス　○同意書ハ別ニ作ルモ可ナルモ　婚姻届ニ奥書スル方簡便ナリ如左）
前記婚姻ニ同意ス
夫　何某ノ父　何　某（印）
生年月日
同　母　た　れ（印）
生年月日
妻　たれノ父　何　某（印）
生年月日
同　母　た　れ（印）
生年月日

○入夫婚姻届

何府県郡市区町村番地
戸主族称職業
妻　何　たれ
生年月日
何府県郡市区町村番地
戸主族称職業

右父　何　某
生年月日
右母　たれ　長女
生年月日
何府県郡市区町村番地
戸主族称職業
夫　何　某
生年月日
本籍　何府県郡市区町村番地
職業
右父　何　某　何男
右母　た　れ
右入夫婚姻候間此段及御届候也
昭和　年　月　日
（妻）何　たれ（印）
（夫）何　某（印）
何府県何郡何町何丁目何番地
戸主族称職業
証人　何　某（印）
生年月日
（証人ハ二人以上必要ニ付キ他ハ之レニ倣ツテ列記ノ事）
市（区、町、村）長……殿
右入夫婚姻ニ同意ス
妻たれノ戸主又ハ夫何某ノ戸主
何　某（印）

○転籍届

生年月日
何府県何郡何町何村何番地
戸主族称職業
何　某
生年月日
妻　た　れ
生年月日
（他ニ家族アラバ列記スベシ）
転籍地　何県何郡何町何々何番地
右転籍候間別紙戸籍謄本相添ヘ此段及御届候也
昭和　年　月　日
右　何　某（印）
市（区、町、村）長……殿

○分家届

何県何郡何町何村何番地
戸主族称職業
本家ノ戸主　何　某
何県何郡何町何番地族称職業
分家ノ戸主ト為ルベキ者
何々弟（妹）何　誰
生年月日
何府県何郡何町何村何番地
戸主族称職業

右父　何　某　何男（女）
右母　た　れ
分家ノ家族ト為ルベキ者　何誰妻
た　れ
生年月日
何府県郡町村番地戸主族称職業
右父　何　某　何女
右母　た　れ
（分家ノ家族ト為ルベキ者他ニ在ラバ之レニ倣ツテ列記ノ事）
分家所在地　何市何区何町何番地
右分家候間　戸籍謄本相添ヘ此段及御届候也
昭和　年　月　日
右　何　誰（印）
市（区、町、村）長……殿
右分家ニ同意ス
何府県郡市区町村番地
戸主　何　某（印）
生年月日

○住所（居所）寄留届

寄留ノ時　昭和　年　月　日
「夫妻ノ一方ノミ寄留スル時ハ他ノ配偶者ノ名　夫（又ハ妻）何　某
（原寄留地）（寄留先ヨリ寄留スル時此項必要ナルモ然ラザル時ハ不要）

住所地　何府県郡市区町村番地
本　籍　何府県郡市区町村番地
本籍ニ於ケル戸主又ハ戸主トノ続柄、
華士族（平民ハ不要記）
世帯主又ハ世帯主トノ続柄、職業
氏　　名　　生年月日
（寄留者、世帯主以下数名ナル時
ハ、本籍ニ於ケル戸主又ハ戸主ト
ノ続柄、華士族、世帯主又ハ世帯
主トノ続柄及職業ヲ肩書シ　氏名
ト生年月日ヲ列記スル事）
右住所（居所）寄留及御届候也
昭和　年　月　日
届出人世帯主　何　　某（印）
承諾者（家主又ハ家屋管理人）
何　　某（印）
市（区、町、村）長……殿

○復帰届

寄留地　何市何町何丁目何番地
本籍地　何府県郡市区町村何番地
戸主（又ハ戸主トノ続柄）
何　　某
（復帰者数名アル時ハ戸主トノ続
柄ヲ肩書シ列記スル事）
右復帰及御届出候也
昭和　年　月　日　何　某（印）
市（区、町、村）長……殿

○退去届

退去ノ日　昭和　年　月　日
退去先　何市何町何番地（退去先不明
ノ時ハ「不明」ト記ス事）
住所（居所）寄留地　何市何町何丁目
何番地（誰方）
本　籍　何府県郡市区町村何番地
退去者　何　　某
右退去及御届出候也
昭和年月日　届出人　何某（印）
市（区、町、村）長……殿

○印鑑届

本籍　何市何区何町何丁目何番地
住所　何県何郡何町何々何番地寄留
戸主（又ハ戸主某何男女）
生年月日
印鑑（印）　何　　某
（前記ノ通リ記載シ且調印セル付
箋（幅曲尺一寸長サ同五寸）ヲ貼
付シ差出スヲ要ス）
右及御届候也
昭和年月日　届出人　何某（印）
（地主又ハ家主若ハ差配人ノ連署
ヲ要ス　○戸主ノ印鑑届済ノ上ハ
家族ノ印鑑届ニハ戸主ノ連署ノミ
ニテ足ル）
市（区、町、村）長……殿

○委任状

拙者儀何市何町何丁目何番地何々誰
ヲ以テ代理人トシ左記権限ヲ委任ス
一　何々（委任事項ヲ記載スル事）
一（代理人ハ其都合ニ因リ復代理人
ヲ選任スルコトヲ得）
右委任状仍テ如件
何市何町何丁目何番地
昭和　年　月　日　何　某（印）
以下余白

年齢干支九星早見表

上段年號及年數　中段干支及年齢　下段九星納音

年號及年數	干支	年齢	九星	納音
文政一二	つちのとうし	一〇〇	九紫	霹靂火
天保元	かのえとら	九九	八白	松柏木
二	かのとう	九八	七赤	松柏木
三	みづのえたつ	九七	六白	長流水
四	みづのとみ	九六	五黄	長流水
五	きのえうま	九五	四緑	砂中金
六	きのとひつじ	九四	三碧	砂中金
七	ひのえさる	九三	二黒	山下火
八	ひのととり	九二	一白	山下火
九	つちのえいぬ	九一	九紫	平地木
一〇	つちのとゐ	九〇	八白	平地木
一一	かのえね	八九	七赤	壁上土
一二	かのとうし	八八	六白	壁上土
一三	みづのえとら	八七	五黄	金箔金
一四	みづのとう	八六	四緑	金箔金
弘化元	きのえたつ	八五	三碧	覆燈火
二	きのとみ	八四	二黒	覆燈火
三	ひのえうま	八三	一白	天河水
四	ひのとひつじ	八二	九紫	天河水
嘉永元	つちのえさる	八一	八白	大驛土
二	つちのととり	八〇	七赤	大驛土
三	かのえいぬ	七九	六白	劍鋒金
四	かのとゐ	七八	五黄	劍鋒金
五	みづのえね	七七	四緑	桑柘木
六	みづのとうし	七六	三碧	桑柘木
安政元	きのえとら	七五	二黒	大溪水
二	きのとう	七四	一白	大溪水
三	ひのえたつ	七三	九紫	砂中土
四	ひのとみ	七二	八白	砂中土
五	つちのえうま	七一	七赤	天上火
六	つちのとひつじ	七〇	六白	天上火
萬延元	かのえさる	六九	五黄	柘榴木
文久元	かのととり	六八	四緑	柘榴木
二	みづのえいぬ	六七	三碧	大海水
三	みづのとゐ	六六	二黒	大海水
元治元	きのえね	六五	一白	海中金
慶應元	きのとうし	六四	九紫	海中金
二	ひのえとら	六三	八白	爐中火
三	ひのとう	六二	七赤	爐中火
明治元	つちのえたつ	六一	六白	大林木
二	つちのとみ	六〇	五黄	大林木
三	かのえうま	五九	四緑	路傍土
四	かのとひつじ	五八	三碧	路傍土
五	みづのえさる	五七	二黒	劍鋒金
六	みづのととり	五六	一白	劍鋒金
七	きのえいぬ	五五	九紫	山頭火
八	きのとゐ	五四	八白	山頭火
九	ひのえね	五三	七赤	澗下水
一〇	ひのとうし	五二	六白	澗下水
一一	つちのえとら	五一	五黄	城頭土
一二	つちのとう	五〇	四緑	城頭土
一三	かのえたつ	四九	三碧	白鑞金
一四	かのとみ	四八	二黒	白鑞金
一五	みづのえうま	四七	一白	楊柳木
一六	みづのとひつじ	四六	九紫	楊柳木
一七	きのえさる	四五	八白	井泉水
一八	きのととり	四四	七赤	井泉水
一九	ひのえいぬ	四三	六白	屋上土
二〇	ひのとゐ	四二	五黄	屋上土
二一	つちのえね	四一	四緑	霹靂火
二二	つちのとうし	四〇	三碧	霹靂火
二三	かのえとら	三九	二黒	松柏木
二四	かのとう	三八	一白	松柏木
二五	みづのえたつ	三七	九紫	長流水
二六	みづのとみ	三六	八白	長流水
二七	きのえうま	三五	七赤	砂中金
二八	きのとひつじ	三四	六白	砂中金
二九	ひのえさる	三三	五黄	山下火
三〇	ひのととり	三二	四緑	山下火
三一	つちのえいぬ	三一	三碧	平地木
三二	つちのとゐ	三〇	二黒	平地木
三三	かのえね	二九	一白	壁上土
三四	かのとうし	二八	九紫	壁上土
三五	みづのえとら	二七	八白	金箔金
三六	みづのとう	二六	七赤	金箔金
三七	きのえたつ	二五	六白	覆燈火
三八	きのとみ	二四	五黄	覆燈火
三九	ひのえうま	二三	四緑	天河水
四〇	ひのとひつじ	二二	三碧	天河水
四一	つちのえさる	二一	二黒	大驛土
四二	つちのととり	二〇	一白	大驛土
四三	かのえいぬ	一九	九紫	劍鋒金
四四	かのとゐ	一八	八白	劍鋒金
四五 大正元	みづのえね	一七	七赤	桑柘木
二	みづのとうし	一六	六白	桑柘木
三	きのえとら	一五	五黄	大溪水
四	きのとう	一四	四緑	大溪水
五	ひのえたつ	一三	三碧	砂中土
六	ひのとみ	一二	二黒	砂中土
七	つちのえうま	一一	一白	天上火
八	つちのとひつじ	一〇	九紫	天上火
九	かのえさる	九	八白	柘榴木
一〇	かのととり	八	七赤	柘榴木
一一	みづのえいぬ	七	六白	大海水
一二	みづのとゐ	六	五黄	大海水
一三	きのえね	五	四緑	海中金
一四	きのとうし	四	三碧	海中金
一五 昭和元	ひのえとら	三	二黒	爐中火
二	ひのとう	二	一白	爐中火
三	つちのえたつ	一	九紫	大林木

民間信仰吉凶暦

六曜星十二直一覽

月＼日	一日	二日	三日	四日	五日	六日	七日	八日	九日	十日	十一日	十二日	十三日	十四日
一月	友引 たつ	先負 のぞく	佛滅 みつ	大安 たいら	赤口 さたん	先勝 さたん	友引 とる	先負 やぶる	佛滅 あやぶ	大安 なる	赤口 おさん	先勝 ひらく	友引 とづ	先負 たつ
二月	佛滅 やぶる	大安 あやぶ	赤口 なる	先勝 おさん	友引 おさん	先負 ひらく	佛滅 とづ	大安 たつ	赤口 のぞく	先勝 みつ	友引 たいら	先負 さたん	佛滅 とる	大安 やぶる
三月	大安 ひらく	赤口 とづ	先勝 たつ	友引 のぞく	先負 みつ	佛滅 みつ	大安 たいら	赤口 さたん	先勝 とる	友引 やぶる	先負 あやぶ	佛滅 なる	大安 おさん	赤口 ひらく
四月	赤口 さたん	先勝 とる	友引 やぶる	先負 あやぶ	佛滅 あやぶ	大安 なる	赤口 おさん	先勝 ひらく	友引 とづ	先負 たつ	佛滅 のぞく	大安 みつ	赤口 たいら	先勝 さたん
五月	友引 おさん	先負 ひらく	佛滅 とづ	大安 たつ	赤口 のぞく	先勝 のぞく	友引 みつ	先負 たいら	佛滅 さたん	大安 とる	赤口 やぶる	先勝 あやぶ	友引 なる	先負 おさん
六月	大安 たいら	赤口 さたん	先勝 とる	友引 やぶる	先負 あやぶ	佛滅 あやぶ	大安 なる	赤口 おさん	先勝 ひらく	友引 とづ	先負 たつ	佛滅 のぞく	大安 みつ	赤口 たいら
七月	赤口 なる	先勝 おさん	友引 ひらく	先負 とづ	佛滅 たつ	大安 のぞく	赤口 のぞく	先勝 みつ	友引 たいら	先負 さたん	佛滅 とる	大安 やぶる	赤口 あやぶ	先勝 なる
八月	先負 みつ	佛滅 たいら	大安 さたん	赤口 とる	先勝 やぶる	友引 あやぶ	先負 なる	佛滅 なる	大安 おさん	赤口 ひらく	先勝 とづ	友引 たつ	先負 のぞく	佛滅 みつ
九月	赤口 なる	先勝 おさん	友引 ひらく	先負 とづ	佛滅 たつ	大安 のぞく	赤口 みつ	先勝 みつ	友引 たいら	先負 さたん	佛滅 とる	大安 やぶる	赤口 あやぶ	友引 なる
十月	先勝 のぞく	友引 みつ	先負 たいら	佛滅 さたん	大安 とる	赤口 やぶる	先勝 あやぶ	友引 あやぶ	先負 なる	佛滅 おさん	大安 ひらく	赤口 とづ	先勝 たつ	先負 のぞく
十一月	先負 あやぶ	佛滅 なる	大安 おさん	赤口 ひらく	先勝 とづ	友引 たつ	先負 のぞく	佛滅 のぞく	大安 みつ	赤口 たいら	先勝 さたん	佛滅 とる	大安 やぶる	赤口 あやぶ
十二月	大安 たつ	赤口 のぞく	先勝 みつ	友引 たいら	先負 さたん	佛滅 とる	大安 とる	赤口 やぶる	先勝 あやぶ	友引 なる	先負 おさん	大安 ひらく	赤口 とづ	先勝 たつ

歳徳 あきの方 巳午の間 萬事に吉

金神 子、丑、申 酉の方 萬事に凶

土公神 春は竈にあり。秋は井にあり。夏は門にあり 冬は庭にあり

天一天上日	天赦日	十方暮
（天一神の天に昇る日此日より以後十六日間諸事吉）	（干支相生の日萬事吉）	（此日より十日間協商結納を禁じ不浄を忌む）
二月二十三日 四月二十三日	一月二十五日 二月八日	二月十四日 四月十四日
六月二十二日 八月二十一日	四月八日 六月二十三日	六月十三日 八月十二日
十月二十日 十二月十九日	九月五日 十一月四日	十月十一日 十二月十日
	十一月二十日	

有卦無卦

木性の人は大正十年より有卦に入り七ヶ年間幸運なり火性の人は大正十三年より有卦に入り七ヶ年間幸福なり金性の人は昭和二年より有卦に入り七ヶ年の間幸運なり土性水性の人は大正十四年より無卦に入り五年間凶

本命 九紫 火星

暗劍殺南の方

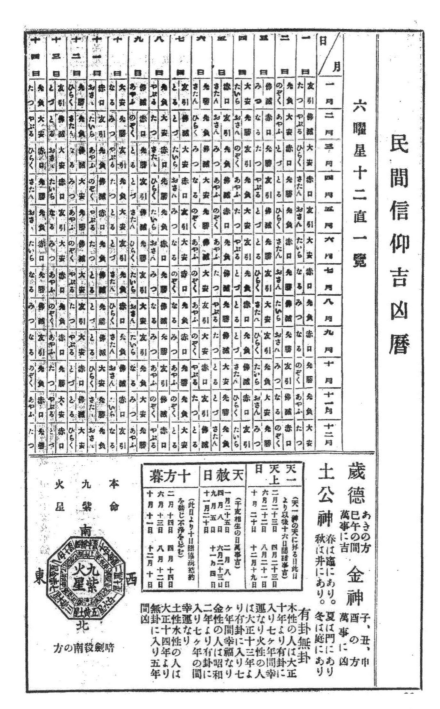

月＼日	十五日	十六日	十七日	十八日	十九日	二十日	廿一日	廿二日	廿三日	廿四日	廿五日	廿六日	廿七日	廿八日	廿九日	三十日	卅一日
一月	佛滅 のぞく	大安 みつ	赤口 たいら	先勝 さたん	友引 とる	先負 やぶる	佛滅 あやふ	大安 なる	先勝 おさん	友引 ひらく	先負 とづ	佛滅 たつ	大安 のぞく	赤口 みつ	先勝 たいら	友引 さた	先負 とる
二月	赤口 あやふ	先勝 なる	友引 おさん	先負 ひらく	佛滅 とづ	大安 たつ	友引 のぞく	先負 みつ	佛滅 たいら	大安 さたん	赤口 とる	先勝 やぶる	友引 あやふ	先負 なる	佛滅 おさん		
三月	先勝 とづ	友引 たつ	先負 のぞく	佛滅 みつ	大安 たいら	赤口 さたん	先勝 とる	友引 やぶる	先負 あやふ	佛滅 なる	大安 おさん	赤口 ひらく	先勝 とづ	友引 たつ	先負 のぞく	佛滅 みつ	大安 たいら
四月	友引 とる	先負 やぶる	佛滅 あやふ	大安 なる	赤口 おさん	先負 ひらく	佛滅 とづ	大安 たつ	赤口 のぞく	先勝 みつ	友引 たいら	先負 さたん	佛滅 とる	大安 やぶる	赤口 あやふ	先勝 なる	
五月	佛滅 ひらく	大安 とづ	赤口 たつ	先勝 のぞく	佛滅 みつ	大安 たいら	赤口 さたん	先勝 とる	友引 やぶる	先負 あやふ	佛滅 なる	大安 おさん	赤口 ひらく	先勝 とづ	友引 たつ	先負 のぞく	佛滅 みつ
六月	先勝 さたん	友引 とる	先負 やぶる	大安 あやふ	赤口 なる	先勝 おさん	友引 ひらく	先負 とづ	佛滅 たつ	大安 のぞく	赤口 みつ	先勝 たいら	友引 さたん	先負 とる	佛滅 やぶる	大安 あやふ	
七月	友引 おさん	先負 ひらく	赤口 とづ	先勝 たつ	友引 のぞく	先負 みつ	佛滅 たいら	大安 さたん	赤口 とる	先勝 やぶる	友引 あやふ	先負 なる	佛滅 おさん	大安 ひらく	赤口 とづ	先勝 たつ	友引 のぞく
八月	先勝 たいら	友引 さたん	先負 とる	佛滅 やぶる	大安 あやふ	赤口 なる	先勝 おさん	友引 ひらく	先負 とづ	佛滅 たつ	大安 のぞく	赤口 みつ	先勝 たいら	友引 さたん	先負 とる	佛滅 やぶる	大安 あやふ
九月	先負 おさん	佛滅 ひらく	大安 とづ	赤口 たつ	先勝 のぞく	友引 みつ	先負 たいら	佛滅 さたん	大安 とる	赤口 やぶる	先勝 あやふ	友引 なる	先負 おさん	佛滅 ひらく	大安 とづ	赤口 たつ	
十月	佛滅 みつ	大安 たいら	赤口 さたん	先勝 とる	友引 やぶる	先負 あやふ	佛滅 なる	大安 おさん	赤口 ひらく	先勝 とづ	友引 たつ	先負 のぞく	佛滅 みつ	大安 たいら	赤口 さたん	先勝 とる	友引 やぶる
十一月	先勝 なる	友引 おさん	先負 ひらく	佛滅 とづ	大安 たつ	赤口 のぞく	先勝 みつ	友引 たいら	先負 さたん	佛滅 とる	大安 やぶる	赤口 あやふ	先勝 なる	友引 おさん	先負 ひらく	佛滅 とづ	
十二月	友引 のぞく	先負 みつ	佛滅 たいら	大安 さたん	赤口 とる	先勝 やぶる	友引 あやふ	先負 なる	佛滅 おさん	大安 ひらく	赤口 とづ	先勝 たつ	友引 のぞく	先負 みつ	佛滅 たいら	大安 さた	赤口 とる

三隣亡日

建築に忌む是れを犯せば災害あり

一月	三日七日十九日卅一日	七月	一日十七日廿九日
二月	五日十七日廿九日	八月	十五日廿七日
三月	十五日廿七日	九月	十一日廿三日
四月	十二日廿四日	十月	五日九日廿一日
五月	十一日廿三日	十一月	二日十九日
六月	四日七日十九日	十二月	一日十六日廿八日

六曜星說明

◐先勝　萬事早きが吉。午後は凶。

Ⓣ友引　勝負なき日。朝夕は吉。

◑先負　静なる事には吉。午前凶。午後吉。

●佛滅　大凶の日。この日より病めば長し。

○大安　大吉日。婚姻、旅行、開店、移轉に吉。

赤口　惡日。萬事に避くべし。

十二直說明

建(たつ)　新に事を始むるに吉。其他は凶。

除(のぞく)　治療、或は古き弊舊を去るに吉。其他には凶。

滿(みつ)　五穀財物を取入れ、婚姻、新築、種蒔に吉。

平(たいら)　萬事に用ひて吉。但種蒔に凶。

定(さたん)　萬事、きまりをつくるに吉。訴訟、旅立に凶。

執(とる)　財物を取り入れ、新築、種蒔、普請に吉。移轉旅行は凶。

破(やぶる)　萬事に凶。但狩獵、破損修繕等に吉。

危(あやふ)　萬事に凶。用ふべからず。

成(なる)　婚姻、旅行、入學、移轉、種蒔に吉。訴訟に凶。

納(おさん)　五穀、財物を取り入るゝに吉。旅行、葬式に凶。

開(ひらく)　萬事に吉。但葬式不淨の事に凶。

閉(とづ)　萬事に避くべし、但墓を立つるには吉。

男女相生相剋表

	大吉	半吉	吉	凶	大凶
一白	六白 七赤		三碧 四緑	九紫	二黒 五黄 八白
二黒	九紫	八白 五黄	六白 七赤	一白	三碧 四緑
三碧	一白	四緑	九紫	二黒 五黄 八白	六白 七赤
四緑	一白	三碧	九紫	二黒 五黄 八白	六白 七赤
五黄	九紫	二黒 八白	六白 七赤	一白	三碧 四緑
六白	二黒 八白	七赤	一白 五黄	三碧 四緑	九紫
七赤	二黒 八白	六白 五黄	一白	三碧 四緑	九紫
八白	九紫	二黒 五黄	六白 七赤	一白	三碧 四緑
九紫	三碧 四緑	五黄	二黒 八白	六白 七赤	一白

夢判断

吉夢

水の流るゝ夢は縁談調ふ　○米俵の夢は福徳来る　○雨に逢うたる夢は酒食の饗を受くる事妙　○鷹の夢は投機勝負事に利運あり　○神詣での夢は繁昌息災の吉兆　○大黒の像を求むる夢は不意の幸福あり　○餅搗きの夢は家内に慶事あり　○親類と酒宴を開く夢は遠方より吉報来る　○葬式の夢は諸事早く埒明き又縁談調ふ　○収穫の夢は利運強く近きに幸ひ来る　○内井戸を見れば立身出世の兆　○棟上げの餅を拾ふ夢は人に引き立てらる　○竹の繁茂したる夢は勇み事あり　○瓜其他蔓物の夢は総べて吉、手に取たる時は速にする程利益多し　○鏡を貰ふ夢は好き縁談あり　○婦人刀を差す夢は利運あり　○新衣を着る夢は家業繁昌す　○扇の夢は総べて大吉　○生きたる鯉の夢は貴人の助を得　○魚躍る夢は物事に勝利あり　○総べて鳥類の夢は吉小事は皆成就す　○熊の夢は吉事あり又好き子を設く　○猿の夢は貴人の教へを受けて為る事仕合せ好く万事成就す　○魚鳥を捕ふる夢は知己に喜びあり　○蛇、百足《むかで》の夢は金儲けあり　○茄子の夢は子を得る兆　○天に昇る夢は立身栄達の基　○神へ御酒を供ふる夢は女小供に出世あるべし　○死人を始末する夢は万事に仕合せよし　○手習ひ読み物の夢は少年青年には知識を増し交際を拡めて吉なるも老人は気根疲るゝ兆なり　○電光を見れば浪人有り附きあり。

凶夢

獣に追るゝ夢は心身苦労の兆親指を胸にあてゝ寝るべし　○総べて月日にかさあるか雲蔽ひたる夢は讒言誹謗を受く　○月の水に映る夢は諸事早く見切るべし　○星の飛ぶ夢は色情の難あり　○大風の夢は不和争論を生ず　○地震の夢は過失あり　○山を下る夢は貴人には凶下人には吉　○貴人より衣類器具等を授かる夢は盗難を予防すべし。

昭和四年略暦

神武天皇即位紀元二五八九年
西暦紀元一九二九年
（己巳平年三百六十五日）

四方拝　一月一日
元始祭　一月三日
新年宴会　一月五日
紀元節　二月十一日
春季皇霊祭　三月二十一日
神武天皇祭　四月三日
天長節　四月二十九日
秋季皇霊祭　九月二十三日
神嘗祭　十月十七日
明治節　十一月三日
新嘗祭　十一月廿三日
大正天皇祭　十二月廿五日
地久節　三月六日
皇太后誕辰　六月二十五日
小寒　一月六日
大寒　一月二十日
節分　二月三日
立春　二月四日
初午　二月六日
陰暦元日　二月十日

日曜表

1	6	13	20	27	
2	3	10	17	24	
3	3	10	17	24	31
4	7	14	21	28	
5	5	12	19	26	
6	2	9	16	23	30
7	7	14	21	28	
8	4	11	18	25	
9	1	8	15	22	29
10	6	13	20	27	
11	3	10	17	24	
12	1	8	15	22	29

当用百科大鑑　完

後　記

尚友倶楽部史料調査室　藤澤恵美子

尚友ブックレット第37号は、従来のブックレットとは異なり、人物の日記や書簡に視点を置くのではなく、当時広く愛用された「日記帳」に着目した。

「財部彪日記」の編集作業を進める中で、国立国会図書館憲政資料室に保管されている昭和三年の日記には、その附録である「当用百科大鑑」も残されていることに櫻井良樹氏が気付き、これを翻刻することは誰もが読みやすいブックレットになるとご提案を頂いたものである。

折しも昭和三年九月二十六日は、尚友倶楽部が社団法人として認可（内務省東書　第95号）された日であり、この日を創立として、六年後には百周年を迎えることになる。

目次を見ればその掲載内容の幅広さから当時の社会の様子が伺い知ることができ、興味を抱く項目があるものと考えている。

百年近く前に毎日のように手に取られていた日記帳は、判読困難な箇所も多々あったが、企画、校正、編集、解説と全体に渡り史料集として完成に至る労をとられた櫻井良樹氏に深謝申し上げるとともに、本書が日本近代史研究を始め幅広いジャンルに貢献できることを願っている。

尚友倶楽部史料調査室からは、宍戸旦が参加した。

編者
一般社団法人尚友倶楽部《しょうゆうくらぶ》
旧貴族院の会派「研究会」所属議員により1928年に設立された公益事業団体。学術研究助成、日本近現代史関係資料の調査・研究に取り組んでいる。その成果は、『品川弥二郎関係文書』『山県有朋関係文書』『三島弥太郎関係文書』『阪谷芳郎東京市長日記』『田健治郎日記』などの資料集として叢書49冊、ブックレット36冊が出版されている。

櫻井良樹（さくらい りょうじゅ）
麗澤大学国際学部教授
主要業績：『財部彪日記〈海軍大臣時代〉』（共編、芙蓉書房出版、2021年）『国際化時代「大正日本」』（吉川弘文館、2017年）、『華北駐屯日本軍』（岩波書店、2015年）、『加藤高明』（ミネルヴァ書房、2013年）、『辛亥革命と日本政治の変動』（岩波書店、2009年）、『海軍の外交官竹下勇日記』（共編、芙蓉書房出版、1998年）

当用百科大鑑《とうようひやつかたいかん》
—昭和三年の日記帳付録—
〔尚友ブックレット *37*〕

2022年 5月20日　発行

編　集

尚友倶楽部史料調査室《しょうゆうくらぶしりょうちょうさしつ》・櫻 井 良 樹《さくらいりようじゆ》

発　行

(株)芙蓉書房出版
（代表 平澤公裕）
〒113-0033東京都文京区本郷3-3-13
TEL 03-3813-4466　FAX 03-3813-4615
http://www.fuyoshobo.co.jp

ISBN978-4-8295-0836-7